© Lisa Spindler

MARIANNE WILLIAMSON es una reconocida escritora y conferencista. Ha publicado ocho libros, cuatro de los cuales—incluyendo el bestseller *A Return to Love* (De Regreso al Amor)—han ocupado el primer puesto en la lista de los más vendidos del *New York Times*. Los títulos de sus obras incluyen *Illuminata, Everyday Grace* (La Gracia de Cada Día), *A Woman's Worth* (El Valor de Una Mujer) y *Healing the Soul of America* (La Curación del Alma de América).

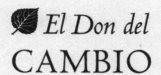

El Don del
CAMBIO

El Don del
CAMBIO

*Una Guía Espiritual para Transformar
Su Vida Radicalmente*

MARIANNE WILLIAMSON

Traducido del inglés por Rosario Camacho-Koppel

rayo

Una rama de HarperCollins*Publishers*

Los libros de HarperCollins pueden adquirirse para propósitos educativos, comerciales o para uso en ventas promocionales. Para mayor información, escribir a: Special Markets Department, HarperCollins Publishers Inc., 10 East 53rd Street, New York, NY 10022.

Este libro fue publicado originalmente en 2004 en los Estados Unidos de América por HarperSanFrancisco, una rama de HarperCollins Publishers.

PRIMERA EDICIÓN RAYO, 2005.

Impreso en papel sin ácido.

Library of Congress ha publicado la edición en inglés.

ISBN 978-0-06-081910-1

05 06 07 08 09 DIX/RRD 10 9 8 7 6 5 4 3 2 1

A mi madre

Contenido

Agradecimientos

Escribir un libro puede ocupar toda nuestra vida por un tiempo. Estoy profundamente agradecida a todos aquéllos que me apoyaron mientras escribía éste: agradezco a Bob Barnett, cuya mano firme ha guiado mi carrera literaria durante años. Agradezco profundamente su sabia e invaluable asesoría, tanto para este libro como para otros anteriores. Me considero extremadamente afortunada de haber contado con su orientación en mi vida.

Quiero expresar mi agradecimiento a Steve Hanselman, por darme de nuevo la bienvenida a HarperCollins y por hacerme sentir que pertenezco en esta editorial. Espero que este libro sea merecedor de su fe y su confianza en mí.

A Mickey Maudlin le agradezco la forma como cuidó tanto a mi psiquis de escritora nerviosa como a mis palabras. A Terry Leonard, a Claudia Boutote, a Jennifer Johns, a Priscilla Stuckey, a Lisa Spindler y a Jim Warner, gracias por su excelencia profesional y por su apoyo generoso.

A Andrea Cagan, por ser la musa que, una vez más, me cumplió, haciendo uso de su genio editorial y emocional para traerme de nuevo al camino literario.

A Nancy Peske, cuya asistencia editorial fue absolutamente invaluable. No tengo palabras para calificar sus talentos ni la ayuda que me prestó. Lo que este libro tenga de bueno se debe en parte a ella. Lo que pueda tener que no sea tan bueno, se debe todo a mí.

A Oprah Winfrey, por crear, en primer lugar, mi audiencia nacional y por su constante respaldo a mi trabajo. Ella ha representado una gran diferencia en mi vida al igual que en las vidas de millones de personas. Se lo agradezco constantemente en mi corazón.

A Chalanda Sai Ma por llevar su luz en mis venas.

A Victoria Pearman, a Diane Meyer Simon, a Stacie Maier, a Christen Brown, a Suzannah Galland, a Alyse Martinelli, a Bonnie Raitt, a Joycelyn Thompson y a Anne Lamott—por su amor y hermandad.

A Richard Cooper, por leer mi libro, mi mente y mi corazón.

A Tammy Vogsland, a Casey Palmer, a Matthew Albracht, a Marci Stassi, a Mary Holloway, a Andy Stewart, a Debra Carter, a Kristina Roenbeck, a Maryvette, a Helen Sushynska y a John Marusich por sus excepcionales contribuciones a mi vida.

A mi madre, por todo lo que ha sido y siempre será para mí.

Y a mi querida Emma por llenar mi corazón con un amor que representa tanto. Eres la mayor de mis bendiciones.

A todos ellos, mi más profundo y constante agradecimiento. Esta vez, en especial, no lo habría podido lograr sin ustedes.

Mirad, os voy a revelar un misterio: no todos dormiremos, pero todos seremos cambiados—en un momento, en un abrir y cerrar de ojos, a la última trompeta. Porque la trompeta sonará, y los muertos resucitarán incorruptibles, y seremos transformados.

—I Corintios 15:51–52

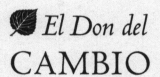

El Don del
CAMBIO

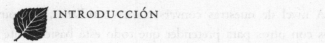

El Reto de Crecer

Vivimos momentos difíciles, más difíciles de lo que muchos parecen dispuestos a admitir. Hay un constante sentimiento de ansiedad colectiva que se entiende, pero que no es siempre fácil de expresar.

Es posible que cuando algo no está bien en nuestra vida personal llamemos a un amigo, o a un miembro de la familia, o que vayamos adonde un terapeuta o a un grupo de apoyo para procesar nuestro dolor. Sin embargo, cuando nuestro malestar se basa en realidades sociales más amplias, es difícil saber cómo expresarlo o a quién. Cuando estamos atemorizados porque no sabemos de dónde vendrá nuestro siguiente cheque de pago es fácil decirlo; cuando lo que nos preocupa es si la raza humana sobrevivirá a la próxima centuria, nos resulta incómodo traer a colación ese tema a la hora de almuerzo.

Por consiguiente, creo que hay una depresión colectiva que nos afecta a todos, un estado que no se enfrenta sino que se disimula y se suprime. Cada uno de nosotros, como actores individuales en un gran drama, lleva el sello de una desesperación mayor. Estamos enfrentando un caos y unos temores de proporciones extremas, tanto personal como colectivamente. De una u otra forma todos nos enfrentamos al reto de recrear nuestras vidas.

A nivel de nuestras conversaciones cotidianas, conspiramos unos con otros para pretender que todo está básicamente bien, no porque creamos que lo esté sino porque no tenemos forma de hablar entre nosotros de estas capas más profundas de experiencia. Si yo contara lo que me ha ocurrido hoy en mi vida personal, podría mencionar también cómo me siento al respecto y ambas cosas se considerarían importantes. Pero cuando se trata de nuestra experiencia colectiva, el diálogo público deja poco espacio para el análisis de eventos de igual magnitud personal. "Accidentalmente bombardeamos hoy una escuela y murieron 50 niños." ¿Cómo nos hace *sentir* esa noticia? Ay, mejor no tocar el tema . . .

Entonces seguimos hablando principalmente de otras cosas, en un momento en el que las noticias del día son tan críticas como no lo han sido nunca antes en la historia del mundo. Sin enfrentarnos a nuestra profundidad más íntima, enfatizamos las superficialidades externas. Los informes de los horrores de la guerra aparecen intermitentemente entre los informes de las recaudaciones de taquilla de la última película exitosa y del clásico traje Valentino de alguna actriz de Hollywood. Puedo ver el mismo comportamiento en mí, cuando paso de escribir acerca de cosas que exigen concentrarme en los temas más profundos a revisar obsesivamente mis correos electrónicos en busca de algo banal y gracioso que me distraiga. Es como lo que ocurre en terapia con el comportamiento de negación—es querer compartir los chismes pero no querer enfrentarse a los aspectos reales, más dolorosos. Claro está que queremos evitar el dolor. Pero, al hacerlo, inevitablemente causamos más dolor.

Éste es el punto en el que nos encontramos ahora. Actuamos movidos por nuestra ira, por nuestro miedo y no nos estamos enfrentando a la profundidad de nuestro dolor. Además, mantener la conversación a un nivel superficial parece ser un requisito previo para tener alejado al dolor. Quienes se enfrascan en una conversación más profunda quedan sistemáticamente excluidos del quehacer diario: excluidos de los periódicos y las revistas, de la televisión y sobre todo del poder político.

Una noche veía en un noticiero un informe sobre el último video enviado intencionalmente por Osama Bin Laden a la red de televisión árabe. El enfoque de la noticia según la presentaban las noticias norteamericanas no estaba en el mensaje de Bin Laden sino en la tecnología con la que los norteamericanos habían confirmado la autenticidad de la grabación. Su mensaje era demasiado horripilante: era un pensamiento que emocionalmente procurábamos mantener a distancia al hacer que una hermosa presentadora de noticias analizara la tecnología con la que había sido realizada la grabación en vez de analizar su contenido.

Hace poco, mientras me encontraba en una cita médica, le pregunté a mi doctor, un miembro de la "generación de los grandes," cómo se había sentido últimamente.

"Muy bien," me respondió. "¿Y usted?"

"Yo estoy bien," le respondí. "Pero siento que, últimamente, todos nos estamos desquiciando en nuestro interior; sólo que no lo mencionamos. Pienso que la situación mundial nos tiene más nerviosos de lo que estamos dispuestos a admitir."

"Creo que está en lo cierto," respondió con un suspiro, "antes hubo momentos difíciles, pero siempre teníamos la convicción de que, al final, todo saldría bien. Ahora, no tengo, necesariamente, esa misma sensación . . ." Su voz se fue desvaneciendo, y su tristeza era evidente. Descontento como estaba con la situación mundial, parecía agradecido de que hubiera mencionado el tema. El hecho de que sigamos viviendo como si la supervivencia del mundo no estuviera en juego no es señal de estoicismo; es más bien indicio de una sociedad que todavía no puede, o no quiere, hablar de lo que más le duele.

Estamos siendo desafiados por los acontecimientos mundiales, por las mareas de la historia, a desarrollar una conciencia más madura. Sin embargo, no podemos hacerlo sin enfrentarnos a lo que nos hiere. La vida no es una obra trágica de ficción en donde al final de la lectura todos nos levantamos y salimos a tomar unos tragos. Todos somos actores de un gran drama en desarrollo y hasta que no ahondemos en lo más profundo, no habrá actuaciones sobresalientes. La forma como cada uno desempeñe su papel incidirá en el final de la obra.

La persona en la que nos convirtamos, la forma como crezcamos y cambiemos y enfrentemos los retos de nuestras propias vidas está íntima y causalmente relacionada con la forma como evolucionará el mundo en los próximos años. Porque el mundo es una proyección de nuestras psiquis individuales recopiladas en una pantalla global; es herido o sanado por cada pensamiento que tengamos. En cualquier grado en el que me niegue a enfrentarme a los problemas más profundos que me impiden avanzar, en ese mismo grado estará siendo retenido el mundo. Y en cualquier grado en el que encuentre la llave milagrosa para transformar mi propia vida, en ese mismo grado ayudaré a cambiar el mundo. De eso se trata este libro: de convertirnos en el cambio que cambiará el mundo.

Sin embargo, nos mostramos, aparentemente, muy reacios a examinar nuestras propias vidas, y nuestro mundo, con sinceridad emocional. Y creo que estamos evitando algo más que el dolor. Estamos evitando esa sensación de desesperanza que *creemos* sentir cuando confrontamos la enormidad de las fuerzas que nos obstruyen el paso. Sin embargo, de hecho, es justamente cuando nos enfrentamos con la oscuridad y la miramos directamente a los ojos—en nosotros mismos y en el mundo—cuando comenzamos a ver por fin la luz. Y ésa es la alquimia de la transformación personal. Envueltos en la más profunda y oscura de las noches, cuando nos sentimos más humillados por la vida, comienza a aparecer la tenue sombra de nuestras alas. Sólo al enfrentarnos a los límites de lo que podemos hacer comenzaremos a darnos cuenta de lo ilimitado del poder de Dios. Es la profundidad de la oscuridad que ahora confronta a nuestro mundo la que nos revelará la magia de quiénes somos en realidad. Somos espíritu y, por consiguiente, somos más que el mundo. Cuando recordamos esto, el mundo mismo se inclinará ante nuestro recuerdo.

El Retorno al Amor

En 1978 me inscribí como alumna en un programa de autoestudio de psicoterapia espiritual llamado *Un Curso de Milagros;* en 1992 escribí un libro de reflexiones sobre sus principios que titulé *El Retorno al Amor.* Sin pretender en absoluto reclamar el monopolio de esta profunda comprensión espiritual, el curso es una capacitación psicológica de la mente basada en temas espirituales universales. Enseña cómo desmantelar un sistema de pensamiento basado en el miedo para reemplazarlo por otro sistema de pensamiento basado en el amor. Su objetivo es lograr la paz interior a través de la práctica del perdón. Podrá darse cuenta de que a todo lo largo de este libro me refiero a ese curso y muchas de sus enseñanzas estarán reflejadas en lo que escribo. Cuando no hay una referencia específica al material relacionado a los conceptos citados de *Un Curso de Milagros* (publicado por la Foundation for Inner Peace (Fundación para la Paz Interior)), he agregado un asterisco para indicar que se trata de un principio de dicho curso.

Aunque el curso utiliza terminología tradicional cristiana, no se trata de una doctrina cristiana. Se utilizan sus términos en un contexto psicológico, con un significado universal para cualquier estudiante de principios espirituales, sea o no de orientación cristiana.

Los principios espirituales no cambian, pero nosotros sí lo hacemos. A medida que maduramos con los años, vamos teniendo acceso a información más profunda que sólo habíamos entendido antes en forma abstracta. Hace 20 años, consideraba esencial la orientación recibida en ese curso para cambiar la vida personal; hoy veo su orientación como la clave para cambiar el mundo. Más que nada, veo la profunda conexión entre estos dos aspectos.

Ésta es la razón que me ha llevado a escribir este libro. Es, una vez más, y espero que de modo más profundo, producto de mis reflexiones sobre algunos de los principios de *Un Curso de Milagros*.

Remontándome a *El Retorno al Amor*, varios años después de escribirlo, me sorprendió el ejemplo que utilicé para demostrar lo difícil que puede ser intentar perdonar a alguien. Conté la historia de un hombre que me incumplió una cita para asistir a los Juegos Olímpicos de Los Ángeles y cómo luché para superar mi ira y mi resentimiento. En este momento no puedo creer que alguna vez haya podido pensar que el hecho de que alguien me incumpliera una cita fuera un ejemplo profundo de crueldad contra el ego. Para citar las palabras de Bob Seger, "Quisiera no saber ahora lo que no sabía entonces." Es muy fácil aceptar la idea de perdonar cuando realmente nadie nos ha herido demasiado hondo.

No hace mucho tiempo, la vida era más inocente para todos nosotros. Ahora, el mundo parece estar lleno de tristeza y de peligros; no resulta tan fácil limitarse a enumerar los principios metafísicos y esperar que a la mañana siguiente todo esté bien. Hay momentos en los que el reto a nuestras suposiciones espirituales, como el poder de las tinieblas, parece burlarse de nosotros y preguntarnos, "¿Dónde está *ahora* todo ese amor en el que crees?"

La respuesta es que ese amor está en nuestro interior, esperando a que lo liberemos. Las tinieblas son una invitación a la luz, que insta a nuestros espíritus a avanzar. Todo problema implica un interrogante: ¿Estás dispuesto a personificar eso en lo que dices creer? ¿Puedes encontrar en ti la claridad, la fuerza, el perdón, la serenidad, el amor, la paciencia y la fe suficientes para cambiar esta situación? Ése es el significado de toda situación: no lo que nos pasa, sino lo que *hacemos* con lo que nos pasa y en quién decidimos convertirnos como resultado de lo que nos sucede. El único fracaso verdadero es no ser capaces de crecer como resultado de nuestras experiencias.

El Reto de Crecer

Nos guste o no, la vida de hoy es distinta, en formas que nunca imaginamos. En la actualidad, la velocidad del cambio es mayor que la que la psiquis humana parece poder manejar, y cada vez es más difícil reconciliar el ritmo de nuestras vidas personales con la velocidad de un ciclo de noticias de 24 horas.

Los finales y los comienzos dramáticos parecen ser más prevalecientes de lo común. El nacimiento, la muerte, el divorcio, la reubicación, el envejecimiento, los cambios de profesión—sin mencionar el hecho de que el mundo mismo parece estar irrevocablemente alterado—todo esto parece preconizar algún tipo de cambio de marea. Las cosas que considerábamos estables y seguras parecen serlo cada vez menos y las cosas que considerábamos como posibilidades remotas se han aproximado de forma sorprendente. En la actualidad, son muchos los que se sienten intranquilos. Las cosas han pasado de ser molestas a llegar a adquirir el ensombrecedor cariz de que podemos estar viviendo una mentira.

No se trata de que falte integridad en nuestras relaciones ni que nuestras profesiones no satisfagan el propósito más profundo de nuestra alma. Es algo aun más hondo—un cierto sentido de que la realidad es como una capa de celofán que nos separa de una existencia verdaderamente mágica. Experimentamos cierta pérdida de sentido, como una enfermedad de la que no nos podemos librar. Nos encantaría poder emerger repentinamente, como si hubiéramos estado agazapados dentro de una pequeña caja por mucho tiempo. Ansiamos poder estirar nuestros brazos y piernas, y nuestras espaldas, poder echar hacia atrás las cabezas y reír de alegría al sentir el sol sobre nuestros rostros. No podemos recordar cuándo fue la última vez que lo hicimos. O tal vez si lo hicimos fue como ir de vacaciones o visitar una atracción turística. Parece que la trama de nuestra existencia normal ya no se compone de las cosas más maravillosas de la vida. O tal vez nunca fue así. No lo sabemos con seguridad.

La mayoría vivimos con una profunda añoranza subconsciente de otro estilo de mundo. Lo cantamos, lo describimos en poesías, vemos películas sobre ese mundo, y creamos mitos al respecto. Seguimos imaginándolo aunque parece que nunca logramos encontrarlo. Tenemos el deseo secreto de penetrar ese velo que existe entre el mundo en el que vivimos y un mundo de algo mucho más real. Hay algo de lo que sí estamos seguros: *éste* no puede ser ese mundo.

Muchos ya estamos listos para intentar ese escape hacia la libertad, en busca de ese mundo mejor más allá del velo y no seguir aceptando lo absurdo de un mundo abrumado de dolor que se toma tan en serio. El interrogante es, ¿cómo hacerlo? Si el mundo en el que vivimos no es tan real como se piensa que es, y el mundo que anhelamos se encuentra al otro lado de ese velo, ¿dónde quedamos?

¿Quién de nosotros no se siente a veces desubicado, en un mundo que se supone es nuestro hogar y que, no obstante, es totalmente contrario al amor que llevamos en nuestros corazones? Además, ¿cómo podremos hacer que este mundo se adapte más a lo que somos, en vez de tenernos que esforzar constantemente por adaptarnos a él?

Tal vez estemos viviendo en una hora mágica, como entre la noche y el día. Pienso que nos encontramos entre dos eras históricas, cuando una masa crítica de la raza humana procura desprenderse de su obediencia a sistemas de pensamiento basados en el miedo. Queremos pasar a un lugar nuevo.

Cuando observamos la inocencia de los niños mientras aman y aprenden, nos preguntamos: ¿Por qué no podemos permanecer así? ¿Por qué tienen que crecer los pequeñitos y enfrentarse con el miedo y el peligro? ¿Por qué no podemos hacer lo que sea necesario para proteger su inocencia y su amor? No es usted la única persona en sentir esta gran preocupación; el mundo se encuentra en vía de autodestrucción y nuestros niños y los niños de nuestros niños nos están suplicando que cambiemos las cosas.

La época en la que vivimos exige un cambio fundamental, no simplemente un cambio incremental. Son millones los que sienten en su alma el llamado a trabajar por esa transformación global, con el deseo de ser sus agentes en un cambio monumental de un mundo de miedo a un mundo de amor. Podemos sentir que ese momento es ahora, y sabemos que somos quienes lo haremos. El único problema es que no sabemos exactamente cómo hacerlo.

¿Cómo podemos colaborar mejor en una tarea tan ingente e idealista? Sentimos cómo se acumula esa energía en todas partes, en un llamado hacia formas más iluminadas de ver, de vivir, de pensar y de ser. Los libros en los estantes de las librerías proclaman una mejor forma de amar, de gobernar, de vivir. Los seminarios y grupos de apoyo nos mantienen constantemente esforzándonos por mejorar, por practicar disciplinas espirituales y rituales religiosos. Nos involucramos en causas y en políticas, pegando sobres, enviamos dinero. Pero, de cierta forma, parece que aún no hemos encontrado la clave, esa llave milagrosa que pueda darle un vuelco al mundo.

No podemos evitar las noticias, la guerra, las alertas de terror, el miedo. Hacemos lo que podemos por cambiar el mundo en las pequeñas formas que tenemos a nuestro alcance para lograrlo, pero las nuevas ideas y las fuerzas más compasivas parecen verse superadas por sus opuestos. Unas pocas cosas parecen mejorar, pero muchas otras parecen empeorar. Justo cuando el amor parece ser el tema de moda, el odio hace sonar su trompeta. Y el mundo no puede menos que escucharla.

La Brújula Eterna

Lo más importante que hay que recordar durante los momentos de grandes cambios es que tenemos que fijar los ojos de nuevo en aquello que no cambia.

Las cosas eternas se convierten en nuestra brújula en momentos de acelerada transición, centrándonos emocionalmente en un rumbo estable y firme. Nos recuerdan que, como hijos de Dios, seguimos siendo el centro del propósito divino en este mundo. Nos dan la fuerza para alcanzar cambios positivos, sabiduría para soportar los cambios negativos y capacidad de convertirnos en personas ante cuya presencia el mundo avanza hacia la sanación. Tal vez nos ha tocado vivir durante estos tiempos de cambio acelerado en los que "el centro no se sostiene" para así convertirnos en el centro que sí lo hace. He podido observar en mí que si algo pequeño, y en último término insignificante, ha salido mal—si no puedo encontrar el fólder que dejé sobre mi escritorio, si mi hija no hace lo que le pedí que hiciera antes de irse a donde su amiga—me descontrolo con facilidad. Pero si alguien me llama para informarme un problema grave—si alguien ha sufrido un accidente, o si hay un niño en problemas—puedo notar que me invade una profunda calma, mientras me centro en el problema.

En el primero de estos casos, mi tendencia a perder el control no me lleva a encontrar soluciones, sino que, por el contrario, me impide encontrarlas. No hay nada en mi energía personal que me lleve a querer ayudar a los demás ni tampoco tengo la capacidad de pensar con claridad para saber lo que debo hacer. Sin embargo, en el segundo caso, toda mi energía se concentra en un nivel superior de solución de problemas: mi corazón se pone al servicio de los demás y mi mente está centrada y despejada. Cuando me encuentro del lado del efecto del problema, me convierto en parte del problema. Cuando estoy bien centrada en mi interior, me convierto en parte de la solución. Ese fenómeno, multiplicado muchas veces, es la fuerza que salvará al mundo.

Cuando las cosas del mundo nos preocupan, lo que tenemos que hacer no es unirnos al caos sino adentrarnos en la paz interior.

La única forma de alcanzar el poder en un mundo que avanza demasiado rápido es aprender a tener calma. Y la única forma de poder difundir ampliamente la propia influencia es aprender a profundizar más. El mundo que queremos para nosotros y para nuestros hijos no surgirá de la velocidad de la electrónica sino de la calma interior que tiene su raíz en nuestras almas. Entonces, y sólo entonces, podremos crear un mundo que refleje el corazón en lugar de destrozarlo.

Ya no es hora de dedicarnos a solucionar esta o aquella circunstancia externa. Ningún cambio superficial va a resolver las cosas. Necesitamos algo más que un cambio de conducta y algo más que un cambio psicológico. Necesitamos nada más ni nada menos que una luz sobrenatural inunde nuestros corazones y nos haga completos. La respuesta no está en el futuro ni en un lugar distinto. No es un cambio en el tiempo ni el espacio sino un cambio en nuestra percepción el que tiene la clave de un mundo renovado. Ese mundo nuevo está más cerca de lo que pensamos. Lo encontramos cuando nos adentramos profundamente en las dimensiones ocultas, más amorosas de un momento, y dejamos que la vida sea lo que quiere ser mientras nos permitimos ser lo que fuimos creados para ser. En lo que *Un Curso en Milagros* llama "Un Instante Sagrado," el amor nos libera del miedo que atenaza al mundo.

Cada uno de nosotros está conectado a un cordón umbilical cósmico, y en todo momento recibimos nutrición espiritual de Dios. Sin embargo, en una esclavizada dedicación a los dictámenes de un ego basado en el miedo, nos resistimos a recibir el elixir del sustento divino y en cambio preferimos beber el veneno del mundo. Es sorprendente que lo hagamos, dado el enorme dolor subyacente a una porción tan grande de nuestra vida diaria. No obstante, la confusión mental creada por nuestras formas de pensamiento dominante es tan intensa, y estamos tan condicionados por el mundo a hacer las cosas a las que nos obliga el miedo, que, a lo sumo, la liberación nos llega en forma de destellos. Afortunadamente, ahora son más abundantes esos destellos, son más frecuentes de lo habitual. Mientras que parece que la oscuridad nos rodea por todas partes, comienza a surgir una comprensión de una naturaleza más profunda que ilumina nuestro camino.

Esa luz—una especie de estrella de Belén secular contemporánea—indica una novedad en el horizonte y nos hace un lla-

mado a seguirla hacia el nacimiento de algo fantástico. Las maravillas del mundo exterior no son nada en comparación con lo que
está ocurriendo en nuestro interior. Éste no es el fin sino un nuevo
comienzo. Lo que está por nacer es una nueva clase de humano,
realizado en forma dramática en cada una de nuestras vidas. Liberados de las limitaciones del ego, libres para ver, oír y tocar la
magia que hemos estado añorando durante todas nuestras vidas,
nos estamos convirtiendo al fin en lo que realmente somos.

Durante los últimos años de su vida, al gigante de la litera-
tura George Bernard Shaw le preguntaron qué personaje de la historia habría querido ser. Respondió que el personaje que habría
querido ser era el George Bernard Shaw que habría podido ser y
nunca fue.

Un Nuevo Comienzo

Es un artículo de fe que Dios siempre tiene un plan. No importa
en qué locura haya caído el ser humano, Él siempre nos ha liberado,
llevándonos, en último término, a esa paz que está más allá.

En la actualidad, podemos encontrarnos en medio de las
grandes ilusiones del mundo y, por nuestra misma presencia, podemos disiparlas. A medida que cruzamos el puente hacia una orientación más llena de amor—a medida que aprendemos las lecciones
de transformación espiritual y las aplicamos a nuestras vidas
personales—nos iremos convirtiendo en agentes del cambio a una
escala enorme. Al aprender las lecciones del cambio, tanto interna
como externamente, cada uno podrá participar en el gran proceso
colectivo en el que los habitantes del mundo, de pie en la cresta de
la ola de la comprensión iluminada, ven cómo avanza la raza humana por un camino de destrucción y la reorientan justo a tiempo.

Para algunos puede parecer como el período de un gran final. Tal vez inclusive como los tiempos de un Armagedón, pero el hecho es que éste es el tiempo del Gran Comienzo. Es el tiempo de morir a las personas que antes éramos para convertirnos en quienes somos capaces de ser. Ése es el don que nos espera ahora: la oportunidad de convertirnos en quienes realmente somos.

Y ése es el milagro: el don del cambio.

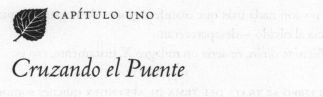

CAPÍTULO UNO

Cruzando el Puente

La vida tal como la conocíamos está terminando y algo nuevo empieza a aparecer en su lugar.

Todos estamos desempeñando un papel en un proceso de transformación más amplio, y cada uno está siendo obligado a enfrentarse a lo que sea que hagamos, o incluso a lo que sea que pensemos, que no permita que se acerque el amor. Porque a medida que bloqueamos la capacidad del amor de cambiar nuestras propias vidas, bloqueamos su capacidad de cambiar el mundo.

La humanidad está avanzando ahora, aunque a veces lo hagamos pataleando y gritando. Parece que la naturaleza nos dice a todos, "Está bien, ya es hora. Dejen de jugar. Conviértanse en las personas que están destinadas a ser."

Quisiéramos hacerlo, pero es tan difícil. En la actualidad, los problemas del mundo parecen mayores que nunca, lo que hace que sea fácil dejarnos vencer por el cinismo, el miedo, la desesperanza y la desilusión. Es decir, hasta que recordemos quiénes somos.

Porque lo que realmente somos es un poder mucho mayor que todos nuestros problemas, tanto personales como colectivos. Y cuando hayamos recordado quiénes somos, nuestros problemas—

que no son nada más que manifestaciones de nuestra propia tendencia al olvido—desaparecerán.

Bien, se dirán, *ése* sería un milagro. Y, justamente, eso es.

ESTE LIBRO SE TRATA DEL TEMA DE APRENDER quiénes somos para que podamos convertirnos en agentes del *cambio milagroso*. A medida que nos liberemos de los pensamientos basados en el miedo que un mundo aterrador y aterrado nos enseñó a tener, veremos la verdad de Dios revelada: sabremos quiénes somos en ese núcleo mismo del amor. Los milagros ocurren naturalmente como expresión de amor.*

En Alcohólicos Anónimos dicen que todo problema trae en su seno su propia solución. Y el don que se está gestando en nuestros retos actuales es la oportunidad de dar un gran salto hacia delante en la actualización de nuestro potencial. La única forma de que el mundo pueda dar un salto cuántico para pasar del conflicto y el miedo a la paz y el amor, es que ese salto cuántico se produzca en nuestro interior. Entonces, sólo entonces, hombres y mujeres seremos capaces de resolver los problemas que nos acosan. Al dar ese salto a la zona de nuestro más auténtico ser, ingresaremos al reino de la posibilidad infinita.

A menos que ingresemos en esa zona estaremos bloqueados, porque Dios no puede hacer por nosotros lo que no pueda hacer a través de nosotros. Decir que Él tiene las soluciones para nuestros problemas es decir que Él tiene un plan para los cambios que cada uno de nosotros debe lograr a fin de convertirse en la persona a través de la cual Él pueda hacer realidad esas soluciones. El factor más importante para determinar lo que ocurrirá en nuestro mundo es lo que esperamos que ocurra en nuestro interior. Toda circunstan-

---

* Un asterisco indica material citado o conceptos de *Un Curso de Milagros*.

cia—por dolorosa que sea—es un guante que el universo nos lanza a la cara, retándonos a que nos convirtamos en quienes somos capaces de ser. Nuestra tarea, para nuestro propio bien y para el del mundo entero, es proponérnoslo. Sin embargo, para poder convertirnos en quienes deseamos ser desde lo más profundo de nuestro interior, tenemos que mirar y ver quiénes somos ahora—aunque lo que veamos no nos guste. Este momento nos está induciendo a enfrentarnos cara a cara con todos los aspectos que siempre hemos procurado evitar reconocer, nos está obligando a llegar a lo más profundo de la verdad esencial acerca de nosotros mismos, ya sea que nos guste o no lo que encontremos allí.

Y antes de lograr ese cambio definitivo en nosotros mismos, no habrá ningún cambio significativo en el mundo. El mundo que vemos refleja las personas en quienes nos hemos convertido y si no nos gusta lo que vemos en el mundo, tenemos que enfrentarnos a lo que no nos gusta en nuestro ser interior. Habiendo hecho esto, continuaremos avanzando por nuestra oscuridad personal hasta la luz que se encuentra más allá. Abrazaremos la luz y la difundiremos.

Y, a medida que cambiemos, el mundo cambiará con nosotros.

Del Miedo al Amor

Gastamos tanto tiempo en cosas de poca importancia—cosas que, en último término, no significan nada—y, sin embargo, por razones que nadie parece entender a cabalidad, esos aspectos no esenciales ocupan el centro de nuestra existencia terrenal. No tienen la más mínima conexión con nuestras almas y, no obstante, se han adherido a nuestro funcionamiento material. Como parásitos espirituales, van consumiendo poco a poco nuestras pocas fuerzas y nos niegan la dicha que nos corresponde. La única forma de librarnos de sus perniciosos efectos es alejarnos . . . no de lo que hay que hacer, sino de los pensamientos que debemos sofocar.

Cruzar el puente hacia un mundo mejor comienza cruzando el puente que se encuentra en el interior de nuestras mentes y que nos lleva de los patrones mentales adictivos de temor y separación a las percepciones iluminadas de unidad y amor. Estamos acostumbrados a pensar con miedo y se requiere disciplina espiritual para darle un giro a esta actitud en un mundo donde el amor despierta más sospechas que el miedo.

Para lograr la experiencia milagrosa de la vida, debemos acoger una perspectiva más espiritual. De lo contrario, moriremos un día sin haber conocido jamás el verdadero gozo de vivir. Este gozo proviene de la experiencia de nuestro verdadero ser—cuando nos desprendamos de las proyecciones que otras personas han dejado en nosotros, cuando nos permitamos soñar nuestros más grandes sueños, cuando estemos dispuestos a perdonarnos y a perdonar a los demás, cuando estemos dispuestos a recordar que nacimos con un propósito: el de amar y ser amados.

Cualquiera que vea la situación en la que se encuentra el mundo en la actualidad se dará cuenta de que se requiere algo radicalmente nuevo—en quiénes somos como especie y en la forma de relacionarnos unos con otros y con el mundo en sí mismo. Sin embargo, las bases psicológicas que sostienen en su lugar a este mundo disfuncional son como vacas sagradas, nos da miedo tocarlas por temor a que nos ocurra algo malo si lo hacemos. De hecho, algo malo nos ocurrirá si no lo hacemos. Es tiempo de cambiar. Es tiempo de hacer lo que en nuestros corazones sabemos que nacimos para hacer.

Estamos aquí para ser parte de una subversión gloriosa contra las formas de pensamiento basadas en el miedo que dominan el mundo.

Hay sólo dos emociones básicas: el amor y el miedo. Y el amor no es miedo, como la luz no es oscuridad; con la presencia de uno desaparece el otro. A medida que cambiamos nuestras percepciones para que ya no sean de miedo sino de amor—a veces en casos en los que no es tan difícil y por último en casos en donde se requiere maestría espiritual para lograrlo—nos convertimos en creadores de milagros en el verdadero sentido de la palabra. Cuando nuestras mentes se rinden al amor, se rinden a un poder superior. Y de allí, provienen los milagros.

Milagros

Un milagro es un cambio de una percepción de temor a una de amor. Es una interceptación divina de un sistema de pensamiento más allá del nuestro que reorganiza nuestras percepciones y por lo tanto reorganiza nuestro mundo.*

El milagro está más allá de lo que la mente mortal puede entender. La guía de Dios no se presenta como un mapa que una mente racional pueda interpretar, es más bien una iluminación espiritual, que crea sorprendentes logros psicológicos que nuestro ser mortal nunca podría alcanzar. Como resultado, a medida que cada uno de nosotros va alcanzando estados cada vez más elevados del ser, comenzamos a alcanzarnos unos a otros a niveles cada vez más altos, combinando nuestras energías en formas más creativas de lo que jamás habríamos imaginado que fuera posible. Cualquier cosa que se requiera, nuestro amor la podrá suplir.

Recibiremos los "dones del Espíritu Santo," que nos elevarán a dimensiones muchísimo más altas de talento e inteligencia. Nos encontraremos unos con otros en formas mágicas. Haremos justicia en casos que parecían insolubles. Realizaremos todas estas cosas a través de los milagros de Dios.

El momento en el que se derrumbó el World Trade Center, la solución total del problema al que entonces nos enfrentamos estaba ya creada en su totalidad en la Mente de Dios. La solución es un plan que involucra a cada ser humano, en el grado en el que nos pongamos a su disposición. Todas las personas con quienes nos encontremos, todas las situaciones en las que estemos, representan una lección que nos enseñaría cómo debemos proceder de ahí en adelante para actualizar nuestra propia existencia. Todo lo que ocurre es parte de un misterioso proceso educativo en el que somos llevados en forma subconsciente hacia las personas y las situaciones que representan nuestra siguiente misión. Con cada lección se nos reta a profundizar aun más, a hacernos más sabios y más amorosos. Y cualquiera que sea el siguiente paso, la lección nos espera en cualquier lugar donde nos encontremos.

El trabajo de Dios es convertirnos en personas cada vez mejores, y no tenemos que estar en ningún otro lugar ni tenemos que estar haciendo nada diferente para lograrlo. El viaje hacia un mundo mejor no se hace por un camino horizontal sino más bien por uno bastante vertical; no es un viaje a algún otro lugar, sólo un viaje a un nivel más profundo dentro de nuestro corazón. Justo frente a usted, en este mismo momento, hay cosas que hacer y pensamientos que pensar que representan un "posible ser" más elevado que el que usted representa ahora. En cualquier momento determinado, hay más amor que podríamos ver y más amor que estaríamos en capacidad de expresar.

Y a medida que lo hagamos, sanaremos el mundo.

Hacer lo que Nos Toca a Cada Uno

A medida que cambiamos nuestras percepciones, Él nos irá cambiando en nuestra forma de ser. Cuando nos hayamos convertido en las personas que supuestamente debemos ser, sabremos qué es lo que debemos hacer. Y cuando hayamos recordado Quién está caminando con nosotros, tendremos el valor de hacerlo.

Este libro es un análisis de diez cambios básicos que cada uno de nosotros puede lograr, de mirar el mundo a través de los ojos del miedo a mirarlo a través de los ojos del amor. La predominancia de los pensamientos basados en el miedo ha envenenado nuestras psiquis, y ha creado una mezcla tóxica en nuestras mentes. Intentamos escapar, por medios sanos y no sanos, y refugiarnos en el santuario de una verdad más profunda. Sin embargo, no basta limitarse simplemente a buscar la verdad o inclusive a conocerla. Tenemos que permitirnos, desde ya, vivir la verdad tal como la entendemos, con todas sus incontables implicaciones para nuestras vidas.

La tarea del hacedor de milagros es la siguiente: considerar la posibilidad de que exista otro camino.* Lo hay. Y Él nos lo mostrará.

Es posible que vengan a su mente juicios acerca de alguien y en ese momento puede respirar profundo y pedirle a Dios que le ayude a perdonar. Tal vez piense en algo que percibe como una carencia en su vida y podría decidir pensarlo dos veces y concentrarse, en cambio, en todo lo que tiene. Podría preocuparse por su capacidad para realizar un trabajo y luego recordar que Dios vive en usted y que no hay nada que Él no pueda hacer. En cualquier momento dado, la vida superior está a nuestro alcance.

Cuando comencemos a *vivir* esa vida superior—no simplemente a buscarla sino a *decidirnos a participar en ella*—entonces, y sólo entonces, nos daremos cuenta de que está a todo nuestro alrededor, y que siempre ha estado allí. Dios está en nuestra mente. Por dondequiera que vayamos, allí está Él.

A VECES HAY PROBLEMAS que, por así decirlo, olvidamos en el fondo de un cajón. Sabemos que nos pertenecen y que algún día tendremos que enfrentarlos. Pero seguimos posponiéndolos y posponiéndolos hasta que finalmente algo ocurre que hace que uno de estos problemas ocupe el primer plano. El universo lo deja extremadamente en claro: aquí, ahora, vamos a manejar este problema. Cualquier parte de nuestra personalidad que aún deba ser sanada, debe sanarse ahora. Puede ser un problema de relaciones personales, un problema de adicción, un problema financiero, algo que tiene que ver con nuestros hijos o lo que sea. No es la forma de la debilidad lo que importa: lo que importa es que hasta que no la enfrentemos y la superemos, estaremos limitando nuestra capacidad de hacer uso del Plan de Dios.

Éste es un momento en el que, por así decirlo, todos debemos subir a cubierta en este mundo. No está bien quedarse enredado en la pequeñez de nuestro narcisismo cuando hay tanta necesidad de que mostremos nuestra grandeza. Ha llegado la hora de que cada uno enfrente, de una vez por todas, cualesquiera demonios que nos hayan mantenido encadenados a nuestras neurosis y a nuestro dolor; es hora de ponernos en pie y mostrar lo mejor de nosotros mismos, como la forma de presentarnos ante Dios; de ocupar nuestros puestos en el Plan de Dios para la salvación del mundo.

Éste es un momento emocionante y crítico. No es el momento de comportarnos como El Llanero Solitario. Es el momento, en el que, a pesar del dolor que podamos tener en el corazón, debemos buscar en lo más profundo de nuestro ser y buscar, humildemente, a los demás. Porque es allí donde encontraremos a Dios y en Dios están todas las respuestas que buscamos, todas las soluciones que tan desesperadamente ansiamos encontrar, todo el gozo que tal vez alguna vez pensamos que se había ido y habíamos perdido para siempre. Éste es el momento y somos nosotros quienes tenemos que actuar.

¿Y por qué no estamos ya desempeñándonos a ese mayor nivel de maestría espiritual? Lo que nos retiene a tantos no es en realidad ignorancia espiritual sino más bien pereza espiritual. *Conocemos* muchos de los principios de esa conciencia superior; pero somos muy indisciplinados mentalmente para aplicarlos con alcance universal. Aplicamos perdón cuando nos resulta fácil, la fe cuado parece tener sentido racional y el amor cuando nos conviene. Somos serios pero no lo somos en realidad . . .

Ahora comparemos esto con los defensores del odio.

¿Los terroristas nos odian *sólo parte del tiempo?* ¿Tienen *un compromiso apenas casual con su causa?* ¿Toman un poco menos en serio la meta de manifestar plenamente *su* visión del mundo? La única forma de vencer el odio es comprometernos tan profundamente con el amor como algunos se comprometen con el odio, dedicarnos tanto a expresar el amor como algunos se dedican a expresar el odio y ser tan firmes en nuestra convicción de que el amor *es nuestra* misión como algunos están convencidos de que la suya es el odio.

Muchos somos ya estudiantes espirituales; el problema está en que somos estudiantes que obtenemos calificaciones de "C." Eso es lo que debe cambiar.

Vivir en la Luz

Cada momento que nos hemos desviado de nuestro nivel más alto—hiriéndonos e hiriendo a otros—es un momento en el que nos hemos apartado del amor. Ha sido un momento en el que simplemente no supimos cómo mantenernos en el camino recto y a la vez suplir nuestras necesidades. Caemos en los antiguos patrones del ego y el miedo, por la simple razón de que estamos subconscientemente programados a hacerlo. Y cuando todos los demás esfuerzos fallan, lo más probable es que, aunque sea en el lugar más secreto de nuestro corazón, le pidamos a Dios que, por favor, nos ayude. Y Él lo hará. Él nos reprogramará a nuestros niveles más profundos. Y entonces, a través de la alquimia del currículo divino, encontraremos a las personas con las que nos debemos encontrar a fin de superar las situaciones por las que tenemos que pasar para aprender las lecciones que nos transformarán y nos cambiarán, convirtiéndonos de seres de miedo en seres de amor. Se nos dará toda oportunidad de aprender a través de la alegría, y cuando nos la neguemos, aprenderemos a través del dolor. Pero aprenderemos.

No es fácil dar a luz nuestro potencial espiritual. El parto espiritual puede ser muy arduo——un Instante Sagrado a la vez y nos damos por vencidos, nos rendimos, nos ablandamos, no nos importará estar en lo cierto, nos olvidaremos de nuestra impaciencia, abandonaremos nuestras opiniones y los premios del mundo, y descansamos en los brazos de Dios. Pero el resultado final es el amor de nuestras vidas. Empezamos a sentirnos más a gusto con nosotros mismos, menos abrumados por la angustia crónica que marca la época en la que vivimos. Comenzaremos a sentirnos libres al fin de las heridas del pasado, capaces de amar de nuevo, sin temor. Comenzamos a mostrar la madurez y fortaleza que faltaban en nuestra personalidad. Una nueva energía emana de las nuevas personas en las que nos hemos convertido y también lo pueden ver los demás.

Todo esto es muy sencillo, lo que no quiere decir que sea fácil.

El camino espiritual no consiste en llegar a una complejidad metafísica mayor; es un proceso en el que simplemente nos volvemos más sencillos, a medida que aplicamos ciertos principios básicos a todas las cosas que nos ocurren. El amor no se aprende, el amor ya está delineado en nuestros corazones. Sin embargo, empezamos a olvidarnos de nuestros miedos aprendidos.* Y con cada cambio que hacemos de la culpa a la bienaventuranza, vamos rasgando el velo de la ilusión que nos separa del mundo que deseamos.

No todas las lecciones serán divertidas mientras se desarrollan y, en ocasiones, nos resistiremos con fiereza a este crecimiento. Pero—siempre que permanezcamos abiertos a los milagros—nos iremos abriendo camino hacia un nuevo reino en nuestro ser, donde el amor ha borrado los patrones del miedo que nos ha saboteado en el pasado, llevándonos a alturas inimaginables. Cada situación llega trayendo con ella un don: una oportunidad de convertirnos en quienes realmente queremos ser y de vivir la vida que realmente deseamos vivir.

Viviremos en el mundo que decidamos ver y por eso es tan importante no perder nunca de vista el amor. Cuando leamos acerca de la guerra, no olvidemos la belleza de un atardecer. Cuando pensemos en la situación en la que se encuentra el mundo, no olvidemos el gran número de personas que se enamoraron hoy. Dios nunca pierde Su entusiasmo por la vida, tampoco nosotros lo debemos perder. Bajo la superficie de un acontecimiento mundano, las personas continúan sonriendo unas a otras con sinceridad, tienen hijos, se curan, crean obras de arte, se perdonan, adquieren una mayor iluminación espiritual, ríen, se hacen más sabias y aman a pesar de todo. En un mundo que parece dividido en dos entre el miedo y el amor, nuestro mayor poder radica en afinar nuestro enfoque. Hay cosas muy, muy oscuras en el mundo actual. Lo que el mundo necesita hoy es más personas que trabajen por la luz.

Ver la luz, luego vivir en la luz, hará que, en último término, nos convirtamos en maestros del poder que da la luz.

La Elección de Un Nuevo Camino

En las palabras de John Lennon, "Pueden decir que soy un soñador, pero no soy el único." En la actualidad, los soñadores debemos animarnos mutuamente dado que una de las modalidades de soñar se suprime al hacernos pensar que somos los únicos que soñamos.

Sugerir cualquier cosa que se aproxime al concepto de que el amor puede ser realmente La Respuesta, hace que los seguidores de los conceptos policivos contemporáneos nos aplasten como moscas. Se nos dice que somos ingenuos, que nos estamos comportando como unos tontos, que falta sofisticación a nuestro análisis de la situación del mundo. "¡Está chiflada! ¡Es de la Nueva Era! ¡Ese hombre es un lunático!" Sí, correcto. Pero quienes construyen sistemas de armamentos que cuestan miles de millones de dólares por año y no ven el problema fundamental que están causando ¿están *cuerdos?* Quienes proponen construir mejores bombas nucleares como la forma de solucionar el conflicto global ¿están *cuerdos?* Quienes juegan con la guerra como si se tratara de un nuevo juego de fichitas de Lego para niños ¿están *cuerdos?* El mundo se ha convertido en algo que parece sacado de *Alicia en el País de las Maravillas:* los cuerdos parecen dementes y los dementes parecen cuerdos. El mundo está totalmente patas arriba. Pero hay buenas noticias y éstas son que muchas personas lo sabemos; sólo que nos da miedo decirlo porque creemos que nadie más lo cree así.

Y no lo somos. Desde lo más profundo de nuestra humanidad surge un nuevo compromiso de amar y su poder nos está cambiando sobre bases fundamentales. Se nos ha abierto la mente a una verdad liberadora y sentimos que esta verdad es, en realidad sustancia alquímica que recubre nuestras células y transforma nuestro modo de pensar. Se trata de un cambio que la ciencia no sabría necesariamente cómo registrar, podemos darnos cuenta de que no somos ya los mismos. Hemos dedicado nuestras vidas a una posibilidad radical: la posibilidad de que el amor destierre por completo al miedo.

No hemos cambiado realmente en nuestro aspecto externo. Nos vemos iguales; nuestra forma de vestir sigue siendo la misma, jugamos el juego según lo dispone el mundo. Pero hay algo diferente en la forma como vemos las cosas. Percibimos otra realidad más allá del velo. El mundo que vemos no tiene la profundidad suficiente para sostenernos. Ahora lo sabemos y dejamos de pretender que algún día la tendrá.* Estamos desarrollando los ojos que nos permitirán ver más allá del velo y, con esa visión, invocaremos un mundo nuevo.

Todas las mañanas, al despertar, podemos bendecir el mundo. Podemos orar para lograr ser hoy los seguidores de algo realmente sagrado y verdadero. Podemos respirar profundo y entregarnos al Plan de Dios por toda nuestra vida. Y, cuando lo hagamos, experimentaremos los milagros.

Lo más importante es esto: *si no lo hacemos, nos sentiremos deprimidos.* Porque hacer milagros es la misión a la que han sido llamadas nuestras almas. Estamos muriendo, literalmente para nacer a la próxima etapa de nuestro desarrollo espiritual. El miedo del mundo es antiguo y se está desvaneciendo, y por eso está tan iracundo. El amor acaba de empezar a respirar en este mundo y por eso es tan delicado. Pero los humildes heredarán la tierra sólo por una razón: su fuerza literalmente se adueñará del lugar.* Quiénes fuimos no es tan importante como alguna vez lo pensáramos y quiénes seremos es algo que simplemente está fuera de este mundo.

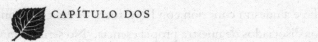

CAPÍTULO DOS

De Olvidar Quiénes Somos a Recordar Quiénes Somos

Para cambiar y mejorar nuestras vidas, lo primero que debemos hacer es dejar de proyectar por todas partes nuestros sub-yos basados en el ego. Mostrarse como Yo el deprimido, Yo el inseguro, Yo el iracundo y Yo el asustado, no es exactamente dar la mejor impresión de uno mismo.

Sin embargo, estas muletillas psíquicas, por así llamarlas, son los rasgos que mostramos de nuestro carácter hasta cuando permitimos que sean absorbidos y consumidos por la grandeza del ser que realmente somos. La depresión, la inseguridad, la ira y el temor no se erradican sólo porque nos vistamos como conviene, porque tengamos suficiente dinero o porque contemos con las suficientes credenciales. Pueden camuflarse, pero sólo temporalmente. Casi telepáticamente, todos detectarán la verdad de nuestros más profundos sentimientos e inconscientemente, los reflejarán de nuevo sobre nosotros. Pase lo que pase, todos estamos siempre involucrados en este constante proceso interactivo.

La única forma de llevar vidas *plenas* es permaneciendo dentro de la *integridad* de nuestro verdadero ser. Y alcanzaremos la plenitud en la medida en que seamos uno solo con Dios. La palabra *sagrado* se refiere a nuestra conexión con Él; y, fuera de esa conexión, quedamos disociados de nuestra propia esencia. ¿No sería extraño que fuéramos uno de los hijos de la Reina Isabel y, sin embargo, lo ignoráramos? ¿No nos estaríamos perdiendo de un aspecto importante de nuestra identidad? Ampliemos geométricamente este concepto, en términos de sus efectos psicológicos, y nos daremos así una idea de lo extraño que sería olvidarnos de que nuestro Padre está en el cielo.

Según *Un Curso de Milagros*, lo que tenemos es un problema de "autoría."* Al no reconocer nuestro origen divino, nos expresamos como creaciones del mundo más que como creaciones del espíritu. El mundo ha impreso en nuestras psiquis su quebranto y su dolor. Y no tiene sentido intentar aliviar ese dolor hasta que sanemos nuestro desubicado sentido de herencia. No somos hijos del mundo; somos hijos de Dios. No tenemos que permitir que el insumo errado de un mundo cansado nos afecte como lo hace.

La confusión acerca de nuestra herencia divina se traduce en confusión acerca de nosotros mismos: no entendemos quiénes somos ni de dónde venimos, nos resulta difícil entender quiénes somos en este momento o dónde nos encontramos ahora. Por lo tanto, nos falta estabilidad espiritual. En ausencia del sentido de un creador divino, la mente supone que somos nuestro propio creador y, por consiguiente, nuestro propio Dios. ¡Si Dios no es el mandamás, entonces el gran mandamás debo ser yo! Y ese convencimiento—de que nosotros somos lo máximo—no es sólo narcisismo; es una psicosis que impregna la condición humana.

Al recordar la verdad sobre nuestra Fuente, nos abrimos más a la verdad de quiénes somos.

El Gran Despertar

La Biblia dice que Adán se quedó dormido—y en ninguna parte dice que haya despertado.* Es como si la raza humana hubiera estado dormida por siglos, no en sentido metafórico sino, en cierta forma, en sentido literal. Mientras dormimos, hemos comenzado a soñar. Y algunos de nuestros sueños se han convertido en pesadillas.

El sufrimiento es una pesadilla. La adicción es una pesadilla. La violencia es una pesadilla. La inanición es una pesadilla. La guerra es una pesadilla. Y la forma en la que cambiaremos al mundo para que deje de ser un lugar donde estas cosas ocurren y se convierta en uno donde ya no ocurran más, no es a través de lo que *hacemos* en sentido tradicional, sino despertando de la pesadilla real en la que se producen. Sin saberlo, mientras dormíamos hemos estado tomando parte en un gran proceso de olvido—de quiénes somos, qué poder tenemos, de dónde venimos y qué es lo que realmente necesitamos.

Sin embargo, se vislumbra un gran despertar en el horizonte, se presiente como una nueva aurora en cada uno de nosotros. No es por accidente que los maestros de la iluminación se conocen como "los que han despertado." Y ahora, una especie que ha estado dormida por demasiado tiempo está al borde de un despertar masivo.

La resistencia a este despertar, una atracción hacia el sueño, hacia el falso placer de la insensibilidad, son una realidad demasiado evidente en nuestra experiencia, aunque no tan poderosas como parecen ser. Formamos un todo con la mente que nos concilió en su pensamiento y nada que podamos inventar por nuestra cuenta tiene el menor sentido.* Cuando recordemos que somos una sola cosa con nuestra Fuente, despertaremos y seremos conscientes de nuestro poder y nuestras pesadillas se disiparán.

El Ego versus la Santidad

Uno de los ejercicios del libro de trabajo de *Un Curso de Milagros* dice, "El amor, que me creó, eso es lo que soy." Ese enunciado equivale a una evaluación radical y contra-intuitiva de nuestra verdadera naturaleza—porque, si soy tan buena, entonces ¿Quién es esta persona que no deja de cometer errores, de auto-sabotearse y de repetir patrones neuróticos?

Esa persona es nuestro ego basado en el miedo. Aquí, el término *ego* significa lo que significaba para los antiguos griegos: un yo pequeño e individual. Cuando nos identificamos con el ego, es como observar un padrastro en una uña y pensar, "Ése soy yo." El ego es un yo impostor, disfrazado de quienes somos en realidad, cuando es, en cambio, la personificación del odio que sentimos por nosotros mismos. Es el poder de nuestras propias mentes que se vuelve contra nosotros pretendiendo ser nuestro defensor cuando lo que hace es socavar nuestras esperanzas y nuestros sueños. El ego es una astilla engañosa desprendida de nuestra realidad espiritual más amplia. Establece un reino mental paralelo en el que se ve como alguien distinto y especial, siempre justificado para mantener el resto del mundo a distancia. Al vernos como alguien separado, atraemos e interpretamos inconscientemente circunstancias que aparecen confirmar esa creencia. Ese reino ilusorio es el infierno en la tierra.

Cuando recordamos quiénes somos, cuando nos mantenemos firmes en la luz de nuestro ser verdadero, como hijos de Dios, entonces el ego comienza, aunque muy lentamente, a ceder terreno.

La oscuridad no puede permanecer cuando realmente acogemos la luz—cuando de manera consciente la avivamos y nos dedicamos a ella. Es por eso que reconocer quiénes somos—que somos amor, que somos tal como Dios nos creó—es lo más importante que podemos hacer en cualquier momento. El amor es nuestra realidad espiritual sin contaminación de nada que haya ocurrido en el mundo material.

Cuando nos olvidamos de esto, los pensamientos de una confrontación, cuando menos sutil, de ataque y defensa, se convierten en el telón de fondo mental de toda nuestra existencia. El ego es "en el mejor de los casos sospechoso, y en el peor, perverso."* Si deseamos una sanación genuina de nuestros corazones—no sólo un arreglar las cosas o vendar la aorta rota del espíritu—debemos cuestionar las suposiciones más fundamentales del ego. Porque sólo cuando rechacemos el relato que el ego nos hace de quiénes somos, podemos comenzar a descubrir quiénes somos en *realidad*.

Y, en realidad, somos santos.

Nuestra santidad es tanto lo opuesto como el antídoto del ego. Es un estado del ser en el que nos hemos reconectado con nuestra Fuente, al recordar que, de hecho, nunca nos habíamos separado de ella. Fuimos creados por Dios en un estado de santidad, nacimos al mundo en estado de santidad, y regresaremos a ese estado al morir. Sin embargo, todos, entre la infancia y la muerte, caemos en un sueño que nos hace olvidar nuestra verdadera naturaleza y experimentamos el infierno de nuestra separación autoimpuesta de Dios. El recordar nuestra conexión con nuestra Fuente nos despierta y nos libera de las pesadillas creadas por nosotros mismos. En cualquier Instante Santo, el ego queda anulado.

La santidad no es simplemente un constructo teológico, aplicable a los santos y a los maestros iluminados pero no a nosotros, a usted o a mí. Mantener ese concepto en un elevado altar, lejos de la aplicación práctica es simplemente un ardid del ego para mantenerlo a distancia. Decir que somos santos no es simbólico; es decir que somos extensiones de la Mente de Dios, y como tales, nuestra verdadera naturaleza es divina. Cuando nos detenemos a considerar que realmente somos hijos de Dios—no sólo hijos de este mundo—comenzamos a darnos cuenta de la riqueza espiritual que hemos heredado. Y esa riqueza es nuestra para que la utilicemos con el fin de alejar toda oscuridad de nosotros y del mundo que nos rodea.

A través de la oración podemos realizar milagros en nuestras vidas. Tenemos mucho más poder del que hemos utilizado hasta ahora—para curar enfermedades, restaurar relaciones, reconciliar naciones, proteger nuestras ciudades y transformar nuestro mundo. Mientras pensemos que sólo "los demás" son santos, sólo "los demás" parecerán tener autoridad milagrosa. Esto, sin embargo, no es cierto. De hecho, todos somos santos, porque todos hemos sido creados por Dios. Cuando abrimos nuestros corazones a Él, cuando los abrimos unos a otros, nuestras mentes se convierten en canales de lo milagroso. Todos y cualquiera de nosotros puede orar para pedir milagros, y Él nos escucha a todos y cada uno cuando se los pedimos.

Cuando hayamos liberado los recursos más íntimos de compasión que se encuentran atrapados dentro del laberinto de la mente y del ego, se producirá una explosión de milagros que transformará por completo nuestros seres y nuestro mundo. Renaceremos en el espíritu, libres para expresar la creatividad y la pasión que descansan en nuestro interior, como nunca antes lo hemos hecho.

Pocos mortales han llegado siquiera a rasguñar la superficie del genio potencial que todos poseemos y del que un día seremos conscientes. Los grandes maestros iluminados, desde Buda hasta Moisés y Jesús, lograron tal alineación con el espíritu que su mundo circundante nunca volvió a ser el mismo. Son los hermanos mayores que demostraron nuestro potencial. Nos indicaron aquello en lo que cada uno de nosotros puede llegar a convertirse algún día.

A medida que la mente es invadida por la comprensión del sorprendente poder que descansa en nuestro interior, y a medida que nos permitamos abrazar los principios de este nivel de conciencia superior, el ego va retrocediendo, con el tiempo, cediéndole el espacio a la verdad más alta. No puede permanecer en su lugar ante una mente que ha empezado a despertar a su verdadera realidad. Eventualmente, el conocimiento espiritual acumulado da fruto y una vida más amplia comienza a surgir.

Posibilidades Infinitas

Cuando era joven no necesitaba un reloj de pulsera, porque en cualquier momento del día o de la noche podían preguntarme qué hora era y yo lo sabía con exactitud. Pero algo me ocurrió cuando tenía 20 o 25 años: pensé que no debía ser capaz de hacer eso y que era extraño que lo pudiera hacer. Entonces, tan pronto como se me ocurrió esa idea, no pude volver a hacerlo.

Me ocurrió lo que nos ocurre a todos: estamos sutil e insidiosamente convencidos de que nuestros poderes naturales no existen. Nos convertimos en esclavos de una visión global en la que nuestros poderes humanos quedan disminuidos, se consideran como secundarios a los poderes sorprendentes de la ciencia, la tecnología y otros dioses falsos de los planos externos. El progreso moderno parece dominar nuestras almas, despojándolas y dejándonos dentro de un universo sin sentido. Ahí no hay Dios verdadero, a excepción del dios de la interminable necesidad.

En este mundo estamos entrenados a vernos como el ego nos define. Según los dictámenes de nuestro ego somos pequeños e indefensos, y estamos rodeados por un universo infinitamente pantagruélico y poderoso. Estamos aquí sólo por un minuto, antes de envejecer y sufrir y morir. Se nos enseña a identificarnos con nuestra culpa más que con nuestra inocencia, y entonces nos sentimos acosados por errores que creemos que nos dominarán por el resto de nuestras vidas; se nos enseña a culpar a los demás más que a perdonarlos, y luego quedamos atrapados entre sentimientos de victimización; se nos enseña que somos distintos de los demás y entonces caemos presa de la grandiosidad y la insensibilidad se nos enseña que las calificaciones, las credenciales, las influencias del pasado, los errores, los matrimonios, los divorcios, los títulos, las hojas de vida, el dinero, los padres, los hijos y nuestras casas—cualquier rótulo o identidad que alguien quiera adjudicarnos—son nuestra esencia. Como consecuencia, olvidamos quiénes somos en realidad.

Este olvido es la fuente de todos los males, porque nos deja en oscuridad personal, confundidos acerca de nuestra herencia, nuestro poder y nuestro propósito. La mente no puede servir a dos señores y cuando nos olvidamos del verdadero, nos inclinamos falsamente ante el otro. Cuando mentalmente nos identificamos con el reino del cuerpo, vemos la escasez de la muerte. Cuando nos identificamos mentalmente con el reino del espíritu, vemos el amor infinito, la posibilidad ilimitada y la unicidad de todas las cosas.

Consideremos los radios de una rueda de bicicleta. En el aro, cada radio está separado de los demás. En el eje, cada radio está unido al resto. Conocernos como espíritu es conocernos como uno con los demás, que es el significado esotérico del versículo de la Biblia que dice "Hay un solo Hijo unigénito." Es por esto que la Mente de Cristo, por cualquier nombre que la conozcamos, es nuestra salvación. Es un punto de recuerdo divino, que nos salva de los errores que cometemos cuando nos olvidamos de que somos uno con los demás. La renovación espiritual es la salvación del mundo, porque una vez que nos demos cuenta de que lo que hacemos a los demás nos lo estamos haciendo literalmente a nosotros mismos, nuestros pensamientos y nuestra conducta simplemente cambien. Hacer daño a los demás, negar la compasión, es algo que, en último término, resulta inimaginable.

La Base Espiritual de la Autoestima

He aprendido, en los momentos en los que mi vida ha sido más dolorosa, que el yo que puede ser herido no es mi verdadero yo. La mujer en mí, la profesional en mí, la escritora en mí, la maestra en mí—¿Qué significan? ¿No son los bloques de los muros de una prisión espiritual que pretende circunscribir mi vida, cuando, de hecho, una vida no puede ser circunscrita? ¿Qué diferencia hay si alguien me traiciona cuando mi verdadero yo, mi espíritu, no puede ser traicionado? ¿No es un insulto una oportunidad que se me brinda de encontrar esa parte de mí que puede ser insultada y decir, "¡Ja! Ni siquiera eres la verdadera yo?" ¿No está el verdadero ser más allá de la enfermedad? Entonces, ¿quién es el que realmente se enferma? ¿No es ilimitado el verdadero ser? Entonces, ¿quién puede ser puesto en prisión? ¿No es eterno el verdadero ser? Entonces, ¿quién muere?

Ése es el interrogante: ¿Quiénes *somos*, realmente? Porque si pensamos que sólo somos pequeños e individuales seres mortales, el mundo que creemos reflejará esa creencia. Viviremos en un mundo de separación y sufrimiento y muerte. No obstante, cuando cambiemos nuestro sentido de quiénes somos—cuando nos demos cuenta de que no tenemos límites, de que estamos unificados con toda vida—la experiencia humana, tal como la conocemos, se transforma. Un ejercicio que se repite en el libro de trabajo de *Un Curso de Milagros* expone lo siguiente: "Soy como me creó Dios." En alguna forma esencial *somos* aún lo que *éramos* al momento de nuestra creación, y todos los problemas se derivan de que lo hemos olvidado.

Si somos como Dios nos creó, entonces, ningún error que hayamos cometido o ningún juicio u opinión negativa que alguien tenga acerca de nosotros puede, de forma alguna, determinar quiénes somos ni cambiar lo que valemos.* En el Instante Santo, podemos recordar nuestra esencia divina y podemos optar por expresarla. Cualquier cosa que expresemos se reflejará de nuevo en nosotros. El universo siempre está listo a darnos nuevos comienzos que reflejen nuestra inocencia, pero nosotros no siempre estamos listos a recibirlos. El sol puede salir, pero no lo veremos si las cortinas están cerradas. No importa cuánto nos ame Dios, no sentiremos su amor si no creemos en él. Mientras pensemos que somos menos que la creación perfecta de Dios, las experiencias que atraigamos hacia nosotros serán menos que la creación perfecta de Dios. Según lo que creamos, así nos parecerán las cosas.

Su valor es inestimable porque usted es un hijo de Dios.* Si alguna vez llegare a pensar, "Soy un perdedor. Intento una y otra vez y siempre fracaso," deténgase ahí. Borre la grabación con otra nueva. Dígase con énfasis, en silencio o verbalmente, "Soy la mejor persona del mundo, porque Dios sólo crea perfección. Reconozco mi valor incalculable a pesar de mis errores, por los cuales pido perdón. Soy creación de Dios y, en este momento, le pido al universo que me devuelva reflejada hacia mí la grandeza de Dios que está en mi interior." (Que quienquiera que tenga que reírse de esto lo haga. ¿Qué clase de mundo están creando *ellos*?)

Todos los hijos de Dios son especiales, y ninguno de los hijos de Dios es especial.* Usted no es mejor que ninguna otra persona, pero tampoco es peor que nadie. Todos tenemos dones especiales, todos nacemos para brillar en una u otra forma y todos somos inocentes a los ojos de Dios. Basta mirar a los niños en los preescolares: todos son fabulosos y magníficos, y nosotros también.

No es arrogante pensar que, por la gracia de Dios, es infinitamente creativo, brillante y potencialmente perfecto. De hecho, sería arrogante pensar lo contrario, porque lo que Dios ha creado no puede, de ninguna forma, ser menos que perfecto.* Este hecho se aplica a usted y a todo el mundo. No es arrogante, sino muestra de humildad, aceptar los dones de Dios y permitir que se manifiesten a través de usted.

Sin embargo, para el ego, esto no es humildad sino arrogancia y merece una fuerte reconvención por atreverse a creer en usted.

Soportar la Grandeza de Unos y Otros

Vivimos en un mundo donde se hacen juicios apresurados y con gran facilidad. Se dicen e imprimen mentiras acerca de las personas a través de una prensa irresponsable; cualquiera puede decir lo que quiera en su sitio Web y parecer digno de crédito. Las personas destruyen las reputaciones de otros y asesinan el carácter de la gente como si se tratara de un deporte.

Son muchos los juicios que me han hecho desde que comenzó mi carrera pública. Por cualquier razón—por el hecho de ser mujer, por mis convicciones, por mi franqueza básica—han habido quienes aparentemente han considerado su deber ser mis aguafiestas. Sin embargo, he aprendido que no se le presta ningún servicio al mundo al tomar estos juicios en serio, agachando la cabeza y diciendo, "Sí, deben tener razón. Debo ser una mala persona." Es cierto que hay que aceptar la parte de responsabilidad que nos corresponde en nuestros propios desastres—pero ¿aceptar toda proyección de culpa de cualquier persona no sanada? ¡Definitivamente no! Cualquiera que sea la razón que otros tengan para proyectar su propia ira y su propia culpa sobre usted, no hay por qué aceptarlo si no le corresponde.

En algunos ambientes encontramos apoyo básico. "¡Sigue adelante! ¡Vuela!" Y en otros ambientes nos encontramos con reacciones como "¿Quién te crees que eres para tratar de volar? ¡Deja de hacerlo, o te obligaremos a abandonar tu propósito!" Cuando reconocemos la venganza del ego—hasta qué grado detesta el espíritu de la vida y el amor—nos es mas fácil dejar de personalizar sus viciosos ataques. Hay lecciones para aprender en todo lo que nos ocurre. Tanto los retos como el potencial de desarrollo que se derivan del hecho de que otros nos juzguen con dureza es lo que nos hace decidir por nosotros mismos en qué se basa nuestra autoestima: en la estima que nos tengan los demás o en la estima que nos tenga Dios.

El pensamiento de Dios está a 180 grados del pensamiento del mundo.* Y una de las muchas áreas donde tenemos los conceptos totalmente invertidos es en el área de la arrogancia y la humildad.* Jamás debemos disculparnos por esforzarnos en actualizar la grandeza de Dios que vive en todos nosotros. Y quienes se niegan a respaldar a los demás en su empeño por manifestar sus sueños, sólo se niegan apoyo a sí mismos. Cualquier cosa que me niegue a celebrar acerca de su vida, no podré atraerla hacia la mía. Lo que yo piense de usted es inseparable de lo que piense de mí. Si no le doy permiso de brillar, tampoco me lo puedo dar.

Ahora, es mucho más urgente vivir nuestra grandeza que revisar nuestros sueños individuales. Es esencial dejar que se exprese nuestra grandeza para la supervivencia de la especie; sólo si usted puede vivir a su pleno potencial y si yo puedo vivir al mío, podrá el mundo vivir el suyo. Dado que los pensamientos limitados producen resultados limitados, el respaldar la fe de los demás en ellos mismos contribuye a hacer avanzar al mundo entero. Y el convertirnos en las personas que somos capaces de ser—sin que importe lo que los demás opinen de nosotros—es parte de nuestra responsabilidad tanto para con nosotros mismos como para con Dios.

A menos que promovamos la expresión de la grandeza en quienes nos rodean, no estaremos haciendo lo que nos corresponde para ayudar a sanar al mundo. Una sonrisa de aprobación, un correo electrónico, el menor de los gestos puede representar la diferencia que nos lleve a ayudar a otra persona a creer en sí misma. Desde un punto de vista material, lo que demos lo perdemos. Pero desde un punto de vista espiritual, sólo lo que demos será lo que podamos conservar.* Cuando damos nuestro apoyo a los demás con más generosidad, el universo se muestra más solidario con nosotros.

Rendirnos a Nuestra Mejor Naturaleza

Con frecuencia, la razón por la que no logramos desarrollar un aspecto de nosotros mismos es la ausencia de un modelo que nos lo mostrara. Si uno de nuestros padres nos demostró el "éxito" o la "distinción," entonces, podríamos progresar en la actualización de estas características. Pero si no contamos con ese modelo, ya sea en la familia o en la cultura, simplemente no tenemos los rieles psicológicos por los que ese gen pueda avanzar. Sin embargo, Dios ha construido su propia vía férrea.

La psiquis es como una enorme computadora con un número

infinito de archivos. Imagine un fólder que se llame "La Voluntad de Dios" y que dentro de ese fólder hay distintos archivos: Yo, la persona fuerte; Yo, la persona segura de sí misma; Yo, la persona compasiva; Yo, la persona que sabe perdonar, etcétera. Todo lo que constituye amor de Dios se encuentra en un archivo que podemos descargar. Y ninguno de los archivos de Dios puede borrarse.

Sin embargo, la mayoría hemos creado algunos archivos que *deberían* borrarse. Yo, la persona arrogante; Yo, la persona sarcástica; Yo, la persona que emite juicios y Yo, la persona cínica, serían algunos ejemplos. Todos deben estar en un fólder titulado "el Ego"; imagine a Jesús sentado ante su computadora, resaltando ese fólder y presionando la tecla "Borrar."

Yo, la persona iracunda o Yo, la persona arrogante es una Nada que ha surgido para parecer Algo. Es parte de una ilusión del mundo. Sin embargo, si nos comportamos así, es fácil convencernos y convencer a los demás de que eso es lo que somos, e inclusive si no actuamos de esa forma, mientras exista ese archivo negativo, actuará como un veneno mental que se filtra lentamente y que tiene la capacidad de impedirnos avanzar.

Otro conjunto de imágenes que revela la verdad y nuestra naturaleza eterna se encuentra en los cuentos de hadas. La perversa madrastra es nuestro ego y quiere matar a Blanca Nieves, que es el espíritu inocente del amor dentro de todos nosotros. Sin embargo, no puede lograrlo porque lo que Dios creó no puede ser destruido. Lo que *sí* puede hacer es que Blanca Nieves caiga en un profundo sueño del que sólo el beso del príncipe—el amor incondicional— podrá despertarla.

Si el príncipe no hubiera besado a Blanca Nieves—si en cambio se hubiera enfadado con ella, "¿Qué demonios haces aún dormida?"—entonces no se habría despertado. No son quienes nos juzgan y condenan sino quienes nos bendicen y perdonan quienes nos despiertan de nuestra naturaleza más baja y nos traen de vuelta a lo mejor de nosotros mismos.

Cuando mi hija era aún muy pequeña, alguien me indicó que era mejor, siempre que fuera posible, que me comunicara con frases como "Haz esto," en lugar de "No hagas eso." Creo que fue el mejor consejo que recibí de cómo ser una buena madre; es fácil ver el daño que se causa a quienes siempre se les da una respuesta negativa. En su libro titulado *Magical Parent / Magical Child* (El Padre Mágico/El Hijo Mágico), Michael Mendozza y Joseph Chilton Pierce explican la naturaleza y la unión emotiva entre padres e hijos como algo más importante que la información específica que podamos darles. El tono de nuestra comunicación es tan importante como lo que les digamos. Nuestra misión consiste en afirmar la bondad esencial en las personas aun cuando hayan cometido errores.*

Sé que, para mí, alguien que me dijera constantemente que lo que hago no está bien, no me ayudaría a mejorar. Hay un poder mágico que se manifiesta cuando nos relacionamos con el bien que hay en las personas. Leí en una entrevista una frase de la actriz Uma Thurman, hija del conocido filósofo budista Robert Thurman, en la que decía, "Diría que me he rendido a mi mejor naturaleza." Supongo que sabía, porque se lo enseñaron bien, que existe tal naturaleza. Corresponde al padre ver esa naturaleza en la hija y reflejarla de nuevo hacia ella. Y esa naturaleza está presente en todos nosotros.

Hay un enfoque psicológico muy diferente hacia el cambio que se asocia normalmente con la mente occidental. Por lo general, pensamos que nuestras cualidades "negativas" son algo que hay que "eliminar." Y de ahí provienen toda clase de métodos de crianza, sistemas educativos, sistemas judiciales y otros sistemas, todos disfuncionales. Basta imaginar lo que sería el mundo si nos viéramos unos a otros y pensáramos, "¡Sé que hay algo maravilloso ahí dentro!"

De hecho, lo que tenemos que hacer es reivindicar nuestro potencial espiritual y profundizar en él, sin importar si ya ha sido activado dentro de nuestra personalidad. El último potencial es nuestra "naturaleza de Buda" y de "Cristo." "Aceptar a Cristo" es aceptar que el amor de Dios está en nosotros y en todos. Una luz eterna brilla en nuestro interior porque allí la puso Dios; e invocar lo que nos agrada es mucho más poderoso que tratar de destruir lo que nos disgusta. En la presencia de nuestra luz, nuestra oscuridad desaparece.

Los actores representan a un personaje encontrando su fuerza vital dentro de su propia fuerza interior. No se trata tanto de otra persona como de otra dimensión de su propio ser, en la que habita el gran actor. Casi todos—seamos o no actores—tenemos dos dimensiones del ser que, por una u otra razón, no han sido exploradas, y que simplemente no nos hemos decidido a explorar.

Todos podemos cantar, aunque sólo unos pocos somos en realidad cantantes. Todos podemos pintar, aunque sólo muy poco somos realmente pintores. Y todos somos actores, aunque, por lo general, pretendemos no serlo.

En Alcohólicos Anónimos se dice que es más fácil comportarse como actores para adoptar una nueva forma de pensar que limitarse a pensar para adoptar una nueva forma de actuar. Así como los niños aprenden jugando, los adultos lo hacemos también, cuando nos lo permitimos. Solemos desestimar en gran medida la capacidad de nuestro subconscientes para apoyarnos en la creación del cambio. "Pretenda que lo hace hasta que lo logre" suele ser un buen consejo. Cuando las niñas pequeñas juegan a "la casita" o cuando los niños pequeños juegan a ser el Hombre Araña, están utilizando una estrategia subconsciente para el desarrollo de su personalidad en la que se sirven de situaciones imaginarias para preparar nuevos reinos del ser. Y debemos seguir haciéndolo, sin abandonarlo, a menos que decidamos dejarlo.

Si practicamos la bondad, nos convertimos en personas bondadosas. Si practicamos la disciplina, vamos convirtiéndonos en personas disciplinadas. Si practicamos el perdón, vamos aprendiendo a perdonar. Si practicamos la caridad, comenzamos a ser más caritativos. Si practicamos la amabilidad, nos convertimos en personas amables.

No importa si hoy estamos o no de humor para ser amables con el conductor del autobús; debemos serlo de todas formas—y veremos cómo esta actitud comienza a afectar nuestro estado de ánimo. Basta con presionar el botón de la persona que queremos ser y aparece el archivo correspondiente. Después de todo, siempre ha estado ahí, a la espera de ser descargado. Nos hacemos más amables cuando decidimos ser amables. Tenemos el poder tanto de generar sentimientos como de reaccionar a ellos para perfeccionar nuestras personalidades a medida que avanzamos por la vida. En palabras de George Eliot, "Nunca es demasiado tarde para convertirse en lo que hubiéramos podido ser." Nunca es demasiado tarde para convertirnos en quienes realmente somos.

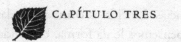

CAPÍTULO TRES

Del Pensamiento Negativo al Amor Positivo

Un amigo me dijo en una oportunidad que soy una "sufridora." No sabía lo que quería decir con esto y, al mismo tiempo, entendía exactamente lo que quería decir. Todo podía ser excelente, y yo encontraba algo realmente tonto por qué disgustarme. Sencillamente tenía el hábito emocional de centrarme en lo negativo. Tenía que aprender que, en gran medida, somos responsables de nuestra propia felicidad. Según *Un Curso de Milagros*, la felicidad es una decisión que debemos tomar. ¿Quién de nosotros no ha tomado decisiones que indefectiblemente nos hacen sufrir?

En cualquier momento determinado, es nuestro punto de vista lo que determina nuestra realidad emocional. Rara vez encontraremos un momento en la vida en el que cuanto veamos y pensemos sea absolutamente perfecto según nuestro concepto. Sin embargo, la perfección es un punto de vista; lo que se hace perfecto es nuestra capacidad de analizar un entorno y centrarnos en él en la forma más útil, amorosa y positiva.

Siempre hay cosas que nos alegran y cosas que nos entristecen. El puente hacia una vida más feliz es más una decisión emocional que un cambio de circunstancias. La vida es como un pedazo de greda húmeda, todo lo que pensemos le da forma. Una vida feliz puede tener días tristes, pero cuando ya dominamos los aspectos fundamentales de tener una visión básicamente alegre del mundo, atraemos más situaciones que tienden a demostrar que la visión que tenemos del mundo es la correcta.

¿Y cuál podría ser una situación más feliz, en nuestra visión del mundo, que la de que lo único verdadero es el amor y nada más existe?*

Claro está que la dificultad radica en que es menos fácil ver una actitud de amor en un mundo donde no hay amor. Y sin embargo, con Dios esto es posible. Cuando dediquemos más tiempo a esforzarnos por ver la vida con ojos de amor, y menos tiempo para tratar de entender por qué estamos tristes en primer lugar, nuestras vidas se transformarán mucho más rápido. Al ego le encanta fomentar el concepto engañoso de que no tenemos ningún poder ante nuestro sufrimiento. Para algunos esto es evidentemente cierto; pero, para la mayoría, esa actitud representa un juego de autoderrota que tendemos a jugar y que garantiza que mantendremos la felicidad a distancia, con un constante y perpetuo "tal vez algún día."

Nuestra capacidad de cambiar de forma de pensar es el mayor don que Dios nos ha dado, y es también el más poderoso.* Él está presente dentro de nosotros en todo momento para ayudarnos a llevar nuestras mentes de nuevo al amor. Siempre podemos ver una situación y tomarnos un momento para entender cuán afortunados somos y cuánto agradecemos las partes de esa situación que representan un bien. Siempre podemos invitar al espíritu de Dios a que cubra con su sombra nuestros pensamientos y los eleve a un orden divino para darnos una especie de control del ego y así convertirnos en las personas que Él desea que seamos. En todo momento lo podemos invitar a entrar en nuestros pensamientos y purificarlos. Y una vez que lo hayamos hecho, comenzaremos a ver milagros. Al principio, algunos nos parecerán pequeños, pero, con el tiempo, iremos viendo un cambio radical en el tono de nuestras vidas.

ME PARECE QUE la clave de la felicidad radica en superarnos. Los momentos más felices de mi vida han sido aquéllos en los que he estado más involucrada en hacer algo por los demás, no algo por mí. Porque cualquier percepción que se centre solamente en nuestras necesidades individuales redundará, por último, en miedo, y cualquier percepción que se centre en nuestra unicidad con los demás engendrará paz. Muchos se esfuerzan y fracasan en su intento por encontrar la paz dentro de sí mismos porque realmente no se dan cuenta quién es su "yo." Es por eso que el ego es tan peligroso: nos puede hacer creer que somos diferentes, cuando, de hecho, no lo somos. No podemos alcanzar la paz interior a menos que nos sintamos completos en nuestro interior, y no podemos sentirnos completos sin relacionarnos con los demás.

Es imposible encontrarse uno mismo si sólo se busca dentro de sí, porque, en esencia, *no es allí donde estamos*. El verdadero yo es un ser literalmente expandido, que forma un todo con el mundo entero. Por lo tanto, lo encontramos en relación con el todo. No podemos ser felices a menos que deseemos la felicidad para todos.

En una oportunidad, mientras me permitía pensar en ciertos problemas relacionados con mi vida, preocupada porque me estuviera ocurriendo esto o aquello, recuerdo que me preocupaba especialmente no estar logrando todo lo que quería con mi carrera. El diálogo en mi mente se refería a mí misma (primer error) y se centraba en lo que percibía como una carencia (segundo error). No me daba cuenta de que mi forma de pensar no estaba orientada a los milagros, y, por último, me dije que tenía que salir de ese estado.

En ese momento estaba haciendo las maletas para salir de una habitación de hotel y, al poco tiempo, llegó el botones a recogerlas. Comencé a preguntarle acerca de su vida. El preguntar a otros sobre sus vidas en lugar de deambular por la propia es una forma garantizada de dirigir nuestras mentes en sentido opuesto al ego. Le pregunté a qué hora llegaba a trabajar en las mañanas, qué otras cosas hacía en su vida, etc.

Y luego, él me dijo, "Disculpe, ¿es usted Marianne Williamson?" Entonces, me contó que él y su esposa solían asistir regularmente a mis conferencias en Los Angeles y que su esposa escucha todos los días mis grabaciones. Me habló de la importancia que tiene mi trabajo para ellos. Eso disipó por completo las preocupaciones que me habían estado perturbando una hora antes; sus comentarios cambiaron mi forma de pensar y, por lo tanto, mis sentimientos. Si me hubiera quedado enfrascada en mis pensamientos enfocados hacia mí misma, sin reorientarlos para enfocarme en otra persona, nunca hubiera podido recibir ese milagro. Habría estado ante esa persona, dispuesta a ofrecerme una sanación, pero no habría estado disponible para recibirla. Al negar el trato amistoso al botones, me habría estado negando la sanación.

La generosidad, en ese sentido, es un acto de interés propio.* Lo he visto ya demasiadas veces como para ponerlo en duda; mientras no olvide que el amor que busco sólo lo puedo encontrar dando mi amor a los demás, resulta muy fácil encontrar la paz. Sólo cuando lo olvidamos surge el caos. La clave de la felicidad es difundir el amor; retenerlo es la clave del dolor.

Caminar más Cerca de Dios

Solía escuchar el tradicional canto gospel *Closer walk with Thee* (Caminar más Cerca de Ti) que siempre me pareció una imagen dulce aunque extraña. El concepto de salir a caminar con Dios es, sin embargo, algo más, porque metafísicamente, nuestro "caminar" significa nuestra forma de pensar. Orar por caminar más cerca de Dios es pedir ayuda para tener pensamientos más espirituales, no porque queramos ser muy, muy religiosos, sino porque no queremos sabotear nuestras vidas como lo hicimos en el pasado. Pedimos que nuestros pensamientos y nuestras acciones estén orientados por Dios, ahora y siempre.

Estar lejos de Dios es pensar lo que sea que estemos pensando, sin tener una piedra de toque sagrada para nuestra percepción. Dado que se nos ha enseñado a pensar en el mundo sin la orientación de Dios, podemos alcanzar instintivamente pensamientos que son de juicio, de culpa, o de falta de perdón. Y así permanecemos en el infierno que significa estar separados de la experiencia del amor de Dios.

Caminar más cerca de Dios significa estrechar la brecha entre nuestros pensamientos y los Suyos. ¿Cuántas veces hemos hecho cosas de las que después nos arrepentimos, por la simple razón de que, en ese preciso momento, no estábamos en contacto con nuestro yo superior? En esas ocasiones permitimos que el yo impostor, basado en el miedo, nos suplante, mientras nuestro "yo" esencial, amoroso, permanece oculto y olvidado, como las ilusiones de nuestras vidas insatisfechas.

Los pensamientos del mundo son como un virus de computadora que ha invadido nuestro sistema. El Espíritu Santo es como un programa de antivirus que nos protege de los pensamientos falsos y disipa los pensamientos basados en el miedo cuando ya se han instalado en nuestras mentes.

Se requiere disciplina mental para controlar la mente, pero ese control es indispensable si realmente queremos que nuestra vida cambie. Con cada lectura inspiradora, con el tiempo que dediquemos a meditar o con cualquier acto de perdón, o caridad, o amor, reduciremos la influencia del miedo en nuestras vidas. No podemos cambiar la forma de pensar de los demás, pero, de hecho, no tenemos que hacerlo porque todas las mentes están unidas.* Basta cambiar *nuestra* forma de pensar, y al hacerlo, el mundo cambiará con nosotros.

No estamos separados de Dios: sólo creemos que lo estamos. Lo que Dios crea es uno en Él mismo, para siempre, de modo que una idea no puede abandonar su fuente.* Él es amor, y Él es todo lo que existe.* Por lo tanto, cuando no estamos pensando con amor, en realidad no estamos pensando en absoluto.* Estamos alucinando.* De hecho, eso es este mundo: una inmensa alucinación de la mente mortal.

Estamos separados de nuestra propia realidad por un velo de ilusión y dentro de esa ilusión sentimos un gran temor. Imagine que Dios lo estuviera llevando de la mano en un momento y al momento siguiente no Lo pudiera encontrar. Que, aparentemente, Él hubiera desaparecido. ¿No lo invadirían de inmediato sentimientos de pánico? Ésa es nuestra desesperanza.

Todas las religiones se orientan a sanar nuestra desesperanza levantando el velo de la ilusión. Algunas sugieren que ese velo se levanta cuando morimos, otras sugieren que puede levantarse mientras aún nos encontramos en el mundo. Desde un esquema de pensamiento orientado a los milagros, la gloria de Dios se encuentra no sólo en lo que nos revelará después, sino en lo que Él puede revelarnos, y de hecho nos revela, ahora.

Supongamos que Dios le ha dado un magnífico don—uno que usted cree que, en este preciso momento, podía ser muy útil para transformar el mundo. Sin embargo, usted no tiene acceso a las personas o a las circunstancias que podían abrirle el camino para poder expresarlo. Dios puede disponer todas las cosas, pero no determinará sus opciones por usted. Si usted no elige resolver los problemas personales que le impiden expresarse a su más alto nivel, estará optando por bloquearse el camino. Dios mismo se rinde ante esa elección, porque el don del libre albedrío le fue dado a usted al momento de ser creado. Sin embargo, Él moverá cielos y tierra para ayudarle a elegir de nuevo. Él encontrará la forma de darle la oportunidad de vivir una vida diferente.

Todo pensamiento afecta al mundo entero. Si es un pensamiento de amor, fluirá más amor al mundo y ese amor dará la vuelta y regresará a nosotros. Si es un pensamiento de temor, ese temor se difundirá y también lo circundará todo. No podemos interferir con lo que ocurre entre la Causa, que es el nivel de conciencia, y el Efecto, que es el nivel del mundo.* Ni siquiera Dios interviene entre la Causa y el Efecto, puesto que esa ley se estableció para nuestra protección.* Pero siempre somos libres de elegir otra forma de pensar, y ése es nuestro milagro. Cuando la causa con "c" minúscula (la forma de pensar del ego) se reemplaza por la Causa con "C" mayúscula (la Mente de Dios), el mundo de los efectos cambia en concordancia.

Dios ha creado el Espíritu Santo como un "puente de percepción" entre los reinos externos de la ansiedad y la desesperanza y los reinos internos de la paz y la felicidad.* El Espíritu Santo es siempre el abogado, facultado por el mismo Dios para librarnos de las vanas imaginaciones del ego. Sin embargo, el simple conocimiento de que Él está ahí, y el afirmarlo por cualquier nombre que elijamos, no nos trae por sí solo la paz. Ese milagro se produce cuando realmente damos un paso atrás y le permitimos ser nuestro guía; cuando nos desconectamos de los reinos mundanos, aunque sea por un momento, y nos sumergimos en un lugar de disponibilidad radical. Sólo cuando nos vaciamos de nuestros propios pensamientos—o no nos dejamos afectar por ellos—puede el Espíritu Santo llenarnos de los Suyos.

Cuando "nos acercamos a Dios con las manos vacías," * el brillo de la Luz de la Verdad hace desvanecer el ego, no repentinamente sino poco a poco, con un efecto acumulativo. Nos vamos volviendo más abiertos y más dispuestos al perdón, más vulnerables y menos prevenidos—no sólo con aquéllos con quienes las personas con quienes ya tenemos relaciones y con quienes nos sentimos seguros. Si somos auténticos sólo con quienes ya conocemos, entonces ¡sólo experimentaremos milagros con esas personas! Podemos crear un nuevo comienzo para todos. Si Se lo permitimos, el Espíritu Santo creará un botón cósmico de *reset* y, a partir de ese momento, avanzaremos con un nuevo conjunto de opciones—un conjunto infinito de opciones. Él renueva el cableado del mundo que nos rodea en la medida en que Le permitamos renovar el cableado de nuestras almas.

Hay una forma de estar en el mundo que trasciende al mundo, una forma de ser a la vez personas comunes y corrientes y creadores de milagros. Nos convertimos en las lámparas que iluminan con la luz que emana de la energía de Dios. Nadie se siente totalmente a sus anchas a este nivel; no es de allí de donde venimos y no es allí donde, en último término, estamos destinados a llegar.* Es un lugar en el que sólo permanecemos poco tiempo, un lugar hermoso y bendito cuando permitimos que nuestra percepción del mismo sea superada por la de Él, pero es sólo una estación de paso. Estamos aquí porque tenemos una misión: ser el amor que falta en un mundo sin amor y así recuperar este mundo ensombrecido para llevarlo de nuevo a la luz.

Tener y Ser

Podemos tener en la vida cualquier cosa que estemos dispuestos a *ser*. Porque, en último término, ser y tener son una misma cosa. Cuando nos damos el permiso espiritual de vivir la vida que deseamos, hay pocas cosas en el mundo que nos puedan detener. Como lo indica *Un Curso de Milagros,* no pedimos demasiado a Dios, sino que le pedimos muy poco.* Nuestra debilidad suele ser simplemente una debilidad de fe—creer más en las limitaciones del mundo que en lo ilimitado de Dios.

Para Dios, cada momento es un nuevo comienzo. *Y a Dios no lo detiene nada.* Dios nunca diría, "Podría ayudarte, pero te has portado realmente mal por lo que no deseo hacerlo." Tampoco dice, "Podría darte una gran vida, pero tus padres fueron alcohólicos, por lo que mis manos están atadas." Las limitaciones no cuentan ante el poder ilimitado de Dios, y son los límites de nuestra fe, no los límites de nuestras circunstancias, los que nos impiden experimentar los milagros. Toda situación nos da la oportunidad de vivir con una esperanza más amplia y más audaz y con fe en que todo es posible. Dios es más grande que cualquier circunstancia limitada de nuestro pasado; Dios es más grande que cualquier limitación que el mundo nos presente ahora. Las limitaciones sólo existen como un reto para que maduremos espiritualmente y nos demos cuenta de que, con la Gracia de Dios, podemos superarlas.

¿Podemos superar la falta de recursos financieros? Sí, porque en Dios somos infinitamente abundantes. ¿Podemos superar la enfermedad? Sí, porque en Dios gozamos de plena salud. ¿Podemos superar el terrorismo? Sí, porque en Dios somos el amor infinito, el amor es la única fuerza contra la que el odio y el temor no pueden prevalecer. No hay un orden de dificultad en los milagros.* Si un número suficiente de nosotros ora cada mañana pidiendo al Espíritu de Dios que penetre el caos global que hemos creado y ponga orden en todas las cosas—si renunciamos a nuestras propias ideas y Le pedimos en cambio las Suyas—todo lo que está mal comenzará a disiparse. Con las cosas como están ahora, consideramos esos problemas principalmente al nivel del efecto y casi nunca los tratamos al nivel de la causa. Nuestra fe en el poder de los problemas y en el poder de las soluciones humanas excede en mucho nuestra fe en los milagros.

En una oportunidad asistí a una reunión cuyo organizador inauguró diciendo que la tarea que teníamos entre manos era básicamente imposible pero que, claro está, nos esforzaríamos al máximo por cumplirla. Era imposible que el grupo pudiera avanzar con confianza después de que el director del grupo, en persona, había declarado que la tarea era imposible de realizar. Sin embargo, si yo hubiera sugerido que todos los miembros del grupo simplemente respiraran profundo, guardaran silencio por un momento y luego afirmaran que la tarea podía realizarse sin esfuerzo y de manera brillante con la ayuda de nuestro espíritu interior, me habrían considerado una tonta. El poder del pensamiento es como una gran reserva de oro siempre presente entre nosotros, sin embargo, el ego se opone rotunda y enérgicamente a que lo aprovechemos.

Tanto en la Biblia como en *Un Curso de Milagros* se nos dice que mover montañas es algo pequeño comparado a lo que somos capaces de hacer. Con la Gracia de Dios, podemos sanar enfermos y resucitar muertos; podemos obrar milagros en las relaciones personales, sociales o políticas. El hecho de que no lo estemos haciendo ahora no quiere decir que no seamos capaces de hacer esas cosas. El problema fundamental es nuestra arraigada resistencia a siquiera intentarlo—¡De hecho, hay momentos en los que inclusive nos da ira con quienes se atreven a hacerlo!

¿Por qué nos da más miedo tener poder que ser impotentes? ¿Qué hay en el concepto del poder ilimitado de Dios que obra a través de nosotros que nos parece tan amenazante? ¿No será, de hecho, porque ese mismo concepto constituye una afrenta a la autoridad del ego?

No obstante, después de todo, ¿Qué nos ha dado el ego? ¿Es su reino material tan poderoso como pretende ser? ¿Da realmente resultado, si tenemos en cuenta el estado en el que se encuentra nuestro mundo hoy? ¿Puede una cantidad suficiente de bienes de consumo comprarnos la felicidad? ¿Puede una cantidad suficiente de sexo comprarnos el amor? ¿Puede un gasto militar de 400,000 millones de dólares al año comprarnos la paz?

"Mi Reino no es de este mundo," dijo Jesús. Los problemas del mundo no se resolverán al nivel de la conciencia en la que radica el problema. Jesús dijo también, "Haréis obras mayores que éstas." No dijo que las haríamos ahora; dijo que las haríamos. Las haremos cuando hayamos evolucionado al siguiente nivel de nuestra madurez espiritual, un proceso en el que Él, entre otros, nos irá guiando. ¿Por qué, en un mundo que proclama tener tanta fe en Dios, nos mostramos tan renuentes a permitir que Dios nos muestre cómo avanzar al próximo nivel de nuestra humanidad? ¿A qué se debe nuestra resistencia a ascender a nuestra grandeza como hijos de la Luz? Somos Sus hijos amadísimos, en quien Él ya tiene su complacencia. Nos creó perfectos y tiene planes gloriosos para nosotros en el cielo; entonces ¿Por qué nos empeñamos en seguir actuando a un nivel insignificante mientras aún estamos en la tierra? ¿Está Dios reteniendo su grandeza hasta que muramos, o nos estamos resistiendo nosotros a su grandeza mientras aún vivimos? El ego nos dirá cualquier cosa para impedir que lleguemos a Dios y su argumento de "lo verán más tarde" es uno de sus favoritos.

Dios es una bendición que penetra todo nuestro ser, en todas partes y en todo momento. Pero no basta que Dios nos bendiga, tenemos que recibir esas bendiciones con señorío para experimentarlas en plenitud. La forma como recibamos algo es tan importante como lo que estemos recibiendo. Si aceptamos un don, con verdadero agradecimiento y humildad, dando honor y alabanza a quien lo otorga, aumentará nuestros frutos. No obstante, cuando simplemente damos por hecho un don, sin agradecerlo, nuestros bienes se reducen. ¿Cuántas veces hemos minimizado casualmente una oportunidad, al no reconocer un don sorprendente de vida y amor hasta cuando ya era demasiado tarde? Hemos aprendido a golpes el poder que tenemos para minimizar las cosas, con el simple hecho de pensar que son mínimas. ¿Quién de nosotros no ha desechado una bendición, por ser demasiado orgulloso y tal vez malcriado para reconocer que realmente lo era?

Han pasado incontables días y noches en los que ni siquiera me he fijado en el sol o en la luna. Es tan fácil dar por hecho algo tan grande como la gloria que nos rodea.

Cuando era niña, en Texas, solía contemplar los maravillosos atardeceres por los que el cielo de Texas es famoso. No sabía que no todos los atardeceres tienen esta profusión de colores, esta variedad de tonos rosa, violeta, naranja y oro. No sabía entonces que no todos los atardeceres presentaban nubes tan voluminosas ni rayos de sol poniente tan gloriosos. No, pintados dramáticamente en un cielo interminable. No comprendía cuán bienaventurada era de poder ver esto.

Ahora, a veces echo de menos esos atardeceres y me doy cuenta de lo ingenua que era al pensar que podría encontrarlos siempre con facilidad. Pienso en los milagros que estoy subestimando ahora y que se producen a mi alrededor sin que los reconozca ni los alabe. Considero que la mayor crisis a la que nos enfrentamos—sin lugar a dudas, a la que yo me enfrento—es una crisis de fe. Debido a que el Dios que pinta los atardeceres y que mantiene el sol en el cielo, que convierte el embrión en un bebé, actúa también en mi vida. Por mi propia fatiga mental, por la limitación de mi imaginación, no soy capaz de conectar los puntos entre los problemas que embargan mi vida y el poder infinito de Dios para resolverlos.

Un Problema, Una Respuesta

Todos tenemos problemas en ocasiones, aun problemas graves. Pero aunque creamos que tenemos muchos problemas distintos, la verdad es que sólo tenemos uno: nuestra separación de Dios.* Una vez que nos realineamos con la Verdad de nuestro ser, aquello que no es verdad no puede permanecer ante nosotros por mucho tiempo.

Hace poco le dije a mi hija que la vida no se trata de no tener problemas; se trata de convertirnos en personas que saben manejar los problemas en forma positiva. Se trata de aceptar la plena responsabilidad de cualquier grado en el que hayamos contribuido al problema, perdonándonos y perdonando a los demás, orando por todas las personas involucradas, y desarrollando la fe en que siempre viene en camino un milagro de Dios.

Un problema no es necesariamente algo malo. Si se está presentando, es parte de un currículo divino diseñado como una oportunidad de aprendizaje para todos los involucrados. Y una de las cosas que aprendemos cuando experimentamos problemas, y luego recibimos el milagro que los resuelve, es que podemos tener fe en que los milagros realmente ocurren. Los milagros provienen de la convicción,* y nada nos da más convicción que haber sido salvados de lo más hondo de nuestro profundo hueco.

Cada reto es una oportunidad . . . para que se produzca un milagro.

Dios puede desenredar las incontables líneas de energía disfuncional que están siempre presentes en toda situación, a condición de que las pongamos en Sus manos. Con los ojos de su mente, vierta luz en la circunstancia difícil. Deje de lado su actitud de control. Considere la situación como una lección—una muestra potencial del poder milagroso de Dios de sanar todas las cosas—y ríndase agradecido ante Él. Sienta su propio ser ya desprendido del problema, sin la responsabilidad de resolverlo. Expándase a lo infinito de su ser y, desde esa posición, contemple tanto el problema como su solución. Agregará así otra dimensión de poder a su capacidad de enfrentar cualquier cosa. Somos herederos de las reglas del mundo con el que nos identificamos.* Una vez que nos hayamos identificado únicamente con el espíritu, no habrá más reglas, excepto las de la misericordia y el amor.

> *Dios de amor,*
> *Pongo este problema sobre tu altar*
> *Sírvete interpretar para mí esta situación.*
> *Que yo vea sólo el amor en los demás y en mí.*
> *Muéstrame lo que debo ver,*
> *Guíame a lo que debo hacer.*
> *Ayúdame a perdonar.*
> *Elévame por encima del dolor que hay en mi mente.*
> *Gracias, Dios.*
> *Amén.*

El Poder del Pensamiento

Es fácil minimizar el poder de nuestros pensamientos, sin embargo, todo pensamiento crea forma en algún nivel.* No se obtiene la amnistía kármica diciendo, "Oh, sí, lo pensé, pero realmente ésa no era mi intención." El subconsciente lo escucha todo y simplemente lo refleja de nuevo en nosotros: no hay filtro en el subconsciente para eliminar lo que realmente no quisimos decir. Si por bromear insistimos en decir que nadie nos quiere, muy pronto la gente probablemente no nos querrá. Si afirmamos que tenemos el poder, pronto lo tendremos. El subconsciente no sabe cuál pueda ser el grado de seriedad con el que pensamos algo: simplemente nos prepara para cumplir nuestras propias expectativas.

Me encantó el personaje de tonto de la película *Love, Actually* (Amor, Realmente) quien afirmaba una y otra vez que era un dios del sexo y que las mujeres de Norteamérica lo adorarían. Su amigo le insistía en que estaba loco, pero él no le creía. Al final de la película, él estaba en Norteamérica y era seducido por fabulosas mujeres—¡varias a la vez!

Hay quienes se burlan del concepto de que escribir cincuenta veces, "Soy inteligente y realizo mi trabajo con perfección," cada noche antes de acostarse, durante treinta noches seguidas, puede considerarse como un verdadero agente de sanación. Sin embargo, esos mismos críticos son los primeros en sostener que, porque, cuando niños, su madre les dijo, "Eres un tonto y nunca llegarás a ser nada," todas las noches antes de irse a la cama, tienen un trauma que los ha afectado de por vida. ¿En qué quedamos entonces? Si las palabras son peligrosas, también pueden sanar—a cualquier edad. Así como una cinta de audio puede borrarse grabando algo encima, podemos comenzar a programar nuestras mentes con pensamientos que contrarresten los que habitualmente tenemos. Para bien o para mal, el subconsciente lo capta todo.

Recuerde que cada cosa que pensemos nos lleva, a nosotros y a quienes nos rodean, ya sea directo al cielo (la conciencia de nuestra unicidad) o directo al infierno (el estado de separación del ego). Si pensamos cosas buenas del mundo, es probable que las veamos. Y si pensamos cosas malas, también puede ser que las veamos. Logramos muy poco porque tenemos mentes indisciplinadas.* Nos permitimos divagar muy fácilmente hacia pensamientos y expresiones negativas. Y de unos y otras se derivan experiencias negativas.

Puesto que nuestras mentes forman un todo, el conflicto entre dos de nosotros contribuye a la guerra y la reconciliación entre dos de nosotros nos acerca más a la paz mundial. El más pequeño de nuestros juicios promueve la guerra, y el más pequeño de nuestros perdones, promueve la paz. Los milagros afectan situaciones que nunca conoceremos.* Las alas de la mariposa en América del Sur afectan los patrones del viento en el Polo Norte y los pensamientos de paz verdadera en Idaho afectan los planes de paz en Palestina. Qué oportunidad tan extraordinaria y a la vez qué responsabilidad la que tenemos de procurar acertar.

El Poder de las Palabras

Uno de los dones que podemos dar a nuestros hijos es enseñarles el poder metafísico de las palabras. "Detesto el colegio," "Todos me odian" y "No soy lo suficientemente atractiva," son potentes enunciados que parecen inocuos pero no lo son. Como padres, nos corresponde enseñar a nuestros hijos que lo que proclamamos como cierto *parecerá*, entonces, cierto. A veces, me he sorprendido diciendo cosas negativas que ni siquiera creo, cediendo a un tipo de autoindulgencia mental que es enemiga de la felicidad. De hecho, ejercitar nuestras mentes es tan importante para nuestra salud como ejercitar nuestros cuerpos.

Debido a mi trabajo, recibo muchas cartas de todas partes del mundo. Ha habido días en los que me he estado quejando sin mayor motivo o me he estado preocupando de cosas sin importancia y luego he leído una carta de un padre que ha perdido un hijo, del padre de un soldado que me pide una oración, o un paciente que lucha contra el cáncer. Entonces, mi perspectiva cambió automáticamente y por completo. He tratado de desarrollar el hábito del agradecimiento y la alabanza, porque me doy cuenta de cuán afortunada soy y lo afirmo en mi pensamiento. "Oh, ¡qué hermoso día!"—sólo un recordatorio sencillo de la belleza de la vida hará que su día sea, literalmente, más hermoso.

El significado de cualquier cosa es el significado que le demos. Recuerdo que, cuando niña, siempre que me quejaba de un día lluvioso, y que mi madre decía, "¡Oh, no! ¡Los agricultores necesitan esta lluvia!" Lo que para mí era una molestia, para ella era un alivio.

Una casa se ve hermosa y uno piensa que si sólo pudiera vivir allí, la vida sería muy bella; sin embargo, una vez que uno la tiene, se encuentra con la presión de la hipoteca que pesa sobre toda esa hermosura. Uno piensa que un bolso no es tan bonito, pero luego se lo ve a otra persona y de repente se ve fabuloso. Uno piensa que el esposo no es tan maravilloso, pero luego alguien sí lo cree y, de pronto, es fabuloso. Todo lo que experimentamos se filtra a través de nuestro pensamiento. La forma como nos veamos a nosotros mismos es la forma como tenderemos a ver la vida, y la forma como veamos nuestra vida es la forma como tenderemos a vernos a nosotros mismos.

He conocido personas que tenían muy poco y sin embargo lo

manejaron tan bien que no es de sorprender que lo hayan aumentado. Y he conocido personas que tenían mucho y lo manejaron tan mal que no es de sorprender que lo hayan disminuido. El mundo se expande o se contrae según la forma como participemos en él. Somos ciento por ciento responsables de la forma como vivamos nuestra experiencia.

Conozco una mujer que pasó por un divorcio terrible y sin embargo ahora lleva una vida que irradia desde adentro. En una oportunidad la escuché decir, "Uno se amarga o mejora." Quiero ser como ella en ese sentido, quiero que el aspecto negativo se aleje, como un balón que me hubieran lanzado pero al que no tengo por qué aferrarme. Incluso cuando somos víctimas de una situación, cometemos generalmente algunos errores que debemos considerar en detalle. Para hacerlo, podemos incluso agradecer a quienes nos han herido. Porque, a través de las experiencias que ellos hayan creado, aprenderemos a evitar esas situaciones. Creceremos, y tal vez ellos crezcan también. Y la vida seguirá su curso, porque Dios nos ama a todos.

En Dios, no hay gente buena y gente mala. Hay opciones de amor que serán recibidas con alegría y opciones de desamor que serán recibidas con dolor. Y el hacedor de milagros interpreta todo lo que no es amor como una llamada al amor.* Visto bajo esta luz, el corazón cerrado de otra persona ya no nos puede hacer más daño. Porque no fue el corazón cerrado de ese otro el que nos hizo sufrir sino más bien nuestro instinto de cerrar nuestro propio corazón como respuesta. Debemos orar por quienes nos han hecho mal, y el dolor que hayamos sufrido se convertirá en paz.

Tal vez no ocurra de inmediato, es cierto. Si alguien mintió respecto a nosotros, otros pueden creerlo. Si alguien nos robó, puede ser necesario que pase mucho tiempo para restablecer nuestras finanzas. Pero, ese es el significado de los tres días simbólicos que transcurrieron entre la crucifixión y la resurrección. Toma tiempo para que la luz vuelva a ascender, pero lo hará. Siempre que nuestros corazones permanezcan abiertos mientras estamos en medio de una crucifixión—abiertos al amor, al perdón, a lo que tenemos que aprender y a lo que tenemos que expiar—entonces la resurrección es inevitable. Sea lo que sea, esto también sucederá.

El Cambio Radical

He oído decir que "las personas no cambian," pero es un principio de fe que, a través de la alquimia radical de amor de Dios, podemos cambiar, y lo hacemos. Hay algo en todos nosotros que *desea* mejorar, que *quiere* cambiar. El espíritu siempre busca elevarse.

En 1999, uno de mis mejores amigos adoptó dos hermanos pequeños, de cinco y siete años, de un programa de adopción del condado. Debido a que habían sido horriblemente maltratados por sus padres, Carl y Dylan mostraban los síntomas comunes de los niños severamente traumatizados. Como resultado, no tuvieron éxito al hacer la transición al hogar de adopciones y mucho menos al hogar adoptivo. Inclusive, en una oportunidad, habían estado en un período de prueba de adopción con una pareja, pero, por último, fueron devueltos a la agencia. Es probable que estuvieran destinados a recorrer la vía lenta hacia la peor de las vidas, antes de que mi amigo los acogiera en la suya.

Muchos que apreciaban a mi amigo, entre quienes me incluyo, se preocupaban de que se hubiera encargado de una tarea demasiado difícil. ¿Cómo iba a poder él, como hombre soltero, hacer frente al manejo de dos niños pequeños traumatizados y cómo podría darles un cuidado paterno exitoso? No obstante, a medida que transcurrieron las semanas, los meses y los años, todos los que los conocían pudieron presenciar un milagro: los pequeños Carl y Dylan se convirtieron en niños modelo, y nadie que los conozca hoy podría siquiera imaginar que provienen de circunstancias problemáticas. El amor de mi amigo y su cuidado radical creó un espacio para que los niños pudieran cambiar. Para que pudieran crecer y convertirse en los niños que estaban destinados a ser y que todavía podían llegar a ser. La paciencia y el amor de su padre adoptivo lograron una hazaña sorprendente.

Hace poco leí en el periódico acerca de un estudio gubernamental que se llevó a cabo para determinar qué hace que los niños aprendan. Lo que descubrieron—*después de invertir 25 millones de dólares en la investigación*—fue que el mayor determinante para que los niños aprendan es la presencia de al menos una persona adulta—no necesariamente un pariente biológico—que se preocupe por lo que hagan.

Sí se producen milagros de cambios personales y pueden ocurrir en cada uno de nosotros.

Ya sea que nuestro mundo exterior permanezca o no igual, nos corresponde a nosotros mirar, no hacia afuera, sino hacia adentro. Es un llamado a encontrar aquellos lugares dentro de nosotros mismos en los que nos estamos aferrando a nuestros antiguos hábitos—en los que culpamos a los demás en lugar de asumir la responsabilidad personal de nuestros males; los lugares donde juzgamos a otros en lugar de bendecirlos, donde somos insensibles en lugar de ser vulnerables, abiertos y amables. En estos problemas están ocultas las llaves que abren nuestros misterios personales no resueltos. Si queremos alcanzar logros en el mundo exterior, tendremos que lograr progresos en nuestro interior. Porque el nivel de conciencia es el nivel de la causa; resolver los problemas a nivel de su causa significa resolverlos dentro de nosotros mismos.

El resolverlos únicamente a nivel de sus efectos—en el mundo exterior—es fracasar en el intento de encontrarles realmente una solución de fondo.

El Poder del Amor

Cuando en 1989 le diagnosticaron cáncer de mama a mi hermana, ella le dijo a su oncólogo, "Mi hermana dice que debo ir a un grupo de apoyo espiritual." Él le respondió, "¿En qué escuela de medicina estudió su hermana?"

Las buenas noticias son que hoy en día es difícil entre los médicos esta actitud tan desdeñosa y condescendiente sobre los beneficios físicos de las prácticas espirituales. Si a alguien se le diagnostica una enfermedad que ponga en riesgo su vida, lo más probable es que los médicos sean los primeros en recomendarle a esa persona que asista a un grupo de apoyo espiritual. ¿Por qué? Porque las más prestigiosas instituciones académicas han corroborado científicamente que entre quienes han sido diagnosticados con enfermedades que representan un riesgo para la vida, quienes asisten a grupos de apoyo espirituales viven, en promedio, dos veces más, después del diagnóstico.

El que pensemos que el amor es un poder tremendo y sorprendente no significa que seamos pensadores débiles. En una oportunidad me entrevistaron en un programa de opinión de la televisión y, al presentarme, el entrevistador hizo unos comentarios despectivos sobre mi actitud pacifista y mi concepto de que no debería haber ejércitos. Lo miré, sorprendida, y le pregunté de dónde habían sacado semejante idea. "Bueno, ¡sólo lo supuse!" respondió. "Usted piensa que el amor es la respuesta a todo; por lo tanto deduje que considera que el ejército sería algo malo."

Es sorprendente el grado de desprecio que puede atraer el tema del amor en cualquier situación distinta de la de respaldar el statu quo. Pasar de "Ella piensa que el amor es la respuesta" a "Ella piensa que no deberíamos tener ejército," es trivializar la verdad más profunda, en términos filosóficos y espirituales, que se haya expresado en el mundo.

Un Curso de Milagros dice que el mundo es un sueño triste, que debe volverse alegre antes de que despertemos de él.* Esto significa que hay que transformar el mundo antes de poderlo trascender. El *propósito* que se le asigne a algo es lo que determina su santidad y no hay nada inherentemente carente de espiritualidad en los ejércitos. De hecho, hay personas que trabajan en el ejército de los Estados Unidos que tienen conceptos más iluminados de lo que podría pensarse con relación a las posibilidades futuras para nuestras fuerzas militares. Tal vez nuestro ejército llegue a representar, en el curso de nuestras vidas, el más avanzado concepto de lo que son "las Fuerzas Armadas." Unas fuerzas que estarán armadas con las destrezas psicológicas, espirituales y emocionales necesarias para establecer relaciones sociopolíticas, así como ahora están armadas con un arsenal militar. Las instituciones evolucionan a medida que evoluciona la conciencia, y estamos a la vera de adquirir la conciencia masiva de que, si queremos cambiar el mundo, tendremos que llegar a ser tan sofisticados en la forma de lograr la paz como lo somos ahora en la forma de entablar la guerra. Sin importar quién pueda burlarse de nosotros, es importante que sigamos promoviendo el amor—no sólo los buenos sentimientos que engendra, sino también su verdadero poder de sanarlo todo.

A nivel de la solución verdadera, el amor es la respuesta, cualquiera que sea la categoría de la experiencia humana. Según Mahatma Gandhi, el amor puede sanar tanto las relaciones sociales y políticas como las personales. Apenas si hemos arañado la superficie del poder del amor; cuando ahondemos más en él, encontraremos que puede ser más explosivo que una bomba nuclear. Necesitamos un abordaje integrador para los asuntos mundiales en el que los reinos emocional, psicológico y espiritual tengan su lugar en la mesa de los grandes dirigentes. Jesús mismo dijo, "Amad a vuestros enemigos y orad por quienes os calumnian." Martin Luther King Jr. dijo que Mahatma Gandhi fue la primera persona en adoptar una ética de amor y convertirla en una fuerza social a gran escala para alcanzar el bien. Y esto no es sólo "lindo" sino imperativo; King dijo que hemos llegado a un punto en el que ya no se trata de elegir entre violencia y no violencia sino entre violencia e inexistencia.

Hace unos años, la señora Coretta Scott King me pidió que hablara en Atlanta el día de la celebración de la fecha oficial del cumpleaños de su difunto esposo. Fui una de las últimas oradoras en el programa. Estuve allí y escuché a un orador tras otro hablar acerca del Doctor King como si todo lo que él hubiera hecho se hubiera limitado a esparcir polvo de hadas sobre Norteamérica. ¡Cuánta grandeza en él, todo ese a-m-o-r que difundió! Nadie hizo referencia a la enorme resistencia que encontró a la lucha de corazón que libró durante su trayectoria—una lucha en la que, por último, sacrificó su vida. Cuando me llegó el turno de hablar, tuve que decir que el amor por el que el Doctor King vivió y murió no era conveniente para el statu quo y no es conveniente para el statu quo ahora. El Doctor King no representaba el amor sentimental ni el amor popular ni el amor de conveniencia. El amor de Dios no es, en la mayoría de los casos, ninguna de estas cosas. Y si queremos realmente rendir tributo a la memoria del Doctor King, debemos esforzarnos hasta donde nuestras capacidades nos lo permitan, por hacer las cosas como él las hizo—por tomar partido a favor del amor, aun a costa de atraer burlas y odio hacia nosotros.

El ego puede destruir el cuerpo, pero no puede destruir una idea. La resurrección tanto de Gandhi como de King está en nuestra voluntad de defender con vehemencia las ideas que dieron sentido a sus vidas. Esas ideas darán sentido también a las nuestras. *Un Curso de Milagros* enseña que Dios no busca mártires; busca maestros.* Seguramente pocos de nosotros hemos logrado un amor perfecto, un amor incondicional. Pero el concepto de que una gran ola de amor será la salvación de la raza humana es una idea cuyo momento está por llegar. Y nuestra disposición a ser parte de esta ola da un propósito trascendente a nuestras vidas. No somos ingenuos en lo que respecta al mal; no tapamos el mal con una capa de pintura rosa para pretender que no existe. Leemos los periódicos. Lloramos con los que sufren. Pero muchos pensamos que Dios tiene un plan y creemos—aún—que el nombre de ese plan es Amor. No un amor tonto. No un amor pueril. Sino un amor poderoso, un amor sorprendente, tan alineado con Dios que cambiará todas las cosas.

Lo cambiará todo cuando nos haya cambiado.

El Doctor King enfatizaba el concepto de Gandhi de que el fin es inherente a los medios: sólo si intentamos practicar la paz podremos realmente ser portadores de paz. Y el universo nos dará amplia oportunidad de intentarlo.

Mientras me preparaba para hablar ese día, pude ver detrás del podio a una invitada que no sabía que estaría allí: la señora Laura Bush. Tenía pensado referirme a lo que hubiera podido decir Martin Luther King Jr. acerca de las políticas militares del presidente Bush, y, en un abrir y cerrar de ojos, ¡mi seguridad en lo que había preparado para mi presentación, desapareció!

Estaba entre la espada y la pared. No quería suavizar el tono de mis comentarios para evitar herir susceptibilidades. Pero tampoco quería hacer sentir mal a la mujer que estaba sentada cerca de mí al criticar de manera tajante a la persona con la que duerme todas las noches. Si no practicaba la hermandad con ella, no estaría practicando la paz.

Hice algunos cambios, aunque no muchos, en mi discurso. Siempre que mencionaba al presidente, hacía algún comentario dirigido a la señora Bush acerca de cómo orábamos todos por su esposo durante esta época difícil. Intenté expresar mis desacuerdos con el presidente de forma que no la hiciera sentir personalmente ofendida. Al final de mi intervención, me di la vuelta y le tendí la mano primero a la señora King y luego a la señora Bush. Cuando me acerqué a la Primera Dama, comencé a decir "lo siento si fui demasiado dura con el presidente." Pero, antes de que pudiera decir nada, la señora Bush colocó su dedo sobre mis labios y dijo "Shhhhh . . . lo hizo *muy bien.*" Fue muy generosa conmigo ese día. Reconoció mi esfuerzo para encontrar la línea media, y yo le agradecí que lo hubiera notado.

Una y otra vez, en un millón de formas sutiles y no tan sutiles, muchos se ocupan de cerrar las brechas que nos separan. Algún día miraremos a nuestro alrededor y las brechas habrán desaparecido—tanto las que tenemos en nosotros mismos como las que encontramos en el mundo. Habremos podido pasar al otro lado, a un lugar mucho mejor.

La Recuperación de Nuestra Cordura

Nacimos con el deseo natural de darnos a los demás en amor; sin embargo, los conceptos del mundo nos llevan a pensar de forma poco natural. A veces se requiere algo fuera de lo común que nos haga sobresaltar y despertar de nuevo a nuestra verdadera realidad.

En una oportunidad, tuve un terrible dolor de cabeza durante un vuelo, y para cuando aterrizamos, sentía nauseas. Luego me enfermé de verdad, aparentemente por envenenamiento con la comida. Ahí me encontraba, vomitando en un baño público de un aeropuerto, y todas estas mujeres que nunca en su vida me habían visto, arremolinadas entorno a mí procurando ayudarme. Casi no lo podía creer—me ponían paños húmedos en la frente, me ayudaban a encontrar dónde acostarme, dos de ellas hicieron una potente oración imponiéndome las manos. Comencé a llorar, y no porque estuviera enferma—lloraba porque me conmoví al máximo, al ver a estas personas totalmente extrañas que se preocupaban por mí.

Ese día me sirvió para recordar lo buenos que somos en realidad. En otra oportunidad, me atoré con una almendra pelada y no podía respirar. Mi hija se dio cuenta de que me estaba ahogando y exclamó, "¡Mi mamá no puede respirar!" El conductor del automóvil en el que nos trasladábamos se orilló y varios trabajadores de la autopista de Detroit se acercaron a mí, uno de ellos me practicó la maniobra de Heimlich. Es posible que esos hombres me salvaran la vida.

Se produce esa compasión espontánea en situaciones que ocurren tan rápido que los pensamientos del ego, relacionados con el miedo y la separación, no tienen cabida. Es irónico que en las situaciones de peligro salgan a relucir nuestros rasgos *naturales*. Tengo la impresión de que las sorprendentes mujeres que, ese día en el aeropuerto, me impusieron sus manos para sanarme, podrían no haber contado con la aprobación de algunas de mis más íntimas creencias religiosas; no estoy muy segura de que los trabajadores de la carretera y yo nos hubiéramos relacionado tan profundamente con nuestra humanidad común en otras situaciones. Pero en los momentos en los que estamos tan totalmente vivos—cuando tenemos la oportunidad de ver, por cualquier razón, que somos la vida y que la vida misma es tan preciosa, nos permitimos ver que somos todos hermanos y así nos comportamos. Así será el mundo cuando se hayan purificado nuestras mentes y cuando nuestros corazones se queden en libertad de entregarse al amor.

Lo que sucedió en esos casos fue que todos se presentaron instintivamente a colaborar de la manera en la que podían hacerlo. Y es así como se puede sanar el mundo entero—es así es como se sanará—cuando hayamos *recobrado nuestra cordura*. Ése es el problema del mundo actual: literalmente no estamos cuerdos. Al menos en Norteamérica, hemos permitido que un ethos competitivo, adecuado para nuestro sistema económico, domine también nuestras interacciones sociales. En demasiados casos, hemos perdido el sentido de conexión comunitaria y de una relación familiar más amplia, como hijos de un solo Dios. Ya sea que alguien viva en una ciudad vecina o en un país vecino, es nuestro hermano, y todos somos igualmente preciosos a los ojos de Dios. Lo sabemos, pero, ¿actuamos así? Cuando lo hagamos, sólo entonces, habremos regresado al paraíso.

Todos estamos en el camino espiritual, pero algunos simplemente no lo saben. Todos, individual y colectivamente, somos forzados por las circunstancias a recordar quiénes somos en relación con el amor mismo. Y lo aprenderemos por la sabiduría o lo aprenderemos a través del dolor. Podemos abrazarnos a la verdad de nuestra unicidad, o podemos rechazar la lección y aprenderla después. Pero entre más tardemos, mayor será el caos que generaremos.

Por el bien de nuestros hijos, quiera Dios que lo aprendamos ahora.

CAPÍTULO CUATRO

De la Ansiedad a la Expiación

Cambio una y otra vez de forma de pensar: convencida, a veces, de que este mundo es maravilloso y perfecto, en ocasiones pienso que está totalmente revuelto.

Esto se debe, claro está, a que ambas cosas son ciertas.

Según la Biblia, después de que Dios creó el mundo, lo miró y vio que era bueno.

"¿Ah, sí? Bien, tal vez lo era en aquel *entonces*. ¡Pero *ahora* no es tan bueno!" Comento en voz alta mientras dejo el periódico sobre la mesa con sus informes de sufrimiento y horror.

"No confíes en lo que ven tus ojos." Miro a mi alrededor para ver quién me habla. Y sé quién es. Soy yo hablándome a mí misma.

Miro hacia abajo, y fijo la vista en el dedo que me corté accidentalmente hace tres días. Retiro la vendita y me maravillo al ver que la cortada ha desaparecido casi por completo, la piel se ve casi totalmente sana. Miro por la ventana y veo los primeros brotes de la primavera en los árboles. Me doy cuenta del sol que entra a raudales por una vidriera de color a mi cocina. Sigo con la misma sensación de desconexión que casi todos sentimos, desconexión entre las glorias del amor y la naturaleza y del caos en el que hemos convertido el mundo.

Cada mañana tengo dos opciones. Puedo enfrentar el día con

este acertijo bullendo en mi interior, llevándome a la ira y la frustración, o puedo intentar enfrentar esa situación ahora, antes de salir de la casa. Quiero superar los informes de los periódicos, no porque no los haya leído sino porque los entiendo desde una perspectiva más alta. No quiero dejarme enredar en toda esa energía negativa que flota ahora a nuestro alrededor. Sin embargo, para mí, no hay concepto mental capaz de tender un puente que me lleve del miedo al amor y de la ansiedad a la paz.

Me conozco. Es hora de orar.

Voy a mi habitación, cierro la puerta y enciendo una vela que tiene estampada la imagen de la Virgen María. Comienzo a hablar con ella como si fuera mi terapeuta. "No me gusta lo que le ocurre a mi personalidad cada vez que veo el periódico," le digo. "No quiero ser así. Quiero parecerme más a ti."

Y luego hay silencio.

Mi respiración se hace cada vez más lenta, mis ojos comienzan a cerrarse solos y me abandono al descanso en un lugar en el que puedo sentirla en mi entorno. No es que realmente me diga nada; sólo me lleva de nuevo al lugar natural en mi mente. Sé que voy a casa, que voy a un mundo más pacífico que el mundo exterior. Y cuando estoy allí, sé cuál es mi tarea: convertirme en esa paz, personificarla plenamente y luego regresar al mundo y llevarla conmigo. Eso es lo que ella querría que yo hiciera. Y eso sería lo que aliviaría mi dolor.

La Casa de Dios

Las cosas cambian a un ritmo vertiginoso en el mundo y no hay indicio alguno de que estemos avanzando hacia una situación más tranquila en el futuro próximo. Ubicarse ahora a un nivel superior, por encima de todas las cosas, tiene menos que ver con dominar una destreza en particular o adquirir un conocimiento específico que con dominar nuestra propia capacidad de encontrar tranquilidad y serenidad en medio de arrasadoras tormentas. De no lograrlo, quedaremos por fuera del juego con cada drama que el mundo nos presenta.

Los dramas de la vida son como los patrones climáticos: cambios inevitables en el devenir de la naturaleza. Resistirnos a ellos sería tan ilógico como resistirnos a los cambios meteorológicos. Hay que vestirse como corresponde, es cierto; hay que evitar, claro está, los aspectos peligrosos. Pero, ¿intentar controlar la danza de la naturaleza? No lo creo. Cuando llueve, simplemente no salimos. Así son las cosas con Dios. Cuando la vida se torna tormentosa, nos podemos refugiar en la Casa de Dios.

La Casa de Dios es una figura idiomática que resulta ser nuestro refugio. "Que habites en la casa del Señor por siempre" es más que un enunciado simbólico. Es el deseo de que nuestra percepción de lo que es real y lo que no lo es se base únicamente en las realidades eternas de Dios, en todo momento. Porque de ser así, estaremos emocionalmente protegidos durante las tormentas de la vida. Nacemos, enfermamos, morimos. Enriquecemos, empobrecemos, nos casamos, conseguimos trabajo, perdemos el trabajo, nos bendicen, algunos nos traicionan. Y cada cambio es un reto para recordar lo que es verdad. El amor es la única realidad absoluta, que nunca cambia y nunca muere. Morar en lo inmutable, mientras todo a nuestro alrededor cambia constantemente, es nuestra clave para alcanzar la paz interior.

Cuando era niña, solían construir refugios antibomba—un esfuerzo que ahora parece ridículo, para defenderse en caso de un desastre nuclear. Nuestra urgencia de meternos bajo tierra cuando las cosas de la superficie han salido de control es una respuesta instintiva a las fuerzas constantemente cambiantes del mundo exterior. También hay una verdad espiritual correspondiente. Necesitamos un refugio para el corazón y la Casa de Dios es ese refugio donde podemos ir cada día a encontrar paz.

Necesitamos esa paz porque el mundo avanza demasiado aprisa y el sistema nerviosos de todos y cada uno se ve afectado simplemente por la velocidad de las cosas. Todos parecemos estar agotados, como si necesitáramos unas nuevas vacaciones para encontrarnos de nuevo con nosotros mismos, pasar unos días en la playa, para recobrar nuestro equilibrio natural.

Pretendemos que la velocidad no afecta a nuestros niños, pero sospechamos que sí. Les permitimos pasar horas enteras frente al televisor, y a la pantalla de la computadora desde una edad tan temprana que sus cerebros no pueden menos que afectarse. Vi una nota escrita por una niña de 10 años: "¡Qué mierda! Tengo los nervios destrozados." Es evidente que aquí tenemos un problema.

Sin embargo, los niños sólo nos imitan. Todos vamos tan rápido que es imposible que podamos pensar con claridad o sentirnos en nuestra mejor forma. La mente y el cuerpo necesitan un espacio libre para poder percibir al menos la voz de Dios. Y, sin embargo, a pesar de nuestro estado frenético, creo que nos hemos vuelto adictos a la adrenalina de nuestras vidas modernas. Nos mantenemos en movimiento como una forma de evitar el tenernos que enfrentar con algo. Si nos movemos con la suficiente rapidez, tal vez simplemente olvidemos cuánto dolor estamos experimentando.

Nuestro dolor existencial se impresiona, se reprime y luego nos va carcomiendo desde adentro. A medida que envejecemos, empezamos a desarrollar síntomas físicos de una temprana descomposición. El cuerpo puede soportar una cantidad limitada de estrés antes de que empiece a actuar como una pequeña criatura fuera de control bajo un montón de desechos que grita desesperada, "¡No más, no más!" Crisis físicas, crisis emocionales, crisis familiares, sea lo que sea, la naturaleza aguanta hasta cierto punto y luego estalla. Tenemos las presiones financieras y todo tipo de presiones que van codo a codo con la necesidad de resolver todas las crisis que se producen porque para empezar, estamos bajo tanta presión.

Si queremos, podemos detener todo esto. En la Casa de Dios está la forma de lograrlo.

La Angustia de un Corazón Contraído

En cada momento, podemos expandir o contraer nuestro corazón.

Cuando el corazón está contraído, hay otras cosas que también se contraen: las relaciones, la profesión, los recursos financieros, la salud, la vida.

Lo contraemos con frecuencia como respuesta al estrés, como si intentáramos defendernos de una fuerza que arremete de frente contra nosotros. Pero, de hecho, si me contraigo para evitar la presión, inevitablemente la aumento. ¿Por qué? Porque mi comportamiento, al contraerme—tensa, estresada, iracunda—da lugar a situaciones que incrementan el estrés.

El antídoto para el estrés es contrarrestarlo intuitivamente, adoptando una actitud tranquila en su presencia. Si tenemos niños que educar, un trabajo que cumplir, un artículo que escribir, y dos viajes de negocios que debemos hacer antes de la próxima semana, nos convendrá más tener calma que angustiarnos. Contraerse no ayudará, de ningún modo, a que podamos llevar a cabo todo esto a tiempo. Muy por el contrario: si nos sosegamos el tiempo también cederá. Según Einstein, el tiempo y el espacio son ilusiones de la conciencia. Como todo lo demás, ambos obedecen a nuestra forma de pensar.

Reconocer los orígenes del estrés desde un punto de vista espiritual nos permite encontrar la clave para desmantelar los pensamientos que lo producen. El estrés es, simplemente, la consecuencia inevitable de pensar que lo irreal es real. En ese sentido, el estrés es una elección.

Si uno de los problemas es "del mundo," el relacionarlo con nuestro sentido de éxito o de fracaso, satisfacción o insatisfacción, es un montaje. Nada en el mundo nos puede dar más paz porque el espíritu no está a gusto en el mundo. En la medida en que nuestro sentido de bienestar esté relacionado en cualquier forma con las cosas materiales mundanas, estaremos propensos a sufrir preocupaciones y angustias. Sin embargo, tenemos casi la sensación de *estar obligados* a sentir estrés cuando tenemos tantas cosas que hacer, cuando hay tantas cosas que pueden ocurrir, cuando tenemos que tener en mente tantas cosas a la vez.

Esa, sin embargo, es la ironía: la única razón por la cual todo parece pesarnos tanto es porque pensamos que todo es tan pesado.

Si personalmente tuviéramos que mantener en el aire todas las pelotas con las que parece que estamos haciendo malabares constantemente, tendríamos razones más que suficientes para sentirnos deprimidos y atemorizados. Sin embargo, lo cierto es que estamos haciendo malabares con ellas porque pensamos que así tiene que ser—¡y porque pensamos así, lo hacemos! Cuando nos demos cuenta de que tenemos una alternativa—de que el universo está tan contraído o tan distendido como lo percibamos, que el tiempo es tan limitado o tan extenso como lo creamos, que las cosas son tan difíciles o tan fáciles como las percibamos—el estrés comenzará a desaparecer. Nos sentiremos literalmente "más livianos" siempre que pensemos, "Oh, Dios mío, tengo tanto que hacer que no sé cómo voy a alcanzar," podemos cambiar de forma de pensar. Podemos dejar todas nuestras cargas en las manos de Dios, pedir un milagro y agradecer, de antemano, el que se nos haya concedido. Dejaremos de sentirnos tensos; dejaremos de preocuparnos; dejaremos de llevar una vida carente de alegría. El ego mentiroso nos dirá cosas como: "¡No lo puedo hacer! ¡Tengo grandes responsabilidades!" Sin embargo ése es precisamente el punto: una vez que nos hayamos liberado de la carga, atraeremos hacia nosotros las personas y las circunstancias que nos proporcionarán los medios para llevar a cabo una tarea sin esfuerzo. No es como si el hacer milagros *no exigiera hacer nada.*

¿Por qué preocuparnos tanto si, después de todo, tenemos los milagros al alcance de la mano? Nuestro mismo ser es un espacio para que se produzcan los milagros, y cualquiera que sea el problema, podemos colocarlo en las manos de Dios. Rezar y decir "Por favor, Dios, toma esto," es un acto de potestad, no de debilidad. ¿Quién, en su sano juicio, preferiría el estrés a los milagros, si supiera que tiene la posibilidad de elegir?

A veces algunos se refieren al "comité" que tienen en la cabeza, ese incesante parlotear del ego que permanentemente los contradice todo el día. He aprendido algo acerca de ese comité en mi cabeza: he aprendido que de mí depende dirigir esa reunión. De mí depende tener pensamientos positivos para no dar cabida a los negativos. Cuando recurro a un "repertorio de solución de problemas" orientado a los milagros—en busca de una visión eterna a cambio de una mundana, apoyándome en la fe que pide milagros—dejo de vivir bajo el efecto del drama mundano. Tengo la responsabilidad de recordar cuán bienaventurada soy y de hacer extensiva esa bendición a los demás. Cuando recuerdo que el poder de Dios es ilimitado, dejo de preocuparme por lo limitado del mío.

Todo depende de mí, porque todo está en mi cabeza.

Una noche, estaba pasando por un momento especialmente difícil, una de esas etapas de horas desesperadas que son el significado de la desolación espiritual. Se habían acumulado demasiadas cosas unas encima de otras, cosas que, probablemente, habría podido manejar sin dificultad una por una pero que, en combinación, me tenían fuera de mí. Un robo de proporciones importantes, traiciones de parte de personas que creía honorables—unas cuantas cosas de esa índole y perdí la orientación. Eran casi las 5 de la mañana y no había podido conciliar el sueño; tampoco estaba en condiciones de trabajar, leer, o hacer cualquier otra cosa. Todo lo que podía hacer era catalogar lo que para mí eran mis desastres, y recuerdo haber dicho, realmente, en voz alta, "Oh Dios, siento que soy un fracaso."

Cinco minutos después recogí un paquete de Fed Ex que estaba al pie de mi cama. Había llegado la víspera y contenía las galeras del nuevo libro del Rabino Harold Kushner, quien me había pedido que lo leyera, y pensé que lo leería cuando tuviera tiempo. Lo tomé, en un esfuerzo por dejar de pensar en mí y hacer algo por alguien para intentar contrarrestar la espiral de autocompasión que me estaba deprimiendo de forma tan dolorosa.

Al comenzar a leer el libro, quedé boquiabierta. Sentí el encuentro con las palabras de Dios. Kushner decía que los sentimientos de fracaso se presentan en todas nuestras vidas y que lo que importa es en quién nos convirtamos como resultado. Esa mañana, al leer sus palabras, se me estaba dando la capacidad de recontextualizar por completo mi experiencia, de reestructurar mis pensamientos y mis sentimientos y de aferrarme a una cierta esperanza.

El libro me dio un sentido de significado trascendental para mis penas, y me permitió no sólo conciliar finalmente el sueño sino despertar más tarde con energía y entusiasmo.

No podía creer que ese libro en especial, con ese tema en particular, estuviera, por casualidad, justo al pie de mi cama, en ese preciso momento. Y no pase por alto el hecho de que Harold era un rabino, que me ofrecía el consuelo proveniente de mi propia tradición religiosa. Supe que el cambio de percepción que sus palabras trajeron a mi mente había sido un verdadero milagro. Nada de lo que me había ocurrido había cambiado; sólo había *cambiado mi forma de pensar* en ello. Dios—y el rabino Kushner—me habían concedido la gracia de considerar esas cosas desde un punto de vista diferente.

El Consuelo Llega

Unas semanas antes de la muerte de mi padre, él se encontraba acostado en su banca favorita, ya gravemente enfermo, y yo me encontraba sentada en el suelo a su lado. En ese momento tenía una mirada intensa pero perdida en la distancia y me dijo, "No tengo miedo. Sé adónde voy." Yo me limité a mirarlo y a compartir el momento, pero desde entonces, he deseado con frecuencia haberle pedido una explicación más profunda. Es evidente que percibió una realidad eterna que le ayudaría a pasar por la muerte.

No deberíamos tener que esperar al momento de la muerte para adquirir mayor conciencia de lo que importa y lo que no, de lo eterno y lo temporal. ¿Por qué no podemos recordar desde mucho antes que el amor es todo lo que importa y que el amor es lo único que perdura? Es como si, cuando la muerte está a la puerta, recibiéramos una dosis gratis de sacra comprensión. Tal vez si la pidiéramos más pronto, se nos daría.

> *Dios de amor,*
> *Que el Espíritu Santo cubra con su sombra mi mente,*
> *Y dame ojos para ver.*
> *Que perciba el amor que sé que existe*
> *Y que pase por alto lo demás.*
> *Que pueda elevarme por sobre la oscuridad del mundo,*
> *y que mi mente quede bañada de luz.*
> *Que encuentre tranquilidad y consuelo*
> *En la Verdad.*
> *Amén.*

Ahondar en lo Profundo

Bajo la capa de nuestros pensamientos corrientes se encuentra un nivel de conciencia que es puro amor y paz. No podemos llegar a ese grado de conciencia sólo con nuestra voluntad; tenemos que profundizar, ahondar en las bases de nuestro ser interior, crear un espacio de escucha para captar "la tenue y callada voz que nos llega de Dios." Entre más cosas sucedan en el exterior, más importante es encontrar esta quietud interna.

Todos los errores que hemos cometido se han debido a que, en el momento de cometerlos, no estábamos en contacto consciente con nuestro ser más elevado. No estábamos centrados en nuestro espíritu. Es por eso que lograr ese contacto y dedicar un tiempo a fomentarlo cada día, es lo más poderoso que podemos hacer.

¿Cuántas veces hemos cometido un error que ha afectado el

resto de nuestra vida, sólo por la agitación del momento, resultado de nuestro estrés, nuestra ira o nuestro miedo? ¿Habríamos cometido el mismo error si hubiéramos recordado en ese momento quiénes somos en el sentido espiritual y quiénes son los demás en relación con nosotros? A merced de los pensamientos negativos y poco profundos, estamos indefectiblemente condenados a tener una percepción equivocada tanto de nosotros como de los demás.

Lo que nos pase en la vida depende de la forma como nos comportemos. Lo que experimentemos durante el día está totalmente relacionado con quiénes seamos durante el día. Y la persona que soy durante el día tiene mucho que ver con la forma como lo inicio.

Cinco minutos dedicados a permanecer con el Espíritu Santo, en la mañana, garantizan que Él estará a cargo de nuestra forma de pensar durante todo el día.* A cada instante, elegimos entre el amor y el miedo; sin embargo, es el ego el que se expresa en primer lugar y con más fuerza. No será la Voz de Dios la que se imponga; debe ser recibida, hay que darle espacio, tiene que encontrar acogida en nuestras mentes. Cuando nos abrimos a Dios recibimos su consuelo al comienzo del día, algo ocurre. No significa que alcancemos la perfección, pero sí adquirimos una mayor conciencia. Y esa conciencia nos permite estar dispuestos para los milagros como no podríamos estarlo de otra forma.

Cada mañana al despertar, procuro acordarme de alabar y dar gracias. Gracias, Dios, por mi vida hoy. Gracias por mi familia y mis amigos, gracias por mi hogar, gracias por mis muchas bendiciones. Gracias por tu poder de sanación, que ahora derramas sobre mí. Lo imploro en este momento y oro por que se produzcan milagros. Dígnate bendecir ese día para mí y para todos. Amén.

Meditación

Además de la oración, necesitamos un tiempo de silencio con Dios. Ése es el propósito de la meditación. La meditación es como sumergir una olla sucia en agua jabonosa. A veces, la comida se pega a la olla y la única forma de limpiarla es dejarla en agua durante la noche. Al permanecer así sumergida, la comida seca se ablanda y por último sale a la superficie. Un tiempo de silencio con Dios es como remojar el espíritu para que los pensamientos de miedo se desprendan de la superficie de la mente y por último podamos enjuagarlos y librarnos de ellos.

Si nos fijamos bien, hay un momento en el que, cuando los residuos de comida empiezan a subir a la superficie, el agua se ensucia más, no se aclara. Lo mismo ocurre durante la meditación, podemos sentirnos más angustiados antes de llegar a sentir una mayor paz. Pero ese sentimiento de angustia es sólo un punto del proceso, que hay que soportar hasta que pase.

A menos que nos tomemos el tiempo de meditar—para permitir que la alquimia del Espíritu Santo transforme las regiones más profundas de nuestra mente—arrastraremos con nosotros pensamientos cargados de miedo y sentimientos de culpa, como un lastre espiritual colgado al cuello. Por lo general, experimentamos los efectos de estos pensamientos como una ansiedad que flota libremente, sin siquiera saber a ciencia cierta cuál es la causa de nuestra angustia y nuestra depresión. Los sentimientos de culpa y la tendencia a culpar han penetrado nuestros pensamientos produciéndonos un constante malestar y un caos emocional. La meditación es la única forma de resolver y erradicar los niveles más profundos de nuestra angustia.

Podemos caminar por la calle más hermosa, en un fabuloso día de primavera, disfrutando el momento con alguien a quien amamos. Pero no estaremos felices si los pensamientos perturbadores siguen distrayéndonos. La vida no es un comercial de televisión en el que todo se ve bien y parece bueno. Se puede comprar el producto que están anunciando e intentar cambiar la escena. Pero también se puede meditar para cambiar la vida, sin incurrir en ningún gasto.

En un día muy agitado, apenas tuve tiempo para dar una rápida ojeada al manual de trabajo de *Un Curso de Milagros*, antes de salir de casa. Leí la frase, "Mi santidad envuelve todo lo que veo." Mientras desarrollaba todas mis actividades diarias—mientras me trasladaba en el taxi, mientras pedía una leche de soja, mientras esperaba un ascensor—me repetía la frase cuantas veces podía. Sentía que, al hacerlo, disminuía mi nerviosismo, y me recriminaba por no haber dedicado al menos cinco minutos a hacer a solas el ejercicio antes de salir de casa esa mañana. Claro que tuve razones para no hacerlo—iba a llegar tarde a una reunión, etcétera. Pero sabía, en mi corazón, que había otra razón: me había resistido a hacerlo. Sabiendo como sé que la meditación cambiará radicalmente mi día, me sorprende con cuánta frecuencia la dejo de hacer. No tanto como solía hacerlo, pero aún la dejo de hacer ocasionalmente. ¿Quién querría que, *de vez en cuando*, su vida fuera menos buena de lo que podría ser?

Tienen razón los gurús de la India que dicen que, cualquiera que sea el problema, la respuesta es la meditación. Están en lo cierto porque, como lo dijera Einstein, no resolveremos los problemas del mundo al nivel de la forma de pensar que teníamos cuando los creamos. La meditación cambia el nivel de nuestra forma de pensar y eso es lo que cambia nuestras vidas.

En especial ahora, cada uno de nosotros tiene más preocupaciones e insatisfacciones de las que cree tener. Es un bombardeo que nos llega inclusive desde el otro lado del mundo. Hemos descubierto que no podemos contar en absoluto con gran parte de las cosas en las que pensábamos que podíamos contar. Los ataques del 11 de Septiembre contra los Estados Unidos han sido como una cápsula de liberación retardada de ansiedad colectiva. Todo cambió en el término de un día y estamos siendo obligados a aprender una profunda lección espiritual: que la única seguridad verdadera radica en nuestra fuerza interior. A cualquiera le puede pasar cualquier cosa en cualquier momento. No obstante, nuestra desilusión sólo confirma que antes trabajábamos bajo una ilusión— convencidos de que la seguridad externa podía estar garantizada. Ahora que sabemos cuáles casas estaban construidas sobre arena, tenemos la oportunidad de reconstruirlas sobre roca. Siempre que meditamos es como si estuviéramos creando un lugar subterráneo seguro, donde nos podremos refugiar en los momentos difíciles.

En su libro *The Soul's Awakening* (El Despertar del Alma), el filósofo Rudolf Steiner escribió, "Quien quiera crear lo nuevo debe poder soportar el paso de lo viejo con toda tranquilidad."

Cuando meditamos en la mañana, estamos poniendo nuestras mentes, nuestras emociones y nuestros sistemas nerviosos al servicio de Dios. Estamos optando por no ser simplemente un manojo de nervios, estrés, esfuerzos frenéticos, vanas imaginaciones y miedos que van por ahí dentro de un cuerpo y pretenden ser una persona. El poeta Lord Byron escribió en una oportunidad refiriéndose a su época, "Vivimos tiempos gigantescos y exagerados." Lo mismo nos ocurre ahora. Se está desarrollando un gran drama en el mundo, y estamos optando por ser parte de él. Nos estamos inscribiendo para el servicio profético. Estamos pidiendo que nos utilicen en un esfuerzo mucho mayor que nosotros mismos. Somos conscientes de que el surgimiento de unas personas más sabias, fuertes, inteligentes y compasivas es el único y el más importante factor de la salvación del mundo—eso es lo que queremos ser. Pero será difícil lograr ser cualquiera de esas cosas si perdemos constantemente la calma.

Muchas veces durante mis conferencias, he escuchado una pregunta que es más o menos así: "Me esfuerzo tanto, pero simplemente no puedo encontrar la paz de Dios. ¿Puede ayudarme?"

Respondo, "¿Hace usted oración y practica la meditación seriamente todos los días?"

"No," me responden.

"Es curioso," digo, "Ya lo sabía."

Pasar un Tiempo con Dios

El Espíritu Santo responde plenamente a nuestra menor invitación.* El problema no es que el Espíritu Santo no responda, el problema es qué tan profundamente nos adentramos en un problema antes de tomarnos la molestia de pedir Su ayuda. Tenemos este absurdo hábito autoderrotista de recurrir a Dios como último recurso en vez de invocarlo en primer lugar.

De ahí la importancia de la práctica espiritual constante. Se requiere al menos un recordatorio diario para no olvidarnos de poner a Dios en primer lugar. El ego es tan astuto como insidioso; en las palabras de Sigmund Freud, "La inteligencia se pondrá al servicio de la neurosis." Si piensa que es demasiado inteligente para preocuparse por su ego, tendrá que preocuparse por él aun más.

Si meditamos a veces, pero no siempre, entonces nos parecerá que Dios nos ayuda a veces, pero no siempre. Si oramos y meditamos algunos días, y otros no, entonces sentiremos que la paz de

Dios nos llega algunos días, no todos. Si vamos a Dios sólo cuando tenemos problemas, entonces, como es natural, su ayuda nos parecerá inconsistente. No obstante, la inconsistencia radicará en nosotros. Entre más tiempo dediquemos a Dios, más desarrollaremos nuestra musculatura espiritual y más fuertes seremos para enfrentar los retos de la vida. Recuerdo la letra de la canción, *"Darlin' if you want me to be closer to you, get closer to me"* (Amor, si quieres que esté más cerca de ti, acércate más a mí). Lo mismo se aplica a nuestra relación con Dios.

La forma de practicar la meditación y la oración no importa. Puede ser con el libro del trabajo de *Un Curso de Milagros,* meditación trascendental, o meditación budista o judía o cristiana. Lo importante es practicarla.

La meditación descansa la mente como el sueño descansa el cuerpo. En el budismo Zen hay un concepto de "la ausencia de mente" o "la mente del iniciado"; en el *I Ching* se dice que nuestra mente debe ser como un tazón de arroz vacío. En *Un Curso de Milagros,* se dice, "Olvide sus ideas del bien y del mal, olvide sus ideas de lo correcto o lo incorrecto, olvide este curso y venga con las manos vacías adonde su Dios." La idea de vaciar nuestras mentes es fundamental en toda práctica de meditación. Porque una vez que hayamos entregado nuestro pensamiento extraño, la verdad de Dios podrá ocupar ese vacío. Sustituimos nuestra mente con la Mente de Dios y así las dos mentes forman una.

Cinco minutos en la mañana es mejor que nada. Treinta minutos ofrecen un importante apoyo espiritual. ¿No hacer ninguna meditación? Puede esperar que el estrés continúe.

Tiene otra alternativa: cierre los ojos, respire en el silencio, entréguelo todo . . .

Esto viene del libro de ejercicios de *Un Curso de Milagros:*

Cinco minutos se convierten ahora en lo menos que podemos dedicar a prepararnos para un día en el que la única meta que tenemos es la salvación. Diez minutos sería mejor; quince, mejor aún. Y a medida que van dejando de presentarse las distracciones que nos desvían de nuestro propósito, nos daremos cuenta de que media hora es muy poco tiempo para dedicarle a Dios.

Cada hora incrementa nuestra paz, a medida que recordamos que debemos ser fieles a la Voluntad que compartimos con Dios. Tal vez, a veces un minuto, o aun menos, será lo más que podemos ofrecer cuando suena la hora. A veces nos olvidaremos. Otras veces los negocios del mundo se cerrarán sobre nosotros y no podremos retirarnos por unos momentos para dirigir nuestros pensamientos hacia Dios.

... Y nos sentaremos en silencio y nos pondremos a Su servicio y escucharemos Su Voz, y sabremos lo que Él nos pediría que hiciéramos en la hora que está por llegar; mientras le agradecemos todos los dones que nos ha concedido en la hora que ya pasó.

Con el tiempo, con la práctica, aprenderá a no dejar de pensar nunca en Él y escuchará Su amorosa Voz que guía sus pasos hacia sendas tranquilas, por las que usted caminará en verdadera sumisión. Porque sabrá que el Cielo va con usted. No alejará sus pensamientos de Dios ni por un momento...

Su práctica se irá convirtiendo en la urgencia del amor, para ayudarle a evitar que su mente divague de su propósito. No tenga miedo ni actúe con timidez. No cabe duda que llegará a la meta final.*

Si lo Hace, Da Resultado

Entender los principios espirituales desde el punto de vista intelectual no garantiza la iluminación; y al ego le encanta utilizar la religión y la espiritualidad como disfraz.

Un momento de conciencia iluminada no transforma por completo nuestra vida. El camino espiritual es lento y a veces arduo, a medida que cada circunstancia individual se convierte en terreno en el que tanto el ego como el espíritu pretenden sentar sus principios. La práctica espiritual es como el ejercicio físico: tiene un efecto acumulativo y, si queremos disfrutar sus beneficios, no podemos dejar de hacerla. No se puede ir al gimnasio una sola vez y salir con un cuerpo nuevo, como tampoco se puede asistir a un seminario, recitar una oración o cantar un aleluya y esperar que de ahí en adelante la vida sea perfecta.

Tanto la mente como el cuerpo exigen entrenamiento para poder rendir a su plena capacidad. Ésa es la razón por la cual algunos vamos al gimnasio o practicamos yoga regularmente y es también la razón por la cual participamos en servicios religiosos o en prácticas espirituales con regularidad. En un mundo en el que prevalecen los pensamientos basados en el miedo, decidirse por el camino del amor significa que hay que ir contra corriente. No es fácil subir dos tramos de escaleras cuando no estamos en buen estado físico, y no es fácil andar por la vía poco transitada de la fe y el perdón cuando no estamos en buen estado espiritual.

Sin embargo, si queremos lograr el cambio del mundo que tenemos al que podríamos tener, lo que hace falta es precisamente esa posición. No hay nada espiritual en evitar los problemas del mundo. Nuestro objetivo no es *evitar* el mundo, sino sanarlo. Sin embargo, no podemos darle al mundo lo que aún no tenemos, los dones del espíritu sólo pueden ser otorgados por quienes intentan personificarlos. Es ésa la razón por la que Gandhi dijo que tenemos que ser el cambio que queremos ver en el mundo. La paz tiene que comenzar en nuestras propias vidas y difundirse hacia afuera para sanar a los demás a medida que interactuamos con ellos en actitud de amor.

La Expiación

La expiación es el núcleo de la práctica espiritual; es el proceso correctivo por el cual el Espíritu Santo guía nuestros pensamientos de donde han estado a donde deben estar. Pero no puede entrar adonde no lo invitan dado que eso sería una violación de nuestro libre albedrío. No puede tomar de nosotros lo que no Le hayamos dado libremente.*

Para expiar, tenemos que estar dispuestos a examinar con sinceridad los pensamientos que hemos tenido y las cosas que hemos hecho, ya sea que nos resulten o no agradables de contemplar. Tenemos que estar dispuestos a la contrición, para admitir esos momentos en los que pensamos, actuamos o hablamos de forma equivocada. La razón por la cual expiamos nuestras culpas delante de Dios, en lugar de pedir Su perdón es porque Dios nunca nos ha juzgado. Expiamos, no porque Dios esté iracundo, sino porque ni siquiera Él violará Su ley de Causa y Efecto.

Martin Luther King Jr. solía decir que aunque materialmente el movimiento de la no violencia era pasivo, espiritualmente era activo. Dado que el nivel de conciencia es el nivel verdadero de la causa, entonces, a veces se puede hacer más por mover una montaña permaneciendo sentado en un sillón que dando vueltas a su alrededor a toda velocidad, o incluso escalándola. Lo que movemos al nivel de la conciencia se mueve al interior de la Mente de Dios.

La expiación es uno de los mayores dones de Dios, que nos permite retomar el camino cuando lo hemos dejado. La expiación de nuestros pecados, practicada por los católicos en la confesión y por los judíos el Día de la Expiación (Yom Kippur), es el acto que reconcilia al Creador con las criaturas. Aceptar la responsabilidad por los errores que hemos cometido, expiarlos, y tratar de reparar el daño causado, exige un gran esfuerzo. Pero es el esfuerzo que Dios quiere que hagamos.

"La principal responsabilidad del hacedor de milagros es aceptar la expiación para sí mismo."* La expiación es, en primer lugar y ante todo, una corrección de nuestra forma de pensar, un retorno, a través de la oración, al amor que hay en nuestros corazones. Por consiguiente, puede ser o no necesario que actuemos directamente; si hay algo que debamos hacer, Él nos lo hará saber.*

Cuando hemos cometido un error, el universo lo registra. Pero Dios nos pide expiar nuestros errores, no sufrir por ellos. Se nos pide que, de cualquier forma adecuada y posible, reparemos por nuestro comportamiento malintencionado. Dios ha enviado al Espíritu Santo para que nos corrija cuando necesitemos corrección y, a través de la expiación, nos da la oportunidad de recomenzar, sin importar qué tanto nos hayamos apartado de la verdad que mora en nuestros corazones. Nuestra capacidad de recomenzar está respaldada por el mismo Dios, mientras nos acerquemos a Él con un corazón contrito y humillado. Nada que pueda haber en nuestro pasado disminuye las posibilidades infinitas inherentes a nuestro presente, a condición de que expiemos nuestros errores y volvamos al amor.

La conciencia es importante, al igual que el remordimiento. Sin embargo, el propósito de la conciencia es conducirnos a una nueva vida, no abandonarnos a sucumbir ahogados en un mar de culpa. Cuando hemos elegido el miedo en lugar del amor—y, ¿quién no lo ha hecho?—el amor que hubiéramos podido elegir "es guardado para nosotros en fideicomiso por el Espíritu Santo" hasta que estemos dispuestos a recibirlo.* Para mí, éste es uno de los principios más increíbles de *Un Curso de Milagros*. Pensándolo bien, es sorprendente: yo podría haber dicho o hecho lo correcto, lo que provenía del amor, y de haber sido así, tal y tal otra cosa no habrían ocurrido. Sin embargo, no lo hice. El mundo me acostumbró a pensar con miedo y así lo hice. *Sin embargo, Dios me guardó la posibilidad que yo rechacé, ¡para dármela otra vez cuando estuviera lista a regresar al amor y elegir de nuevo!*

¡Cuánto amor y misericordia tiene que haber en la estructura del universo para que esto sea así! Siempre que expiemos por un error, se nos dará la posibilidad de corregirlo. Es posible que esa oportunidad no se presente como nosotros quisiéramos, pero estará allí, en la forma en que Dios lo disponga.

Un día tuve noticias de una mujer que había conocido muchos años antes. De un momento para otro dejó de hablarme, y nunca supe por qué.

Luego, cuando lo pensé mejor, supe cuál había sido la razón.

Había hecho un comentario acerca de ella, del que probablemente se enteró. No era un comentario malo ni cruel, pero tampoco era amable. Lo calificaría como inconsciente y falto de caridad.

Entonces, ahí estaba, más de 10 años después, y ella había hecho algo verdaderamente maravilloso. Algo por lo que quería expresarle mi agradecimiento, y también quería decirle cuánto lamentaba haber hecho un comentario tan injusto tantos años antes y pedirle perdón. Desconocía su dirección y no sabía si leería mi carta. Pero expié en mi corazón. Entendí, de verdad, que había actuado de forma muy distinta a como debía haberlo hecho y estaba ansiosa por reparar.

Al día siguiente, recibí una llamada de un periodista de un importante periódico europeo. Estaban escribiendo un artículo acerca de ella, y pedían mi opinión. Tuve la oportunidad de decir lo maravillosa que era y las cosas tan buenas que había hecho—en un medio que podía estar bastante segura que ella vería. El sincronismo es la caligrafía de Dios: tan pronto como reparé, el universo entero estaba programado para actualizarse con mi percepción corregida.

Cuando corregimos nuestra forma de pensar, nuestro mundo hace lo mismo. Somos castigados no *debido* a nuestros pecados sino porque nuestros propios pecados nos castigan. *Y, a través de la oración, nuestros pecados son transformados.*

"La oración es el medio a través del cual se obran milagros . . . A través de la oración se recibe amor, y a través de los milagros se expresa amor."* Si desea un milagro en su vida, simplemente pídalo en la oración. Porque, a condición de que acepte cambiar su forma de pensar, Dios cambiará su vida.

CAPÍTULO CINCO

De Pedir a Dios que Cambie el Mundo a Orarle para que Nos Cambie

Jesús dijo, "Tened ánimo," lo que sin lugar a dudas es positivo. Pero luego agregó, "porque Yo he vencido al mundo." No dijo, "He arreglado el mundo," dijo en cambio, "lo he vencido." La diferencia entre arreglar el mundo y vencerlo es enorme. El problema que la mayoría de nosotros tiene es que intentamos arreglar en lugar de vencer y ésa es la razón por la cual nunca encontramos el ánimo y la valentía fundamentales.

Intentar arreglar el mundo es como tratar de cambiar una película simplemente manipulando la pantalla en la que se proyecta. El mundo, tal como lo conocemos, es sólo una pantalla sobre la que proyectamos nuestros pensamientos. Mientras no cambiemos de forma de pensar, la película seguirá igual.

Si queremos que nuestras vidas cambien, de nada nos servirá mudarnos a otra ciudad, cambiar de trabajo o cambiar de una relación a otra. A donde quiera que vayamos, como dicen, vamos con nosotros mismos. Nos manifestamos, no tanto por la ubicación geográfica como por la conciencia. Podemos viajar a lugares remotos, pero eso, en sí mismo, no nos cambiará básicamente. Para que nuestras vidas cambien, tenemos que viajar al nivel más profundo.

Lo cierto es que la felicidad fundamental no radica en lo que ocurra en el mundo material sino en lo que provenga del amor. Es indudable que podemos tener muchas experiencias maravillosas en el plano material, y no hay nada malo en disfrutarlas al máximo. El mundo, en sí mismo, es neutro; el que algo pueda considerarse o no sagrado en el plano material está determinado por los propósitos que nuestra mente le asigne.(Lo que el Espíritu Santo utiliza para una sanación genuina es sagrado; lo que el ego utiliza para propósitos de la separación no lo es. El cuerpo mismo puede ser una "hermosa lección de comunión mientras esa comunión exista."* Dondequiera que hay amor, ahí está Dios.

Pero no podemos disfrutar el plano material si estamos exageradamente apegados a él; el secreto de la felicidad radica en saber que estamos en el mundo pero no somos del mundo. Esa comprensión—mantener nuestros pensamientos de amor a la vez que tenemos los pies firmemente plantados en la tierra—es la intersección entre el cielo y la tierra. Y el punto de intersección es lo que somos. Nuestra misión consiste en vivir en el mundo y a la vez tener sólo pensamientos celestiales, y cuando lo hacemos, el poder de ese punto de intersección entre el hombre y Dios (simbolizado visualmente tanto en la Cruz como en la Estrella de David) supera toda fuerza negativa. Ésa es la superación a la que se refirió Jesús, la que Él mismo personificó.

En la Biblia se dice que el Espíritu Santo nos dará una mente nueva. ¿Y quién de nosotros no podría utilizarla? Es inútil pedir a Dios que cambie nuestro mundo una vez que reconozcamos que el mundo es simplemente el reflejo de nuestros pensamientos. Lo que pedimos es la sanación de nuestras mentes.

Es imposible lograr una vida nueva cuando la mente sigue repitiendo grabaciones viejas. Una y otra vez, hemos cometido exactamente el mismo error en una relación o hemos saboteado un esfuerzo profesional exactamente de la misma forma. No obstante, nos sentimos incapaces de abandonar nuestro comportamiento autoderrotista. ¿De qué sirve atraer una oportunidad si de todas maneras la vamos a arruinar?

Pagamos un alto precio por negarnos a aceptar el papel que desempeñamos en dar origen a nuestros problemas; si no me doy cuenta de que lo produje, entonces ¡no podré saber cómo cambiarlo!* Pero, cuando esté dispuesta a aceptar la plena responsabilidad de mi experiencia, podré ver el valor de invitar al Espíritu Santo a entrar a mi mente y llenarme de Su espíritu. La conciencia precede a la forma, y la forma perfecta proviene de la conciencia del amor total.

El amor total parecería ser una aspiración demasiado exigente, hasta que nos detengamos a considerar la realidad de que *somos* el amor total. Entonces, ¿dónde está la desconexión? Nos preguntamos, "Si soy el amor y el amor crea milagros ¿por qué mi vida es un desastre?"

A cierto nivel, el problema no es nuestra realidad divina—se trata más bien de qué grado de esa realidad nos permitimos *experimentar y expresar*. En la introducción de *Un Curso de Milagros* se dice, "El curso no pretende enseñar el significado del amor, porque eso es algo que trasciende lo que puede enseñarse. Sin embargo, sí está orientado a eliminar los obstáculos que impiden la conciencia de la presencia del amor, que es nuestra herencia natural." El amor nos rodea totalmente, pero tenemos el hábito mental y emocional de desviarlo.

Con cada actitud de ataque o defensa, ahuyentamos el amor. Con cada percepción de la culpa de otro, despedimos el amor. Con cada pensamiento de limitada posibilidad, decimos a los milagros que no los queremos. Y luego nos preguntamos por qué estamos deprimidos.

Para tratar la depresión, debemos plantearnos otras preguntas esenciales: ¿Qué estoy haciendo o qué estoy dejando de hacer para permitir que el miedo y no el amor sea el que prevalezca? ¿A quién estoy atacando o a quién he dejado de perdonar? ¿Qué estoy dejando de dar en esta situación? Permitimos que nos embargue el miedo como si al hacerlo estuviéramos demostrando fortaleza, como si estuviéramos siendo "sinceros" para parecer más "reales." Pero ¿qué hay de real en actuar como seres débiles en lugar de dar una impresión de fortaleza? A veces tenemos que mandar nuestro miedo al diablo, que es, literalmente de donde proviene.

El ego está respaldado por el peso de todo un sistema de pensamiento, que nos atrae constantemente para alejarnos del amor y la dimensión ilimitada, llevándonos al miedo y a la escasez. Es un maestro vicioso, y tiene nuestros corazones—por no decir todo nuestro planeta—en sus garras. Sin embargo, hay quienes prefieren morir antes que cambiar su forma de pensar.*

La transformación del corazón requerirá algo más que una decisión intelectual. El ego es una adicción mental al concepto del miedo, y sólo la experiencia espiritual puede romperla. Si queremos lograr un cambio genuino en nuestras vidas y en nuestro mundo, debe haber una experiencia espiritual que lo produzca. Y para tener esa experiencia, tenemos que abrir nuestros corazones para recibirla.

Confiar en el Proceso

Si no sabemos que hay una fuerza externa que actúa a nuestro favor, ¿cómo podríamos pensar en confiar en ella? Con todos los millones de iglesias, mezquitas, templos y santuarios que hay en el mundo, ¿cuántos realmente piensan que Dios, que creó la luna y las estrellas, realmente los está cuidando? No existe una unidad de tiempo o espacio, ni elemento de vida en el que el Autor de Todas las Cosas no se interese activamente. Él nos ama porque ama todo y nos ama a cada uno. Él, que es el Amor, no puede no amar.

Qué concepto tan sorprendente, que el bien que se produce eternamente es en realidad el orden natural del universo. Y fuimos creados para disfrutarlo. Para el ego, éste es un concepto absurdo; el ego pretende convencernos de que la felicidad es algo hermoso que debe *superarse*. Sin embargo, basta mirar a los niños pequeños felices en sus juegos. ¿Sabemos algo que ellos ignoran, o tal vez ellos saben algo que nosotros hemos olvidado? Cuando oigo a mi hija adolescente hablar del amor y las relaciones, recuerdo lo que pensaba cuando tenía su edad. Para mí, esos recuerdos de mis primeros sentimientos románticos no son algo que considere "pueril." Por el contrario, cuando los recuerdo, pienso en el valor con el que amábamos, antes de saber que había algo que temer; cuán fuertes éramos, antes de que nuestras agendas estorbaran el progreso de nuestro amor; y qué puros eran nuestros corazones cuando aún no se habían manchado por el cinismo o la duda. A medida que maduramos, aprendemos más de ciertas cosas; entre más jóvenes somos, sabemos más de otras. Sólo nos hacemos más inteligentes con la edad si no perdemos nuestro valor.

La iluminación no es un aprendizaje sino un desaprendizaje, un abandonar todos los miedos que hemos acumulado al avanzar por el camino de la vida. Como se enseña en *Un Curso de Milagros*, "Los milagros son derecho de todos, pero antes es necesaria la purificación."* La purificación es el proceso por el cual todo, con excepción del amor, se disuelve en nuestra mente. A medida que vamos dejando caer las capas del miedo e ilusión que han formado una dura coraza alrededor de nuestras psiquis, nos queda el amor que nos fue dado al momento de nuestra creación.

Así como las células embrionarias están programadas para convertirse en un bebé, cada uno de nosotros está programado para convertirse en una vida aun más magnífica. Una mano invisible guía al embrión y nos guía también a usted y a mí. Pero, a diferencia del embrión, usted y yo podemos rechazar esa guía. Dios no nos creó como bebés y luego nos dejó aquí abandonados diciendo, "Está bien, chicos, ahora arréglenselas como puedan." Pero, ¿cómo saberlo si nadie nos enseña a prestar atención a nuestros corazones? ¿Cómo podemos "ir con la corriente" si no sabemos que esa corriente existe? Entonces, vamos en círculos diciendo "No" a la vida y luego nos preguntamos por qué la vida parece decirnos "No."

El Médico Divino

Dios sabe qué hay torcido en nosotros que debe enderezarse, las heridas de nuestros corazones que supuran por años de falta de cuidado, las piezas rotas de nuestra vida que parecen estar más allá de cualquier posibilidad de reparación. Él es el Autor de los Milagros, y tiene un deseo infinito, y el poder, de sanarlo todo.

Si ese es el caso, ¿por qué hay tanto dolor? ¿Podría ser que el médico tenga la medicina pero que el paciente se niegue a tomarla? Según *Un Curso de Milagros*, Dios no nos puede quitar lo que no le entreguemos. No basta con *entender* nuestro problema, con decir, "Mi madre me infundió inseguridad en mi niñez y por eso reacciono como lo hago." Lo que tenemos que decir es, "Dios de amor, sé que reacciono así. Por favor, cámbiame." Ésa es una diferencia importante.

Hasta cierto punto, realmente no importa tanto cómo llegamos a ser de una cierta forma. Hasta que no *admitamos* nuestros defectos de carácter—y aceptemos la responsabilidad del hecho de que de dondequiera que los hayamos obtenido, *ahora son nuestros*—ni el mismo Dios tiene el poder de sanarlos. Podemos hablar con un terapeuta durante horas acerca de cómo las relaciones que tuvimos con nuestros padres nos llevaron a desarrollar determinadas características conductuales, pero eso, por sí sólo, no hace que estas características desaparezcan. Expresarlo, entregárselo a Dios y pedirle que nos elimine ese defecto—ese es el milagro de la transformación personal. El defecto no desaparecerá, necesariamente, de un momento a otro, pero sus días estarán contados. El remedio se encuentra en el torrente sanguíneo de nuestra psiquis.

Por lo tanto, a veces, el proceso de sanación requiere que nos veamos detenidamente en el espejo antes de poder hacer cualquier otra cosa. Podemos orar para pedir que podamos conseguir un mejor trabajo y resulta que, justo entonces, experimentamos el peor desastre profesional de nuestra vida. Parecería que al pedir cosas en la oración, sólo lográramos empeorar. Lo que realmente ocurre es que somos impulsados inconscientemente a crear una situación en la que nuestra propia debilidad se manifiesta lo suficientemente ampliada como para que podamos darnos una muy buena idea de ella. En realidad, las cosas no empeoraron, lo único que ocurrió fue que ya no estábamos insensibilizados a nuestras propias experiencias y al papel que desempeñamos para que se produjeran.*

Digamos que, por fin, logramos conseguir el trabajo con el que siempre soñamos, el que habíamos estado pidiendo en la oración; sin embargo, unas pocas semanas después de comenzar en ese nuevo cargo, experimentamos el mismo comportamiento autoderrotista que nos impidió avanzar anteriormente. Al comienzo pensamos, "¡Ay no, esto no es un milagro! ¡Es terrible!" pero luego nos damos cuenta. "¡Santo cielo! Ya entiendo. El milagro es que ahora tengo la oportunidad de elegir de nuevo, de ubicarme en el mismo lugar en donde antes actué mal y hacerlo de otra forma. Puedo pedir en la oración que Dios me ayude a convertirme en la persona capaz de manejar esta situación con facilidad y elegancia." Dios no nos ayuda a *evitar* nuestros problemas; los *cambia*.

En ese sentido, cuando estamos en medio de una transformación espiritual, las cosas parecen empeorar antes de mejorar. Por lo general, tenemos que ver lo que odiamos de nosotros antes de poder ver cuánto de lo que tenemos merece ser amado. Hay un "anillo de miedo" alrededor de la luz que llevamos dentro, a través del cual el ego pretende bloquear nuestro ingreso al cielo interior.*

Ésa es la razón por la cual guardamos tantos problemas en el fondo del cajón, en primer lugar, para no tener que soportar el dolor de un auténtico auto-examen. Nos atemoriza una fealdad que sentimos moverse en nuestro interior, pero, de hecho, aquello a lo que tememos es un ser ilusorio. Esta ilusión, si permanece en la oscuridad, segrega una constante toxicidad pero, si se expone a la luz, desaparece de inmediato. El ego se disipa y desaparece cuando lo entregamos a las manos de Dios.

Son heridas, no maldad, lo que tenemos en el ego. No obstante, con frecuencia no queremos detenernos a contemplarlas—y menos a permitir que Dios las contemple con nosotros—porque nos da vergüenza. Nadie espera que una herida en el cuerpo sea algo hermoso—no nos avergonzamos de la sangre ni de la carne viva de la herida física abierta—sin embargo nos dan vergüenza nuestras heridas emocionales. Por lo general, estas heridas, emocionales o psicológicas, no suelen ser sitios donde experimentemos dolor sino donde nos sentimos culpables. Nuestras heridas espirituales toman la forma de defectos de carácter.

Aunque lo que haya dado lugar a un patrón negativo, en primer lugar, haya sido una niñez herida, lo cierto es que eso no es necesariamente evidente para los demás. Sólo quien tiene la mente orientada a los milagros puede leer nuestro comportamiento: "Fui un niño herido, ten compasión." Todos formamos parte de la misma matriz del engaño del ego—centramos nuestra tensión no en las heridas de los demás, porque no aparecen en la superficie, sino en sus defectos, porque son lo que vemos.

Como consecuencia, es frecuente que tratemos de ocultar quiénes somos en realidad en vez de procurar sanar a quien realmente somos. Nos da miedo que mostrarnos tal como somos, pueda revelar algo horrible. Sólo cuando nos demos cuenta de Quién vive en nuestro interior veremos que sólo aparecerá la belleza. Entre tanto, nuestras heridas se pudren. Sin recibir curación, hasta que nos entreguemos a la sanación divina. Nuestra negación, o nuestra falta de voluntad de analizar en profundidad nuestros problemas, reflejan una esperanza ingenua de que si no miramos nuestras heridas, desaparecerán solas. Se requiere valor emocional para analizar nuestro interior en profundidad y afrontar lo que hay allí. Sin embargo, sólo cuando lo hagamos, Dios podrá sanarnos.

A menos que entendamos que Dios es quien nos sana, no quién nos juzga, no es probable que podamos acudir a Él para que alivie nuestro dolor. Es lógico que nos desvistamos si el médico necesita examinarnos, pero nos da miedo presentarnos desnudos ante Dios. Hasta que cambiemos el concepto de un Dios iracundo y juzgador, por el de un Dios todo misericordioso y dispuesto al perdón, estaremos limitados a tener una relación ambivalente con Él. ¿Por qué admitir nuestros errores ante alguien que pensamos que nos va a juzgar por ellos?

Hemos creado una imagen de Dios a nuestra imagen: iracundo, juzgador, *porque así somos nosotros.* Dios es misericordioso, es todo amor, pero hemos proyectado en Él nuestro miedo. Esto nos separa de Su amor, de Su sanación y de los demás. Cuando cambiemos nuestro concepto de Dios, de un Dios iracundo a un Dios misericordioso, nos daremos cuenta de que Dios es un médico divino. Nuestro dolor es el dolor del infierno, nuestra separación del amor. No es Dios quien nos envía al infierno por ser malos, es Dios quien nos *salva* del infierno después de que el ego nos ha *dicho* que somos malos. El infierno se da cuando uno cree que es una persona terrible y que nunca hace nada bien, Dios es Quien nos recuerda la inocencia en la que fuimos creados y a la que Él nos ayudará a volver. El infierno es sentir que somos un total y absoluto fracaso, que nunca podremos tener éxito; Dios es Quien nos recuerda que Él vive en nuestro interior y que en Él todas las cosas son posibles. El infierno es pensar que no podemos escapar de nuestros errores del pasado; Dios es Quien hace nuevas todas las cosas. Es el ego—no Dios—quien nos lanza a las "llamas del infierno." Es Dios Quien nos levanta y nos saca de allí.

Tomar Nuestra Medicina

Dios nos conoce como Él nos creó—perfectos e inocentes ahora y por siempre.* Nuestros errores no cambian nuestra esencia eterna, y eso es lo que el Padre conoce y ama. Nuestra oración por la sanación, por la expiación, por la corrección, es una oración que pide que seamos sanados de nuestra propia falta de memoria. Oramos pidiendo que se nos *recuerde* quiénes somos realmente para que nuestros pensamientos y nuestra conducta ya no reflejen una disociación de nuestro ser divino.

Podemos orar antes de iniciar cada día, cada reunión, cada encuentro para que mostremos lo mejor de nosotros mismos—para que no nos descentremos por el miedo y el ego. Y después, podemos entregar todos los aspectos de lo que ha ocurrido—lo que sentimos, lo que hicimos, lo que nos avergonzó, lo que nos disgustó o lo que nos esperanzó.

No podemos mejorar por nuestras propias fuerzas, y no tenemos que hacerlo. Cuando nos decidimos a abrirnos por completo a Dios, mostrándole tanto nuestra oscuridad como nuestra luz, su espíritu penetra hasta lo más profundo de nuestro ser, más allá de donde cualquier fuerza mundana puede penetrar. Entonces, sólo entonces, seremos cambiados al nivel causal de la conciencia, realmente liberados de los patrones que nos han retenido.

No nos gusta cuando el médico nos atiende de prisa, llega en el último momento, pasa 5 minutos con nosotros y vuelve a salir como una exhalación. ¿Cómo puede entender nuestro estado, los sutiles detalles de nuestro padecimiento? Sin embargo, nosotros llegamos y nos vamos apresuradamente de la cita que tenemos en todo momento con el médico divino. Nos sumergimos por breves instantes para una oración aquí, un poquito de meditación allá. Leemos un libro de poemas o pensamientos inspiradores. Asistimos a seminarios o vamos a retiros de fin de semana. Pero basta un cambio continuo en nuestra forma de pensar para garantizar la sanación espiritual. No basta mostrarnos tal como somos ante Dios de vez en cuando. Debemos presentarnos ante Él siempre auténticos, no sólo a veces, sino siempre: no sólo cada hora sino en cada momento del día. Podemos abrir nuestros corazones hasta un punto en el que todo nuestro miedo se desvanecerá. Podemos vivir en constante comunión con Dios en donde toda percepción, todo lo posible está constantemente rodeado de sus bendiciones y de su mirada. Cuando nos pongamos a su disposición de esa forma tan radical, veremos que Él se pone radicalmente a nuestra disposición.

Misericordia

A veces caminamos muy cerca de Dios, y a veces aceleramos el paso y nos vamos al otro lado del universo. ¿Quién de nosotros no se ha desviado unas cuantas veces hacia el miedo?*

Cuando lo hacemos, para luego regresar al amor, aprendemos, entre otras cosas, cuán misericordioso es Dios. Hay algunas palabras que no se pueden entender realmente hasta que no se experimentan. Y *misericordia* es una de ellas.

Cuando era joven, el concepto de la misericordia de Dios poco significaba para mí; imaginaba que quería decir que era "amable." Pero ahora tengo una apreciación de ese concepto que no habría podido tener antes; por lo general, hay que vivir cierto tiempo antes de poder entender el verdadero significado de la palabra lamentar. Pero me he podido dar cuenta de que Él simplemente no deja de aprovechar nuestros errores, al igual que nuestros éxitos, para convertirnos en las personas que quiere que seamos.

La misericordia de Dios es una fuerza activa. Sus ángeles, tanto visibles como invisibles, están presentes a cada paso de nuestro caminar, acercándose a nosotros a medida que nosotros nos acercamos a ellos. Siempre que somos receptivos a Su sanación, Su sanación está en camino; Dios hace su parte si nosotros hacemos la nuestra. A medida que admitimos la verdadera naturaleza de nuestros defectos, enmendándolos siempre que sea posible; expiamos y le pedimos a Dios que elimine nuestros defectos de carácter; a medida que abrimos nuestros corazones para recibir su consuelo diario y permitirle que nos utilice para dar consuelo a los demás; cuando a través de la oración y la meditación procuramos conocer su voluntad para con nosotros y *hacer* lo que él tiene dispuesto que hagamos, ocurre un proceso milagroso en nuestro interior. Somos elevados y nuestra debilidad se convierte en fortaleza: somos elevados y nuestra carencia se convierte en abundancia; somos elevados y nuestro dolor se convierte en paz; somos elevados y nuestro miedo se convierte en amor. Nada de esto ocurre en un instante, sino a través del tiempo, a través del proceso de vivir día tras día. A cada rincón oscuro—emocional, psicológico, espiritual, físico— Él envía su luz para disipar las tinieblas.

Y así somos redimidos. No hay ninguna situación en la que Sus manos estén atadas. Y no hay ninguna persona en la que Él no se interese o para la que Él no tenga un plan de sanación. El mundo, como lo conocemos, puede, sin duda, ser cruel, pero el poder redentor e infinitamente amoroso de Dios está presente en la misma naturaleza de las cosas.

La Redención

En una oportunidad, dicté una conferencia en un seminario para mujeres en libertad condicional o libres bajo fianza en un sistema legal federal. Muchas de ellas habían estado algún tiempo en prisión—a veces por largos períodos. Todas estaban ansiosas por llevar una vida nueva y diferente, y todas vinieron al seminario con la esperanza de aprender cómo lograrlo. Antes de mi presentación, una mujer que se encontraba en libertad bajo palabra, y a quien le iba muy bien, contó su historia. Su intervención me fascinó, quedé impresionada por su testimonio humano y profundo de redención.

Michelle había estado cinco años en prisión por un delito relacionado con drogas, y en el momento de su sentencia, su hijo de cuatro años se había ido a vivir con sus abuelos, los padres de Michelle, ya de edad avanzada. A través de una beca anónima y bajo la guía de su oficial de libertad condicional, fue aprendiendo lenta y meticulosamente a dar un paso a la vez en la construcción de una nueva vida. Sus dificultades—el hecho de que los únicos trabajos inicialmente disponibles para ella eran los que pagaban salarios más bajos y en los que recibía un trato poco menos que justo, el rechazo inicial de sus empleadores prospectivos al ver en su solicitud que tenía antecedentes penales, el hecho de haber tenido que aprender a controlar su ira, las dificultades que había tenido que enfrentar con un hijo joven e iracundo—las aceptó todas con la profunda comprensión de que, por la gracia de Dios y viviendo un día a la vez, *podía* mantener su autocontrol, *podía* construir una vida nueva y *podía* evitar regresar a prisión. Con el tiempo, ingresó a la universidad, aprendió a tener éxito como estudiante, se graduó y luego sacó un título de maestría en trabajo social. Al compartir su esperanza y fortaleza con otras mujeres que llevaban en sus almas heridas muy similares a la que ella había sufrido, la luz de Dios, que tan evidentemente la bendecía, se difundió a todas, a través del contacto con ella.

Michelle sufrió mucho por sus errores, pero experimentó la misericordia de Dios y de eso puede dar testimonio ahora para cambiar las vidas de otras personas. A veces, Él se sirve de nuestros sufrimientos para perfeccionarnos, para hacernos más humildes, más contritos y más abiertos a la guía que antes habíamos rechazado. A veces salimos de la región de las sombras, después de un período difícil, con un conocimiento interior, con un cierto sentido del alma que antes no teníamos. A veces el fuego por el que pasamos es el agente que nos purifica y permite que el milagro que Dios tenía programado para nosotros abrace nuestros corazones y nos renueve.

Entonces, ¿sería posible que algunas de las cosas que más nos duelen fueran, de hecho, obras del amor de Dios—como una operación que practica el médico para salvarnos? A veces, las experiencias más difíciles tienen el efecto de una tormenta. Cuando deja de llover, vemos la belleza del cielo y la pureza del aire que no estaban ahí antes. Lo que en un momento fue caótico tuvo al fin un efecto saludable. Y, a veces, si realmente tenemos suerte, miraremos al cielo y veremos un arco iris. Esto no sería posible de no existir la lluvia.

Dejarnos Enseñar

Nuestro trabajo no es *determinar* el sentido de la vida sino *discernir* su significado. Con frecuencia intentamos decirle a la vida lo que significa cuando lo que deberíamos hacer es permitirle que nos muestre lo que quiere decir.* Cuando Jesús dijo que debíamos ser como niños pequeños, lo dijo porque los niños saben que no saben.* Vamos por la vida pensando, o al menos creyendo que sabemos el significado de las cosas, cuando, de hecho, la mente mortal carece de bases para el verdadero conocimiento. Los niños esperan que una persona mayor y más sabia les explique las cosas; así es nuestra relación con Dios.

Hay una forma de centrarnos y encontrar sosiego, esforzándose menos, dejando que los demás digan lo que tienen que decir, sabiendo que nuestro ser se torna aun más radiante en los momentos en los que nos encontramos en un espacio de inactividad. Cuando el ego se retrae, el poder de Dios puede avanzar. Él puede hacerlo, y lo hará cuando se lo permitamos. Con demasiada frecuencia creemos que somos invisibles a menos que estemos haciendo comentarios llamativos, o haciendo esto o aquello. Pero tenemos mucho más poder cuando nos rodeamos de silencio. Respirar profundo, ser conscientes de que lo que callemos puede tener tanta fuerza como lo que digamos, tomarnos el tiempo para reflexionar a fondo sobre el tema en cuestión antes de responder—estas actitudes dejan espacio para que el espíritu fluya, para armonizar nuestras circunstancias y poder avanzar en un sentido más positivo. ¿Cuántas veces hemos sentido que hemos estropeado una situación por el sólo hecho de hablar cuando desearíamos no haberlo hecho, o por presumir cuando sencillamente habríamos podido permanecer en segundo plano y despertar interés—porque en ese momento *éramos* interesantes?

El espíritu de Dios nos revelará siempre la verdad si sólo dejamos de oponernos a su guía. Y nos oponemos a ella cuando hablamos en de primeros, adelantándonos a la verdad. Esto ocurre cuando hacemos demasiado énfasis—en una conversación o en un proyecto—en un intento frenético por hacer que las cosas ocurran o impedir que sucedan, porque nos falta fe en un orden invisible de las cosas. De ahí la importancia del Instante Sagrado: es un momento de silencio en el que entra el espíritu y pone orden en todas las cosas.

Con frecuencia es mejor vivir en un interrogante hasta que surja la respuesta; aceptar de buen grado el no saber, hasta que venga la sabiduría; ponerse en segundo plano y limitarse a escuchar hasta que realmente tengamos algo válido que decir. A veces, el silencio da testimonio de nuestra fortaleza.

Todo nuestro ser—intelectual, emocional, psicológico y espiritual—puede descansar en una modalidad más receptiva a los milagros. Cuando nos abandonamos en los brazos de Dios, la mente se abre a una mayor claridad y el corazón se llena de un amor más profundo.

Cuando nos retiramos, retrayendo el ego y dejamos que Dios nos muestre el camino, nos convertimos en un espacio natural para la sanación. Supongamos, por ejemplo, que se tiene un problema;

hay muchas posibilidades para resolverlo. Sin embargo, nos preocupa la situación, y nos quedamos estancados debido a sentimientos de ira o a una búsqueda frenética, se reducen entonces las probabilidades de que una de esas posibilidades aparezca como la solución más evidente.

Si tenemos un problema pero nos quedamos estancados culpando a otros o tratando de evadir la propia responsabilidad, repelemos las fuerzas que nos podrían ayudar. Si tenemos un problema pero procuramos mantener el corazón abierto—intentando resolverlo de la mejor forma posible, aceptando la propia responsabilidad, y permaneciendo vulnerables—los demás mostrarán una tendencia natural a ofrecerse a ayudar. El simple hecho de saber que tenemos un problema no va a inspirar a los demás a ofrecernos su ayuda; lo que atraerá esa ayuda será la forma como lo enfrentemos.

Las soluciones de más alto nivel no vienen de uno mismo; vienen a nuestro interior y llegan a través nuestro. No se trata de nuestra capacidad de entender las cosas, de adjudicar la culpa a otro, o de contratar los abogados correctos, que, en último término, garanticen la acción divina correcta. Se trata más bien de rendirnos al flujo divino que permite que la divinidad fluya a través de nosotros.

Es difícil no perder la calma y confiar en el flujo del universo cuando no podemos ver el orden cósmico de las cosas. Sin embargo, una vez que reconozcamos que Dios está en todas partes, todo el tiempo, podremos descansar tranquilos en cualquier instante y saber que la sanación es natural. Dios nos exaltará si Se lo permitimos. Y cuando sintamos que eso está ocurriendo, podemos sonreír con una sonrisa especial que inspirará a quienes nos rodean a decir, "¿Qué?" como si hubiera realmente algo que nos hiciera sonreír así. Pero no hay, en ese momento, nada que nos esté haciendo sonreír tanto como el hecho de que *todo* nos hace sonreír. Hemos intuido la Realidad y hemos sentido la paz que se deriva de ella.

Fortaleza en Nuestra Indefensión

El libro de ejercicios de *Un Curso de Milagros* incluye un ejercicio que dice, "En mi indefensión radica mi seguridad."

Es sorprendente considerar todas las defensas que llevamos a diario, emocional y psicológicamente. Imagine cada momento, desde su nacimiento, en el que pasó algo por lo que se sintiera en peligro—una azotaína, o un malentendido, o una invalidación. En cada caso, creamos un mecanismo de defensa—un cierre automático del corazón—para cuando teníamos edad suficiente para manifestar esas defensas, no éramos ni siquiera conscientes de su existencia. Luego de varias experiencias de buscar amor, sin encontrar quién nos lo diera, nos cerramos e intentamos defendernos contra los golpes que inconscientemente habíamos llegado a esperar. Con frecuencia nuestra defensa consiste en atacar antes de que alguien haya tenido la oportunidad de intimidarnos para mantener a nuestro supuesto atacante a distancia o para intentar causar una impresión que impida que seamos rechazados.

El problema con esto es que "creamos aquello contra lo que nos estamos defendiendo." * Si levanto los puños y me pongo en guardia, sin duda encontraré pronto un contrincante. Si me doy aires de grandeza para impresionar, con seguridad me encontraré con el rechazo.

Cuando nos envolvemos en la energía del ego, tenemos siempre la sensación de estar a la defensiva. Sin embargo, el ego es nuestra debilidad, no nuestra fortaleza. Entonces, al igual que cuando adoptamos una actitud arrogante o voluntariosa, nadie pensará que somos fuertes sino todo lo contrario. Tal vez nos sintamos como si estuviéramos expuestos y vulnerables cuando nos encontramos de pie, indefensos y vacíos ante Dios; sin embargo, cuando lo hacemos es cuando nos mostramos más centrados y en control de nosotros mismos. Nuestra capacidad de ser transparentes, de convertirnos en un espacio vacío a través del cual Dios puede fluir, es nuestra fortaleza espiritual. Cuando desaparece el ego, podemos ser invisibles, estamos iluminados. Nadie puede quitar los ojos de una persona que se ha quitado su máscara. La serenidad de los niños reemplaza la actitud infantil. Somos amables pero fuertes. La luz interior trasluce.

A medida que cambiamos nuestro centro de poder, de la fortaleza material a la fortaleza espiritual, comenzamos a cambiar de una actitud de "Ve tras ellos" a una personalidad más magnética de "Mantente centrado y atento al mundo que viene a tu encuentro." La rudeza, la intensidad y la seguridad en uno mismo, en la forma de ser, son poderes secundarios comparados con el espíritu interior. En cualquier momento en el que nos limitemos simplemente a respirar profundo, a abandonar nuestros apegos a las metas y los resultados, a vivir solamente para disfrutar el instante y el amor que nos brinda, estaremos entregados a Dios. Y al abandonarnos, nos encontramos. Al fin.

De *Un Curso de Milagros:*

No olvidaremos que Él permanece siempre a nuestro lado durante todo el día, y nunca deja nuestra debilidad sin el respaldo de Su fortaleza. Recurrimos a su fuerza cada vez que sentimos la amenaza de nuestras defensas que socavan nuestra certidumbre de propósito. Haremos una pausa momentánea, mientras Él nos dice, "Aquí estoy." *

Cuando se Agita una Nueva Vida

Todas las grandes enseñanzas religiosas contienen mensajes codificados de Dios. Quienes estudian el fenómeno de la iluminación procuran entenderlos y aplicarlos a nuestras vidas. Ya sea que nuestro camino personal se base o no en una religión específica, sus enseñanzas místicas básicas se aplican a todos.

En todos los muesos del mundo hay cientos de obras de arte que representan un evento que el Nuevo Testamento describe como la Anunciación. El Arcángel San Gabriel se le apareció a la Virgen María y le dijo que concebiría un hijo por la Gracia de Dios y que el niño nacería para ser el Salvador del mundo.

Dejando de lado por un momento la sensación que eso tuvo que producir, recordemos que todas las historias religiosas son la representación de una verdad metafísica más profunda. Los ángeles son los pensamientos de Dios; y María no es la única que ha oído hablar a los ángeles. Los ángeles nos hablan constantemente a todos, pero la mayoría no los oímos.

Gabriel representa un mensaje especial de Dios, es decir, que Él desea impregnarnos espiritual y milagrosamente para convertirnos en personas nuevas, y para difundir su amor por la tierra a través de nosotros. La diferencia entre nosotros y María es que ella tuvo la humildad y la gracia para decir "Sí."

Usted y yo decimos, "Gracias, tal vez otro día," "Ahora no," "Ni lo sueñes," "¡Ay, por favor!" "¡Ni hablar!" y una serie de otras cosas que no resuenan exactamente como la disponibilidad de María a ser utilizada por Dios. No obstante, esas obras de arte, al igual que todas las demás, están ahí para llevar nuestras mentes al lugar en el que recordamos lo que es cierto. Esa historia no se trata sólo de ella; se refiere a nosotros también.

En nuestro entorno hay siempre un ángel que nos anuncia un nuevo comienzo, el nacimiento de un nuevo ser a partir de las partes diseminadas de nuestros propios seres. Cada situación representa una alternativa: ¿Preferimos quedarnos con nuestros patrones de pensamiento y conducta basados en el ego, o preferimos personificar la vida de una forma más elevada y más amorosa? ¿Recorreremos el camino de la limitación y el miedo, aunque ese camino se haya tornado monótono y trillado, o preferimos dar vida a una forma de expresión más elevada? El Cristo interior es un ser que ha vuelto a nacer, cuyo padre es Dios y cuya madre es nuestra humanidad, que está ahí para expresar el potencial divino que hay dentro de cada uno de nosotros.

María no habría podido decir "No" a Dios, porque habría sido contrario a su naturaleza. Y en lo más profundo de nuestro ser, también es contrario a la nuestra. Ansiamos decirle "Sí," pero estamos tan alejados del ser que realmente somos, tan lejos de encontrarnos en contacto consciente con nuestra propia alma, que continuamente respondemos "No." Ahí, en ese rechazo del amor, radica la tragedia de la existencia humana.

Un día decimos, "Sí, Dios, puedes expresar Tu amor a través de mí." Y al día siguiente, en una situación diferente, no colmamos la medida—decimos que no a un mayor perdón, a una mayor profundidad o a un mayor amor. Sin embargo, Gabriel persiste, y cada vez que decimos que no, simplemente espera por ahí para proponérnoslo de nuevo más adelante, "Te planteo esto de nuevo para darte otra oportunidad."

De forma lenta pero segura, nuestros corazones comienzan a abrirse y, entre más tiempo recorramos el camino espiritual, nos iremos resistiendo menos al amor. Acabaremos aceptándolo. Si somos profunda y verdaderamente sinceros con nosotros mismos, sabremos que ansiamos llevar a Dios en nuestro seno.

Cuando Gabriel le habló a María, ella tenía 14 años; ahora nos habla a cada uno de nosotros, sin importar nuestro sexo o nuestra edad. Siempre que estemos dispuestos a ser parte del Plan de Dios, Él tiene un plan para nosotros.

Es entonces cuando realmente nuestra vida comienza a cambiar: no cuando tengamos cosas nuevas, sino cuando tengamos un espíritu nuevo. El nacimiento del amor de Dios en el mundo no es simplemente un "fue" sino un "es." Su importancia no se debe únicamente a lo que hizo por el mundo, sino a lo que hace por nosotros. Cuando nos amamos, Dios vive en nosotros. Cubre nuestra mente y nuestro corazón con su sombra, guía nuestro pensamiento, nuestra conducta y nuestras palabras. Aleja de nosotros los pensamientos de miedo, reemplazándolos milagrosamente por pensamientos de amor. En eso radica nuestra santidad y no existe literalmente nada que nuestra santidad no pueda hacer.*

Cuando los tres reyes se inclinaron ante el Niño Jesús, expresaron, de forma simbólica, la relativa debilidad de los poderes de la tierra en comparación con el poder de nuestro verdadero ser cuando nos centramos en el amor de Dios. La luz que irradia del Divino Niño es la que nos transforma a usted y a mí.

Nuestros miedos se desvanecen y nuestra armadura energética se funde. Cuando oramos constantemente para pedir un corazón más abierto, la acción del Espíritu de Dios, redime nuestro pasado y libera nuestro futuro para que sea distinto del pasado. Repentinamente nacemos de nuevo, a medida que se desvanecen las ilusiones del pasado y tenemos la oportunidad de recomenzar.

A veces, alguien nos dirá, "Te ves totalmente distinta."

A veces sí parecemos personas diferentes. Y a veces lo *somos* de verdad.

Cristo

La conversión a Cristo no necesariamente tiene que significar una conversión al cristianismo. La palabra simboliza al Hijo de Dios que hay en todos nosotros, nuestra verdadera identidad y el espacio de los recuerdos de todo lo que es divino. Ser su discípulo es aceptar el manto de su ministerio negándose a reconocer la última realidad de cualesquiera muros que nos dividan. En nuestra unicidad con los demás radica nuestra unicidad con Dios y la eliminación de esos muros es Su obra en nosotros y en el mundo. El hijo unigénito de Dios es *quienes somos.*

Es así como procuramos ver con los ojos del Hijo de Dios, con los que sólo se ve nuestra unidad con los demás; escuchamos con los oídos del Hijo de Dios, con los que sólo se escuchan llamados de amor; para caminar con Él a donde podamos servirle; y hablar por Él acerca de nuestro amor por todos y cada uno.

Procure recordar una situación de su vida en la que las cosas no estén saliendo como desea. Ahora, cierre los ojos y respire profundo, y permítase verse tal como se encuentra en esa experiencia. Fíjese en su apariencia, en su manera de actuar, y en su comportamiento normal. Vea la forma en la que los demás se relacionan con usted. Sienta todos sus sentimientos a medida que van surgiendo, aunque le causen dolor o angustia.

Ahora, vea a Jesús como la personificación de Cristo, que se aproxima desde atrás rodeándola con sus brazos. Ha recibido de Dios el poder de darle la plenitud. Permítale impregnar su ser y sanar cada parte herida. Permítale ocupar el espacio de la brecha entre su yo que ahora se manifiesta y su potencial divino. Él *es* ese potencial, y ha recibido de Dios el poder de ayudar a cualquiera que le pida su ayuda para actualizar dicho potencial en su interior.

La claridad con la que se manifieste en ese Instante Santo dependerá de la medida en que se lo permitamos.* Está allí *metafóricamente* o está allí *literalmente*. El que esto se produzca en una u otra forma, en su experiencia, dependerá totalmente de usted.

Los cambios que el espíritu logra en nuestro interior no se pueden explicar a la mente del ego, pero buscar aprobación o confirmación en el ego es ridículo. Pensamos que sin el ego todo sería un caos, pero lo cierto es que, sin el ego, todo sería amor.* En algún punto, hay que decidir cuál de las dos formas de ver el mundo es la más lógica; no es posible limitarse a aceptar una especie de realidad mística. La vida espiritual implica creer en una realidad invisible que afecta una realidad visible. A medida que vamos cambiando en nuestro interior, cambiamos nuestro comportamiento. Cambiamos nuestra energía. Cambiamos nuestras vidas.

Hacer que Se Obren Milagros

Centrados en una actitud de bendición, nos convertimos automáticamente en creadores de milagros. Todos se sienten elevados y energizados junto con nosotros, subconscientemente corregidos y sanados en nuestra presencia. Prevalece una atmósfera palpablemente más positiva. Cuando nos empeñamos en alcanzar el nivel más alto dentro de nosotros mismos, quienes nos rodean se sienten llamados a alcanzar también sus niveles más altos. Ése es el faro que toda alma busca.

Cuando recordamos nuestra herencia espiritual y permanecemos dentro de su poder, pensamos actuamos y experimentamos la totalidad de nuestra vida de manera diferente. Estamos a punto de juzgar a alguien y entonces recordamos su inocencia eterna. Estamos a punto de decir algo que escuchamos sobre otra persona y luego recordamos, "Lo que hago con los demás lo hago con-migo mismo." Estamos a punto de obtener una ganancia a costa de otra persona y recordamos que eso no puede ser. Nos quejamos de una situación y nos detenemos a preguntarnos, "¿En qué forma estoy contribuyendo aquí?" *Éste* es el nacimiento de nuestro mejor yo—un proceso gradual y continuo, como en cualquier mo-mento determinado en el que optemos por escuchar al ego o escu-char al amor.

Aquél al que decidamos escuchar será en el que nos convertire-mos y será también el mundo en el que habitemos. Podemos vivir en el miedo o en el amor. Y en cada momento, lo decidimos. El mayor poder que Dios nos ha dado para cambiar el mundo es el poder de cambiar nuestra forma de pensar acerca del mundo.* Y a medida que lo hacemos, el mundo se transforma.

Por desquiciado que parezca el mundo, procuramos recordar que es una vasta ilusión. No nos tornamos más complejos desde el punto de vista metafísico al hacerlo, de hecho, nos simplificamos más y más cuando procuramos aplicar ciertos principios básicos a todo lo que nos sucede. Sabemos que hay un mundo de amor más allá de lo que vemos, y nacimos para hacer que se manifieste. Si nos dedicamos en cuerpo y alma a esta tarea, un día—aquí mismo en la tierra—experimentaremos un mundo iluminado.

De Vivir en el Pasado y en el Futuro a Vivir en el Presente

*S*i queremos cambiar mundos, tenemos que cambiar los espacios de tiempo.

Es inútil tratar de ver *Seinfeld* a las 8:00 si lo dan a las 7:00. También es inútil tratar de encontrar milagros en el pasado o en el futuro dado que sólo existen en el presente.

Siempre me preguntaba cómo sería mi futuro. Cuando dejaba mi obsesión por el futuro, quedaba tranquila por unos cinco minutos y luego comenzaba a obsesionarme con el pasado. Es evidente que el ego no tiene la menor intención de permitirnos disfrutar del presente.

Eso se debe a que el presente es terreno sagrado—el único lugar donde la eternidad se encuentra con el tiempo lineal. El pasado no está en ningún lugar, excepto en nuestra mente, y el futuro tampoco existe en ningún lugar excepto en nuestra mente. El ego está empeñado en hacernos vivir en uno de esos dos reinos, como una forma de asegurarse de que nunca *vivamos en lo absoluto.* Si Dios vive sólo en el presente, vivir ya sea en el pasado o en el futuro será sin duda una experiencia dolorosa porque no lo incluye a Él. Vivir a plenitud el presente, el Instante Sagrado, es literalmente la muerte del ego—y es por eso que nos resistimos. Siempre que nos identifiquemos con la vida del ego, la propia realidad nos parecerá aterradora.

Nos resulta más fácil analizar lo que ocurrió en el pasado e imaginar lo que sucederá en el futuro que estar plenamente aquí en la vida presente. Sin embargo, cuando nos permitimos *hacerlo*, sin el peso de las preocupaciones pasadas o futuras, ese momento se convierte en nuestra puerta hacia lo milagroso, la plataforma número 9¾ de Harry Potter, el Instante Sagrado es el milagro.

Cuando la Biblia dice, "El tiempo dejará de existir," no significa el fin del mundo sino el fin de la ilusión del tiempo lineal y el comienzo de un ahora eterno.

Las cosas más importantes son sempiternas. *Sempiterno* no se refiere a alguna realidad eterna que comience cuando se acabe esta vida y empiece alguna otra. Se refiere a la realidad de cada momento que se perpetúa para siempre, que es cierta en este instante y durará por siempre. *Sempiterno* significa "siempre cierto."

La eternidad significa un presente sin fin en el que Dios es. Constituye la dimensión de Su poder, y en el grado en que utilicemos el presente para enfocar nuestro pasado o nuestro futuro, nos despojamos de nuestro poder. El tenista no tiene tiempo de pensar en la bola que acaba de perder porque lo distraería del esfuerzo de golpear la próxima. Lo mismo nos pasa a todos, todo el tiempo.

El pasado no se funde automáticamente en el futuro, excepto en nuestras mentes. El pasado nos lleva al futuro sólo porque le permitimos que lo haga; es más el producto de la forma como funciona nuestro cerebro que de la forma como funciona la realidad. Al pensar en el pasado en el presente simplemente lo recreamos en el futuro.

Sin embargo, hay un milagro que puede interceder entre el pasado y el futuro, liberando cada momento a una infinidad de nuevas posibilidades. En el Instante Sagrado podemos romper la cadena del pensamiento del ayer, reprogramando el futuro al pensar de forma diferente hoy. Un error común consiste en basar nuestros pensamientos en las circunstancias de ayer, sin darnos cuenta que esas circunstancias son apenas el reflejo de pensamientos que ahora estamos en libertad de cambiar.

Digamos que uno piensa, "Estoy en la quiebra." Ésa puede ser la descripción de un estado material; sin embargo, los estados materiales cambian en respuesta a un cambio en el grado consciencia. Afirmar "Estoy en la quiebra" es optar por extender un estado hacia el futuro al pensar en él en el presente. Y si ésa es su elección, el universo responderá, "Así sea." Pero tal vez desee preguntarse por qué optó por pensar así, considerando el grado de poder que tiene para cambiar sus circunstancias al cambiar su forma de pensar. En una oportunidad escuché al maestro espiritual Chalanda Sai Ma, decir, "Experimentará cualquier cosa que piense después de las palabras 'Estoy . . .' o 'Soy . . .' "

Podría pensar, en cambio, "Abundo infinitamente en espíritu, tengo grandes cantidades de dinero (el dinero es un concepto relativo: la mayoría de los estadounidenses que piensan que están en la quiebra tienen más dinero que la mayoría de la población mundial), y mi fortuna aumenta día tras día." Observe cómo el simple hecho de *decir esto* imparte instrucciones tanto a su cuerpo como a su mente. Al decir "Estoy en la quiebra" enviará un tipo de señal al cerebro; al decir "Soy rico" enviará otra señal. La química del cerebro, las hormonas y la interminable serie de funciones mentales y físicas responden a cada pensamiento. Es difícil decir "Estoy en la quiebra" con la columna recta y la cabeza erguida; es difícil decir "Soy rico" en cualquier otra posición. El subconsciente está a su servicio y responde a cada una de sus órdenes. La forma como se sienta y su apariencia personal afectarán de muchas maneras sus circunstancias materiales.

Tal vez haya sufrido el rechazo de uno o dos amantes y, como resultado, piense: "No tengo suerte en el amor; todos me dejan." Cuando, de hecho, lo que probablemente está diciendo es que algunos la han dejado mientras que otros han excedido el límite de sus tarjetas de crédito para llevarla a tomar el té al fin del mundo. ¡Pero a su ego le *encanta* optar por ese pensamiento negativo! El mismo ego que la llevó a fracasar con quienes la dejaron, es el que ahora contextualiza la situación para garantizar que se repita. El dictamen del ego en el amor es "Buscad y no encontraréis." *

En cambio podría decirse, "Soy extremadamente atractiva y las personas más maravillosas del mundo piensan que soy la persona más maravillosa con la que pueden estar." ¿Sabe por qué? Porque aquéllos que usted considera las personas más maravillosas ¡realmente pensarían eso de usted! Pero sus pensamientos de que esas personas no existen o de que la rechazarían, la mantienen literalmente a distancia. No hay una fuerza magnética que las atraiga hacia usted, si niega que existan.

Si piensa cosas como, "Los hombres me rechazan," entonces dudaría que su energía indique exactamente "Soy una mujer atractiva." Si su energía se limita a confirmar un estado del pasado, puede esperar que esa condición no cambie. Pero, sí puede prepararse en su interior para lo que desea, en vez de afirmar lo que ya han sido, puede *practicar* la vida que desea tener. "Si la vida *fuera* lo que yo hubiera querido que fuera hoy, ¿qué pensaría y qué haría? ¿A dónde iría? ¿Cómo me comportaría?" Es como en la película *Field of Dreams* (Campo de Sueños): "Si construye su sueño, se hará realidad." El tiempo y el espacio no son lo que parecen; usted no es el efecto de estos factores a menos que así lo decida. Dios la puso en el mundo para ser la dueña de su propio destino, no la esclava del mundo material.

Conviene preguntarnos por qué elegimos desempeñar un papel menor cuando no teníamos que hacerlo. Los conceptos son poderosos y cualquier concepto que tengamos lo manifestaremos desde el subconsciente. Entonces, ¿por qué nos aferramos a nuestros conceptos básicos, tan denigrantes, sobre nosotros mismos? Cuando nos hacemos esta pregunta, surge la respuesta: "Mi familia me dijo que no estaba bien pensar que yo era algo maravilloso." "Creí que no le agradaría a las personas si 'lo tuviera todo.' " "Creí que podía herir los sentimientos de mi padre si ganaba más dinero que él."

No obstante, cualquier dolor que sintamos por las reacciones negativas de los demás ante nuestro deseo de abrir las alas, es mínimo comparado con el dolor que nos causamos al cortarnos las alas. En este momento de la vida de nuestro planeta, nadie puede sentirse bien de negarse a mostrar su magnificencia. Expresar el pleno potencial no sólo es correcto, es su responsabilidad.

Mientras continúe pensando en términos limitados, sin fe en la posibilidad de la posibilidad infinita que la vida le ofrece, nunca experimentará los milagros que Dios tiene reservados para usted. Negará sus dones y se conformará, en cambio, con la servidumbre al ego. En un mundo así, el miedo suele ser la vía del menor esfuerzo. Si quiere un milagro, tiene que *reclamarlo* conscientemente. Por todos los que puedan atreverse a decir "¿Cómo se atreve?" habrá al menos otros dos que dirán, "Gracias por mostrarme cómo hacerlo."

Acoger la Realidad

En ocasiones oigo personas que dicen, "Estoy dispuesta a cambiar mi forma de pensar, pero temo que quienes me rodean no cambien la suya, por lo que no dará resultado." Tal vez sea así, pero no por mucho tiempo. Tan pronto como cambie su forma de pensar, los demás comenzarán a cambiar también la de ellos, y los que no lo hagan empezarán a apartarse.

Estaba conversando con un joven, Andrew, que estaba a punto de ingresar a la escuela secundaria de su ciudad natal después de haber asistido a una escuela de otra ciudad durante 2 años. Estaba deprimido por haber vuelto a casa y le pregunté por qué.

"Fui tan tonto cuando vivía aquí antes. Era muy inseguro, actuaba como un sabelotodo. No me cabe duda de que todos aquí me consideran un verdadero perdedor y volver a ese ambiente realmente me deprime."

"Pero, ¿has cambiado?" le pregunté. "¿Eres distinto ahora?"

"Seguro," me dijo. "Pero *ellos* no lo saben. Sólo me conocen como era antes, de manera que no importa que haya cambiado. No le gustaré a nadie."

"Bien, en realidad," le dije, "desde un punto de vista metafísico, todas las mentes están unidas. De manera que si *tú has* cambiado, *ellos tienen* que cambiar. Es posible que, al principio, los otros chicos piensen de ti en cierta manera pero, si realmente has cambiado, todo, excepto lo que eres ahora, se olvidará. Si no traes contigo toda la carga antigua, no podrán seguir pensando así por mucho tiempo."

El universo está listo para recomenzar en cualquier momento, y solamente nuestros pensamientos contrarios le impiden hacerlo. Se produce un milagro cuando le pedimos a Dios que intervenga entre nuestro pasado y nuestro futuro, que cancele todo nuestro miedo y que nos libere a un nuevo comienzo. Un Dios que divide los mares y resucita a los muertos no tiene inconveniente alguno en solucionar tus problemas en la secundaria—o en cualquier otra parte, si fuere el caso. Su poder de reparar y restaurar es radical. Cuando tengamos una fe audaz y radical en su poder, experimentaremos ese poder al máximo.

Desde el punto de vista espiritual, renacemos en cualquier momento en que no traigamos con nosotros el pasado.* Mi joven amigo Andrew y yo oramos ese día pidiéndole a Dios que tomara en sus manos sus relaciones con sus compañeros de colegio. Le pedimos que derribara todos los muros de la incomprensión. Oramos porque sus relaciones renacieran, porque pudiera reiniciar su vida en un lugar diferente. Pedimos el orden del derecho divino en todas las cosas.

Unas semanas más tarde me encontré de nuevo con Andrew. Me sonrió y me dio un fuerte abrazo. "Se produjo un milagro, ¿no es cierto?" le pregunté. "Sí," me respondió. "Sí . . ."

Cada momento es parte del currículo divino y si he experimentado falta de amor en el pasado, el presente contiene formas de compensarlo ahora. Dios está siempre presente; Su mano está en todas las cosas. Cualquiera que sea la situación en la que nos encontremos *ahora*, cualquiera que sea o cualesquiera que sean las personas con las que nos relacionemos *ahora*, tiene la clave de la sanación del pasado y la liberación del futuro. Podemos ser una persona distinta de la que fuimos antes, liberando el futuro para hacerlo también diferente.

Si le entregamos nuestro pasado a Dios, Él cambiará nuestros conceptos sobre ese pasado.* Puesto que sólo el amor es real, y nada más existe, la única realidad acerca de nuestro pasado es el amor que dimos y el amor que recibimos.* Todo lo demás es una ilusión y sólo permanecerá vivo en nuestra experiencia si elegimos aferrarnos a esos recuerdos. Según *Un Curso de Milagros,* "Nada real puede verse amenazado; nada irreal existe." Ése es el milagro: acoger la realidad.

Sanar el Pasado

Cuando pasamos por situaciones difíciles, tenemos la tendencia natural a querer hablar de ellas. Hasta cierto punto eso es bueno; procesar esos acontecimientos con consejeros y amigos es una de las formas en las que sanamos. Existe sin embargo otra tendencia, que es más del ego que del espíritu y que nos lleva a expresar las experiencias negativas de manera que permanecen vivas.

En una ciudad a la que fui en una ocasión, tuve una experiencia muy dolorosa y cuando mis amigos me preguntaron qué había ocurrido, les contaba la historia. Pero luego me dije, "Basta ya. No fue tan malo; piensa en toda la gente maravillosa que conociste y todas las cosas buenas que te ocurrieron allí también." Entonces, cuando mis amigos me preguntaban, les contaba lo negativo y lo positivo. Pero después de un tiempo, cuando ya había logrado perdonar y expiar y le había permitido a mi corazón sanar, a una pregunta que me hicieron sobre ese período de mi vida, pude limitarme a responder: "Fue una época especial." No fui consciente de lo que estaba a punto de decir, fue una respuesta espontánea. Pero al nivel más profundo, era verdad, porque sólo existe el amor. El simple hecho de expresar esas palabras fue un consuelo para mi corazón.

Todo lo que sucede tiene una causa: se debe ya sea al amor, y nos ofrece la oportunidad de aumentarlo, o se debe al miedo y el espíritu está presente en la situación que nos sacó de ese estado. De una u otra forma, como dicen hoy en día, "Todo es para bien."

Aceptarnos en el Presente

Cuando era más joven, quería ser mayor, y cuando llegué a ser mayor, quería ser más joven. Cuando estaba viviendo en un lugar quería vivir en otro y cuando estaba haciendo una cosa quería hacer otra distinta. Nunca podía conformarme con lo que era ni con lo que ocurría en ese momento. Me parecía que, de alguna forma, yo no era suficiente, lo que estaba haciendo no bastaba y, por lo tanto, mi vida nunca era suficiente.

Una vez, durante una conferencia, dije que había visto recientemente una fotografía mía de cuando tenía 30 años y me dije, "¿Y alguna vez pensé que no era suficiente cosa?" Vi en el auditorio muchas sonrisas de comprensión en las mujeres que ya habían dejado atrás su juventud. ¿Quién de nosotros no ha recordado un periodo de la vida en el que pensábamos que teníamos alguna carencia, y ha deseado poder recuperarlo para gozar ahora de las maravillas que entonces no apreciábamos? La verdad es que cada etapa de la vida es perfecta, si realmente nos permitimos *vivir* en ella. Si nos concentramos en el presente, si contribuimos a él y permanecemos en él tanto como podamos, en cualquier momento podemos recibir sus bendiciones y el futuro se desplegará en dirección a un bien aun mayor.

Cuando nos aceptamos tal como somos, y en el lugar donde estamos, disponemos de mayor energía para entregársela a la vida. No perdemos tiempo intentando cambiar las cosas. En cualquier momento en el que alcancemos la tranquilidad en lo más profundo de nuestro ser, y dejemos de esforzarnos por estar en otro lugar, nos encontraremos en el lugar correcto en el momento correcto. Hay un plan para nuestras vidas—el Plan de Dios—y ese plan controla con precisión el lugar donde nos encontramos, el lugar al que debemos ir. Tan pronto como hayamos aprendido a vivir con más luminosidad la situación en la que nos encontramos, encontraremos de inmediato nuevas y mejores situaciones. Sin embargo, hasta que aprendamos las lecciones del presente, estas situaciones simplemente volverán a presentarse con nuevas caras, y nos parecerá que nada cambia jamás.

Lo que aprendamos no depende de nosotros, lo que sí podemos determinar es si aprendemos a través de la alegría o a través del dolor.* Pero si aún no tenemos confianza en que cada situación es una lección, no nos preocuparemos por preguntarnos cuál es esa lección. Y, a menos que lo hagamos, nuestras probabilidades de aprender son nulas. Entonces, la lección volverá a presentarse—a un costo aun mayor—hasta que la aprendamos. Es mejor aprenderla la primera vez, cuando la posibilidad de aprender a través de la alegría todavía está a nuestro alcance. Entre más veces se nos vuelva a presentar una lección, mayor será el dolor que nos genere. Si en nuestro corazón sabemos que hay algo que no está bien, ignorarlo no hará que mejore. Simplemente hará que resulte cada vez más difícil resolverlo, cuando se nos manifieste con un ruido más fuerte que el sonido original del susurro de Dios en nuestro oído.

El Manejo de la Felicidad

A veces sí recibimos felicidad pero entonces no sabemos exactamente cómo manejarla. En ocasiones, he tenido en la vida lo que necesitaba para *atraer* mi propio bien, pero no lo que necesitaba para estar en esa situación de bien una vez que la alcanzara. Se me ofreció un *cambio maravilloso*, pero estaba demasiado angustiada para aceptarlo. El carácter repentino de una oportunidad, o la rapidez con la que se me pedía tomar una decisión al respecto, me fundió los fusibles, por así decirlo, y no fui capaz de responder. En cambio, a veces, se nos presenta una oportunidad demasiado contraria a nuestra percepción del yo—demasiado grande, demasiado buena, demasiado poderosa. Si Dios desea movernos en un sentido más positivo, pero no aceptamos su actitud positiva hacia nosotros, nos resistiremos a Su amor y a su bendición. Los días en los que nos damos cuenta de que hemos desperdiciado un milagro, pueden ser unos de los más tristes de nuestras vidas.

En una oportunidad, caminaba por una unidad de un área vacacional con mi hija de 14 años y sus amigas. Las niñas iban un poco adelante de mí, dado que necesitaban cierta distancia e independencia de la mamá de Emma. No me sentía como si me hubieran hecho a un lado, debido a que la distancia parecía ser la adecuada para ellas y también para mí. La maternidad exige toda nuestra energía durante unos cuantos años y, a medida que los hijos crecen, vamos recuperando partes de nuestra vida que habían quedado en suspenso por algún tiempo. Sin embargo, mientras caminaba detrás de las adolescentes, recordaba los momentos en los que mi hija se abrazaba a mí con tanta fuerza, cuando pequeña, cuando me necesitaba en todo momento, reclamando mi atención para que me centrara exclusivamente en ella. Había momentos en los que, muy sutilmente, me resistía a sus exigencias. Me agobiaba su abrumadora necesidad de atención, como si tuviera miedo de que esa experiencia me consumiera por completo. Por algún tiempo no me pude entregar del todo a la maternidad, sin dejar por eso de aceptar que cada momento de esa experiencia era perfecto y que con el tiempo se transformaría en algo más.

Ahora puedo ver que el hecho de que estuviera ocurriendo significaba que era exactamente lo que debía estar haciendo, y que no estaba perdiéndome de nada al dedicar la mayor parte de mi atención a mi hija. Recuerdo que ella odiaba mi teléfono—y con razón, porque yo lo utilizaba para distraerme de la intimidad de la conexión materno-infantil. Recuerdo una vez, cuando ella era apenas un bebé, que gateó realmente hasta el teléfono, mientras yo hablaba, y con su meñique presionó el botón para cortar la llamada.

Ahora, los días de su primera infancia han pasado y nunca volverán. Durante esos años yo estuve presente emocionalmente a cerca de un 90 por ciento de mi capacidad, tal vez un poco más. Es probable que no le haya faltado mucho, pero pienso que yo sí me perdí de varias cosas. Todo es parte de los errores que cometemos cuando no aceptamos que el momento presente es perfecto.

Lo que Será

Obsesionarse por el futuro es, naturalmente, una actitud tan neurótica como obsesionarse por el pasado. Es sólo otra forma en la que el ego nos roba la alegría de vivir al orientar nuestra atención lejos del presente. Vivir en el futuro es una forma de evadir la vida en el momento actual.

Como creadores de milagros, ponemos el futuro en manos de Dios.* Podemos liberar nuestras preocupaciones por el futuro viviendo a plenitud el presente, con el convencimiento de que al hacerlo, el futuro se ocupara de sí mismo. Dios, que vistió con tanta hermosura los lirios del campo, sin duda se ocupará de nosotros.

Recuerdo cómo me obsesionaba tratando de imaginar cómo sería mi vida en el futuro. Ahora que ese futuro ya está aquí, lamento haber perdido tiempo pensando en él cuando tenía entonces a mi disposición un presente glorioso. Claro está que, en ese entonces, no me daba cuenta de que el presente era glorioso; estaba centrada en lo que yo percibía como una carencia. Y ése es el juego mental que se perpetúa por siempre si se lo permitimos. En el pasado, no me daba cuenta de cuán perfecto era todo, así como no siempre me doy cuenta de cuán perfectas son las cosas ahora. Si sólo me hubiera permitido disfrutar un poco más mi vida, habría logrado un mejor resultado después. Y cuando me permito disfrutar simplemente mi vida presente, me estoy dando el más grande impulso para el futuro. Cada momento del viaje de la vida nos prepara inherentemente para el futuro de una forma que la mente racional no alcanza a comprender.

Sin embargo, la forma de pensar del mundo está tan vacía de cualquier concepto de misterio que no tenemos por qué sorprendernos de no podernos entregar tranquilamente a él. Pensamos que tenemos que ser los guías, cuando en realidad debemos ser guiados. En cualquier momento en el que me entregue por completo a lo que *es* la vida, lo que *será* se programará para reflejar mi fe y mi confianza.

Una vez fui a Nueva York con mi hija, y lo estábamos pasando muy bien cuando me miró y me dijo, "¡Estoy tan emocionada con la idea de ir a Boston la semana entrante, que casi no puedo esperar!" No quise aguar su entusiasmo ni hacer que sintiera que no tenía razón al querer ir a Boston. Pero sí reflexioné acerca de la forma como funciona el ego: siempre haciéndonos creer que el sitio donde iremos la próxima semana será mejor, que lo que haremos en nuestro siguiente trabajo será más conveniente para nosotros, y así sucesivamente. Sólo se puede encontrar la alegría en un lugar a la vez: justo aquí, justo ahora. Cualquiera que sea el lugar al que vayamos mañana, es importante agradecer el lugar donde nos encontramos y disfrutar los frutos de hoy. Lo cierto es que, casi cualquier experiencia puede ser muy desagradable si tenemos la suficiente capacidad de sentirnos insatisfechos. Y casi cualquier experiencia puede ser agradable si tenemos la suficiente capacidad de practicar la alegría.

En ocasiones, hay quienes creen que no pueden despreocuparse de su futuro porque tienen que saber primero qué va a ocurrir. He conocido personas que aparentemente piensan que Dios debería enviarles una carta diciéndoles exactamente dónde deben ir y qué deben hacer. "Querida Gloria, éste es Dios. He escogido para ti la ciudad de Kansas, en donde vivirás durante seis meses a partir de noviembre de este año y trabajarás en Carter & Associates. De ahí, irás a Newport Beach, donde encontrarás tu alma gemela. Serás rica, tendrás éxito y serás feliz. Y luego, después de mucho tiempo, morirás." Me imagino que se preguntarán por qué, si Dios es tan inteligente, no utiliza el correo de Fed Ex para enviarles la carta.

Sin embargo, pienso que se nos dice tan poco acerca del futuro porque tenemos mucho más que entender acerca del presente. Después de todo, el territorio de Dios es el *ahora*. Él no nos indica paso a paso el camino que tenemos ante nosotros; en cambio, nos indica paso a paso nuestro camino interior. A medida que seguimos ese camino, buscando profundizar más nuestra capacidad de compasión y comprensión y nuestra disposición a disfrutar de lo que *es*, co-creamos con Él nuestro futuro a un nivel más elevado.

Lo que lamentamos del pasado

Lamentar es una palabra que sólo adquirirá algún sentido cuando alcancemos una cierta edad. Sólo cuando nos demos cuenta de que nuestros errores *sí* afectaron el resto de nuestras vidas y aceptemos que las malas decisiones que tomamos no pueden revertirse en esta vida, nos enfrentamos al horror del verdadero remordimiento. Ahí está la paradoja: los seres humanos tenemos aquí un período de tiempo muy corto en el que podemos hacer las cosas bien; sin embargo, como espíritus que viven en la eternidad, tenemos oportunidad sin límite. Como seres con libre albedrío, se nos permite tomar nuestras propias decisiones; como hijos de Dios, somos redimidos cuando presentamos nuestra humilde petición en la oración, en caso de que estas decisiones hayan sido equivocadas.

Nuestros errores no son pecados que Dios quiera castigar sino más bien equivocaciones que desea corregir. Una oración en *Un Curso de Milagros* sugiere que simplemente nos remontemos al momento en el que cometimos nuestro error—conscientes de que fue un momento en el que, por definición, no permitimos que el Espíritu Santo decidiera por nosotros—y le permitimos que decida por nosotros ahora. Porque los milagros obran en forma retroactiva. No es necesario sentirse culpable en esos casos porque, si se lo permitimos, el Espíritu Santo deshará todas las consecuencias de nuestra decisión equivocada.* Siempre que estemos genuinamente dispuestos a expiar nuestros errores, el universo se configurará milagrosamente a nuestro favor. Millones de personas—alcohólicos, drogadictos, criminales, personas que lastimaron a otras—pueden dar testimonio del profundo perdón de Dios. Muchos saben que no estarían con vida de no ser por la infinita misericordia de Dios.

Esto es algo de gran importancia y significado para quienes hemos vivido muchos años, para quienes hemos cometido muchos errores que nos afectan y afectan a los demás por mucho tiempo, o inclusive por toda la vida; para quienes no podemos superar nuestros sentimientos de culpa por una cosa u otra. Como hijos pródigos, quienes más nos hemos desviado del amor no somos relegados por Dios a la periferia del significado. Muy por el contrario, el padre del hijo pródigo no lo rechazó sino que se alegró de verlo regresar a casa. A veces son necesarios nuestros errores para hacernos más humildes, y es entonces cuando somos más útiles para Él. Para Dios nunca somos mercancía defectuosa. Él convierte nuestras cicatrices en lunares que realzan nuestra belleza.

Estancados en el Punto Medio

Para mí, cumplir a los 50 años fue más difícil de lo que esperaba.

Unos dos o tres meses antes del gran día, comencé a sentirme abrumada por los recuerdos de una juventud que irrevocablemente había pasado. Por más que me decía que cumplir 50 es tener 40 una vez más, lo que realmente quería en el fondo de mi corazón era tener de nuevo 40 años. Aun despierta, me sorprendían las pesadillas de candentes recuerdos—situaciones que no había sabido manejar bien, elecciones tontas que había hecho y no podía remediar, oportunidades que pensaba que jamás podría recuperar. Al pasar por el duelo de la gloria de mis años de juventud, tuve que enfrentarme conmigo misma y con todo el dolor que esto implica.

Varias amigas me dijeron que habían experimentado lo mismo, y que no debía preocuparme—esa ansiedad desaparecería de pronto. Y, de hecho, así fue. La noche que cumplí los cincuenta, mientras me tomaba un café en el patio delantero de un restaurante y observaba cómo la torre Eiffel estaba iluminada contra el cielo, sentí que el dolor desapareció. En un instante, todo estaba bien. Sabía que se había puesto el sol en lo que ya no era, pero tenía la sensación de que algo nuevo aparecería en el horizonte para reemplazarlo.

Mis amigas me habían dicho que la década de los 50 es maravillosa porque ya no nos importa lo que los demás piensen. No sé si eso se aplicará a mí, pero sí sé que no soy la que solía ser. Tener

50 años es tan distinto de tener 40 como tener 40 de tener 30 o de tener 20. Al llegar a los 50, la transición es tan fundamental como la de la pubertad. Me he instalado en la paradoja de la edad madura.

Por un lado, tengo por fin un cierto grado de comprensión de lo que estoy haciendo en el mundo. Al fin me he convencido de que tengo derecho a estar aquí. Mi vida no es tan acelerada como solía ser, aunque aún no sé si eso se deba a que he evolucionado o sólo a que he envejecido. Por otra parte, me canso con más facilidad, con frecuencia me es difícil recordar las cosas, ¡y estoy más que cansada de tener que estar buscando siempre mis anteojos! Lo que es aun más desconcertante es que cuando considero seriamente las cosas y hago cálculos matemáticos, no tengo muchas esperanzas de poder cambiar algo en este planeta en el tiempo que me queda de vida. La quimera que compartió nuestra generación de que seríamos conducidos al paraíso, se ha roto en mil pedazos. A medida que nos vamos haciendo mayores, nos vamos dando cuenta de cuán arraigados están ciertos aspectos negativos. Hay tanta crueldad en el mundo que por muchos años creímos que desaparecería, pero que, con los años, entendemos que realmente nunca lo hace.

Por grande que sea la desilusión de comprender estas cosas—y, de hecho, la desilusión es algo bueno porque significa que antes nuestro esfuerzo se basaba en ilusiones*—representan también el comienzo de una visión espiritual profunda. Una vez que estamos absolutamente convencidos de que no hay respuestas definitivas por fuera de uno mismo, comenzamos a buscarlas donde realmente se encuentran: en nuestro interior. Nos damos cuenta de que, al tomar las cosas con calma, estamos mejor dispuestos a prestar atención a las cosas que, antes, debido a la premura con que actuábamos, no podíamos oír.

Tanto tiempo perdido, tantos errores insensatos. Ahora sentimos que tenemos el conocimiento, pero no estamos seguros de contar con la energía suficiente; si hubiéramos sabido entonces lo que sabemos ahora. Llegamos a entender lo que dijera George Bernard Shaw, "La juventud se desperdicia en los jóvenes."

Nuestras glándulas suprarrenales están diezmadas; nuestras células parecen autos de carreras que comienzan a dar muestras de desgaste; la más acelerada de todas las generaciones ha comenzado a reducir la velocidad. En una entrevista reciente, el actor Jack Nicholson afirmó: "Mi generación es la de los nuevos viejos." Nuestra mayor carga es la tristeza acumulada, el sufrimiento de una década que afectando a la próxima, y así, hasta que el corazón ya no resiste más. La mente ha podido entender muchas cosas, pero el corazón ya no está seguro de que eso le siga importando. Cuando, al despertar cada mañana, nos sentimos más deprimidos que alegres, sabemos que hay un problema.

Y muchos lo tienen.

La mayoría, al llegar a la edad madura, encuentra una bifurcación en el camino. El rumbo que se elija, como lo escribiera el poeta Robert Frost, determinará la diferencia. Un camino lleva a una disolución gradual—a un recorrido que (por lento que sea) conduce a la muerte; el otro se convierte en un canal de parto, en un patrón de renacimiento. Entre más envejecemos, más difícil nos resulta optar por este último. Parece más difícil vencer la fuerza de gravedad del ego.

Empezamos con un gran entusiasmo por la vida, entretenidos y fascinados por la simple naturaleza de las cosas. Pero la novedad se desvanece; nos fastidiamos o nos agotamos y comenzamos a perder parte del aprecio vital de las posibilidades que ofrece cada día. Mientras escribo esto, oigo a los adolescentes en el patio, jugando felices en los charcos de lodo dejados por la tormenta de la tarde. Tengo que hacer un esfuerzo consciente por controlarme—por recordar que la capacidad de gozar con este juego es lo que hace que la juventud sea maravillosa y por no armar un problema porque mis toallas son color beige y esto podría arruinarlas. La verdad es que, como ser mortal, lo que quiero es que los muchachos se laven con la manguera antes de entrar a la casa, mientras que en mi alma, lo que realmente quiero es poder disfrutar también del lodo.

Por lo tanto, depende totalmente de mí el que me convierta en una vieja gruñona que se preocupa demasiado por sus toallas o el que me aferre a mi sentido de aventura. Quiero centrarme en lo importante a medida que envejezco. Por lo tanto, qué más da, los muchachos están felices y ¡eso es lo que importa! No sólo para ellos, sino para todos nosotros.

Decidirse a Ver

El nacimiento es audaz; la creatividad es audaz; la búsqueda espiritual es audaz. Sin audacia, somos simples engranajes en las ruedas del statu quo del ego. Y ese statu quo lleva al deterioro y a la muerte, no como una puerta hacia una vida más alta, sino como una burla a la vida misma.

En una ocasión, estaba a punto de tirar a la basura lo que para mí eran unas rosas rosadas muertas, cuando un amigo me dijo, "¿Qué estás haciendo? ¿Por qué las botas?" Yo le respondí, "¡Se están secando!" y él me dijo, "¡Míralas, Marianne! ¡Pienso que ese color rosa viejo que tienen hoy es más maravilloso que el rosa vivo que tenían ayer!"

Tenía razón. No fue el hecho de ver que se estaban secando, sino mi propio prejuicio el que me llevó a mirarlas y, sin más ni más, decirme entre sí, "Se están muriendo," y simplemente tirarlas. En realidad, no estaban *menos* bellas, más bien bellas *de otra forma*. Lo que debía cambiar no eran las flores sino la forma como las veían mis ojos.

En esa oportunidad, las flores tuvieron un *defensor:* mi amigo, un conocido ambientalista, alguien que simplemente tenía una forma de ver las cosas más sofisticada que la mía. Entre más vivimos, más aumenta nuestra capacidad de apreciar el grado de belleza que hay en todas las cosas de la vida. Hay ahora cosas que me llegan al corazón—amantes que se toman de la mano, niños pequeños que ríen—eran cosas que antes pasaban prácticamente inadvertidas para mí.

Tengo un amigo que trabajaba para una estrella de rock de edad madura y me contó una historia acerca de una experiencia que los dos tuvieron una vez. Me había estado quejando de que llega un cierto momento en la vida después del cual resulta difícil sentir entusiasmo por muchas de las cosas que antes nos parecían glamorosas y divertidas. Mi amigo dijo, "Déjame contarte una historia de un viaje que hice con John a Minneapolis.

"Fuimos allí a ver un concierto de Springsteen y John alquiló un jet privado para que nos llevara desde Nueva York. Tres de los que trabajamos para él nos montamos con nuestro equipaje en una limusina y nos fuimos al aeropuerto cuando uno de los amigos de John llamó por teléfono.

"John le dijo entusiasmado, '¡Ben, deberías estar aquí! ¡Nos estamos divirtiendo de lo lindo! ¡Vamos en una limusina extralarga y tomaremos un jet para ir al concierto de Springsteen!' John se comportaba como un niñito entusiasmado mientras estudiaba la guía turística en busca de un excelente restaurante en Minneapolis, emocionado con este viaje como si fuera lo más maravilloso del mundo."

El caso es que John había hecho cientos, si no miles de viajes en aviones privados; había estado en cientos, si no miles de conciertos de rock, incluyendo los suyos; para él, una limusina extralarga es como un automóvil normal para cualquier persona. Viaja por el mundo como si se tratara del jardín trasero de su casa; sin embargo, analizaba la guía turística como si Minneapolis fuera algún destino exótico. Aparentemente, cualquier lugar adonde John vaya lo entusiasma, porque no ha perdido su capacidad de gozar. El aburrimiento no cabe en su manera de pensar.

Por lo tanto, es más fácil entender la razón por la cual produce tanto entusiasmo en los demás: genera diversión. No espera a que el mundo se la dé; la lleva consigo. Es un hábito emocional y mental que siempre ha cultivado.

Mi padre lo tenía. Nunca lo vi aburrido. Creo que se debía a que no esperaba que el mundo lo entretuviera. Precisamente por eso el mundo siempre lo hacía.

Cada vez que siento la tentación de pensar que el mundo es aburrido, procuro recordar y decirme, "No, Marianne, la aburrida *eres tú*." Y eso parece resolverlo. En cualquier situación, sólo lo que no estemos dando puede faltar.* El entusiasmo no es algo externo; está aquí dentro, en todos nosotros, en cualquier momento en el que conscientemente nos dispongamos a verlo.

Renacer

Un amigo mío de 57 años de edad me dijo una vez, "Creo que estoy esperando la muerte." Entendí muy bien lo que me quería decir, pero le respondí, "Bueno, yo no. Yo tomé el otro camino. Estoy muy ocupada naciendo."

Hace miles de años, antes de que la tierra estuviera plenamente poblada, no había razón para vivir más de 35 o 40 años. Al llegar a esa edad, ya habíamos cumplido el gran propósito de la evolución humana, la supervivencia de nuestra especie. Nuestros espermas y nuestros ovarios ya habían envejecido y la naturaleza ya no nos necesitaba más. Era la época en la que la procreación física era el principal propósito de la existencia humana.

Las mujeres—tal vez más que los hombres—sentimos dentro de nuestras células el mensaje de la naturaleza: "Gracias. Ya puede irse." Los períodos menstruales desaparecen. Llegan los informes médicos: "Se acabó." Los embarazos que con tanto cuidado evitamos ahora nos parecen bendiciones que no supimos apreciar a su debido momento. Hacemos duelo por nuestros hijos no nacidos y lloramos por nuestra estúpida y desagradecida juventud.

A la naturaleza ya no le importa nuestra apariencia, porque ya no es hora de atraer al sexo opuesto. Nos horrorizamos en silencio. *¿Qué pasó con mi aspecto radiante? ¿Qué pasó con mi voluptuosidad? ¿Dónde están mis senos?* A la naturaleza ya no le interesa ayudarnos en nuestras aventuras sexuales, porque ya no le preocupa si hacemos el amor o no. Nos lamentamos en silencio. *¿Qué pasó con mi cuerpo? ¿Qué pasó con mi libido? ¿Qué pasó con mis flujos?* Cuando ya la naturaleza ha hecho con nosotros lo que quiere a cierto nivel, entonces, ¿por qué seguimos aquí? ¿Hemos entrado a la sala de espera del olvido? ¿A quién podemos gritarle? ¿Con quién podemos llorar?

La naturaleza se preocupa ante todo de la propagación de la especie y, cuando somos jóvenes, nuestros óvulos y nuestros espermatozoides son las contribuciones más vitales para ese proceso. Sin embargo, en este punto de la historia humana, el nacimiento de la sabiduría es más crítico para la supervivencia de la humanidad que el nacimiento de un mayor número de niños. Aquello que podemos dar a luz desde el vientre de nuestra conciencia es un don tan precioso para el mundo como el nacimiento que puede provenir del vientre de nuestros cuerpos. Hay muchas formas de ser padre o madre de un nuevo mundo.

Nuestra mayor contribución para el mundo en este momento no es sólo lo que hagamos sino el tipo de persona en la que nos estamos convirtiendo. Es el carácter de nuestra forma de pensar lo que está forjando una nueva conciencia. Justo cuando el comienzo del terrorismo vibraba bajo la superficie, y por ende, por debajo del radar, años antes de que estallara a plena vista, de igual forma, un nuevo movimiento de amor vibra hoy bajo la superficie. Martin Luther King Jr. dijo que tenemos "una oportunidad gloriosa de inyectar una nueva dimensión de amor en las venas de nuestra civilización." Y todos podemos participar en este proceso. En cada momento, con nuestra forma de pensar, podemos aumentar el depósito del amor para llenar al mundo de bendiciones.

Sin embargo, ningún cambio espiritual tendrá importancia si no llega a nuestras células y se convierte también en un cambio muy humano. Hace poco oí a un joven colega que expresaba su entusiasmo acerca de un equipo de activistas humanitarios que habíamos conocido, "excepto que se trata de un grupo conformado por cuatro mujeres blancas de edad madura."

Yo hice una pausa. "Y, ¿cuál es el problema . . . ?"

"Bueno, tú sabes," me respondió.

Pero no, yo no sabía. Entendí que tenía razón desde el punto de vista político, su deseo de diversidad racial, pero también vi algo más. Son muchos lo que ahora se apresuran a organizar ceremonias para "honrar la sabiduría de las abuelas," pero, no obstante, no están dispuestos a enfrentarse a las abuelas de carne y hueso que tienen ante ellos. Proclaman "el ascenso de la feminidad," sin embargo se resisten a las mujeres de carne y hueso y las juzgan. No basta simplemente honrar el *arquetipo*. Si el mundo ha de cambiar, tenemos que honrarnos unos a otros. Y quienes forjan un nuevo futuro para el mundo, a cualquier edad, merecen recibir de ellos mismos y de quienes los rodean todo el honor del mundo.

Perdonemos el pasado y perdonemos a las personas que fuimos. Acojamos al presente y a las personas en las que somos capaces de convertirnos. Entreguémonos al futuro y veamos cómo se producen los milagros.

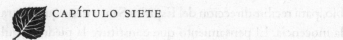

CAPÍTULO SIETE

De Centrarse en la Culpa
A Centrarse en la Inocencia

*I*magine su vida como si fuera un largometraje. Ahora véala realizada por dos directores diferentes. La primera de esas dos películas, realizada por uno de los directores, tiene que ver con el miedo, la ira, la escasez y la ansiedad. La otra, en manos del otro director, es una película sobre el amor, la paz, la abundancia y la felicidad.

Uno de estos directores es su ego; el otro es el Espíritu Santo. La estrella de la película es usted.

Debido a que mi propia vida ha tenido tantos altibajos entre el drama depresivo y el edificante, tengo buenas bases para notar la diferencia entre las dos—y cómo se crea cada una de ellas. Algo que tengo muy claro acerca de las dos películas es que, al verlas con atención, los créditos dicen: "Producida por Marianne Williamson; Dirigida por Marianne Williamson; Protagonizada por Marianne Williamson."

De qué director reciba su entrada depende de una cosa: de su forma de pensar. Para recibir dirección de su ego, todo lo que tiene que hacer es centrarse en la culpa. El pensamiento que constituye la piedra angular del ego es que el Hijo de Dios es culpable.* En cambio, para recibir dirección del Espíritu Santo tiene que centrarse en la inocencia. El pensamiento que constituye la piedra angular del amor es que el Hijo de Dios es inocente.* Cualquiera que sea el enfoque que elijamos—el de la inocencia o el de la culpabilidad de alguien—éste determinará el drama que se desarrolle en nuestras vidas y el papel que desempeñemos en él.

Estar Dispuestos a Ver

Nuestro interés en ver la inocencia en una persona es lo que nos permite verla. La mente del ego está tan involucrada en el drama humano—"Hizo esto, dijo aquello"—que con frecuencia se requiere un gran esfuerzo para contrarrestar la insistencia del ego. Ayuda recordar que el verdadero objetivo del ego es usted. Su ego quiere que vea ante todo la culpa en los demás para que así tal vez no pierda la convicción de toda la culpa que hay en usted. La percepción de la culpa en cualquiera es nuestro boleto seguro al infierno. Cada vez que culpamos a otro, estamos asegurando más las cadenas que mantienen nuestro odio hacia nosotros mismos en su lugar.

El perdón puede ser muy difícil cuando alguien ha tenido un comportamiento horrible. Pero la verdad es que, estemos o no dispuestos a admitirlo, alguien hizo lo que también nosotros hubiéramos hecho de haber estado tan molestos por algo como ese alguien lo estaba; si hubiéramos tenido tanto miedo de algo como ese alguien tenía; si hubiéramos sido tan limitados en nuestra capacidad de comprender como ese alguien lo era. Esto no significa que esa persona no deba responder por lo que hizo o que no debiéramos tener límites y normas. Ni siquiera significa que tengamos que mantenernos en contacto con esa persona. Pero sí significa que podemos llegar a entender que la humanidad no es perfecta. Sólo saber eso—que todos hacemos lo mejor que podemos con las capacidades que tenemos en un determinado momento—nos permitirá abrir el corazón a una comprensión más iluminada. Para eso estamos en el mundo, porque en presencia de personas con una capacidad de comprensión iluminada, la oscuridad se convierte al fin en luz.

Normalmente el perdón no es un evento sino un proceso. Un principio abstracto tiene que penetrar a través de varios niveles de pensamiento y sentimiento antes de llegar al corazón, y eso está bien. Nuestro dolor puede ser real, y nuestros sentimientos importan. Lo único que Dios nos pide es que estemos dispuestos a ver la inocencia en el otro. Siempre que estemos dispuestos a ver una situación bajo otra luz, el Espíritu Santo tendrá campo para maniobrar.

Con cada encuentro humano, afirmamos nuestro concepto de inocencia con respecto a los demás o justificamos su culpa. Según esos dos casos, así nos sentiremos. No podemos escapar de nuestra unicidad, aun si no la reconocemos. Haz a los demás lo que quisieras que te hicieran a ti, porque lo harán. Y aunque no lo hagan, te sentirás como si lo hicieran.

Debido a que nuestras mentes están unidas, cualquier cosa que yo piense de usted en lo esencial la estoy pensando de mí. En el grado en que perciba su culpa, necesariamente percibiré la mía. Claro está que, al comienzo, no lo sentimos así porque el ego quiere que pensemos que tan pronto como culpemos a otro nos sentiremos mejor. Pero eso es sólo una ilusión transitoria—algo en lo que el ego es experto. Cuando superamos la satisfacción transitoria de haber arrojado el sentimiento de culpa lejos de nosotros, lo recibiremos de nuevo con su fuerza centuplicada. Un pensamiento de ataque es como una espada que creemos estar dejando caer sobre la cabeza de otro, cuando, de hecho, está cayendo sobre la nuestra.* Sólo si estoy dispuesta a ser más benigna con los demás aprenderé a ser más benigna conmigo misma.

Piense en todas las ocasiones en que se salió con la suya; cosas en las que le avergüenza pensar; cosas que lamenta o que quisiera poder hacer de otra forma, si tuviera la oportunidad. Y ahora piense con cuánta dureza es capaz de juzgar errores similares o aun menores que los suyos en los demás. ¿Sería posible que lo que usted desea es que ellos paguen por aquellas cosas por las que piensa que usted no ha pagado lo suficiente? Piense cómo el sentimiento de culpa lo está ligando a su pasado. ¿No sería maravilloso lograr la libertad para volver a empezar, esa libertad que sólo el perdón nos puede dar? Cualquiera puede tenerla, si estamos dispuestos a perdonar a los demás.

En el mundo suele haber cosas muy graves que tenemos que perdonar. El perdón, al igual que todas las cosas relacionadas con la iluminación, comienza con un concepto puramente intelectual al que todavía le falta realizar su "viaje sin distancia" de la cabeza al corazón. Por lo general, nos tomará tiempo integrarnos en nuestra naturaleza emocional. Parece un contrasentido que deseemos ver la inocencia en una persona más allá de su error, sin embargo éste es un aspecto, a la vez visionario y más poderoso, de la fe. La *experiencia* que podemos haber tenido con una persona puede haber sido que nos maltrató, mientras que nuestra *fe* en ella es que sigue siendo una criatura inocente de Dios.

Por más esfuerzos que hagamos para cambiar nuestras vidas y crear nuevas posibilidades, es imposible tender un puente hacia una vida nueva a menos que estemos dispuestos a perdonar. Es posible que una esposa haya sido abandonada por su marido y sin embargo éste le haya dejado dinero suficiente para vivir en una hermosa casa, viajar por el mundo y hacer cualquier otra cosa que desee durante el resto de su vida. Pero hasta que logre perdonarlo en su corazón y bendecir su camino aunque se haya distanciado del de ella, vivirá en el infierno, aunque viva en un castillo. Nada de esto es fácil, en ningún caso. Pero no perdonar es un veneno para el alma.

El perdón radical no es falta de discernimiento ni el producto de una mente confusa. Es un "recordar selectivo."* Elegimos recordar el amor que experimentamos y dejar que lo demás desaparezca como la ilusión que en realidad fue. Esto no nos hace más vulnerables a la manipulación o a la explotación; de hecho, disminuye nuestra vulnerabilidad. La mente que perdona es una mente que está más cerca de su verdadera naturaleza. El hecho de que yo perdone no significa que el otro "ganó." No significa que el otro "se salió con la suya." Sólo significa que quedo en libertad para regresar a la luz, reclamar mi paz interior y permanecer allí.

El Pecado versus el Error

El mundo de la culpa se basa en una noción: la realidad del "pecado." El *pecado* es un término de tiro con arco que significa fallar el blanco. Disparamos un pensamiento, y a veces "fallamos" el blanco de amor al que apuntamos. Ninguno de nosotros puede acertar el amor de Dios, y al intentarlo, fallamos una y otra vez.

¿Quién de nosotros está totalmente cuerdo, centrado en el amor, totalmente dispuesto al perdón, como quisiéramos estarlo las veinticuatro horas del día? Nadie. Estamos en la tierra para aprender a lograrlo.* El deseo de Dios, cuando no lo logramos no es castigarnos sino corregirnos y enseñarnos cómo hacerlo mejor.

Lo que consideramos nuestros pecados son conceptos errados de la mente y aunque algunos de nuestros errores sean graves, incluso perversos, el perdón y el amor de Dios son infinitos.

Cuando alguien comete un error, tendemos a centrar toda nuestra atención en lo que esa persona hizo mal, aun si anteriormente hemos experimentado su bondad. El ego es como un perro carroñero, siempre atento a detectar la menor evidencia de que alguien ha cometido un error o nos ha hecho algún mal.* *Fíjese que estamos menos atentos a prestar la misma atención para detectar el bien en los demás.* La mente del ego permanece instintivamente al acecho para encontrar la culpa y proclamarla en cualquiera y en todos, inclusive en nosotros mismos. Es una máquina de ataques mentales. Su mensaje, tácito y verbal, para cualquiera, es: "Te equivocaste. No eres suficientemente bueno." Los juicios, las acusaciones y la culpa son el combustible del ego.

Por otra parte, el Espíritu Santo es la voz del amor que nos guía para mantener la fe con la verdad de Dios: que todos somos inocentes porque así nos creó Él. Esto no significa que no importe lo que la gente haga ni que el mal no exista. Simplemente significa que nuestra tarea como creadores de milagros es ampliar nuestra percepción más allá de lo que perciben nuestros sentidos físicos a lo que en nuestros corazones sabemos que es cierto.* Cuando las personas hacen cosas que no están basadas en el amor, significa que han perdido contacto con su verdadera naturaleza. Se han quedado dormidas y han perdido el concepto de quienes son en realidad, sueñan el sueño de un ser iracundo o de un ser arrogante o cruel, y así sucesivamente. Nuestra misión, como creadores de milagros, es mantenernos conscientes de la belleza que hay en todas las personas aunque ellas mismas la hayan olvidado. Así, subconscientemente les "recordamos" quienes son. Como discípulos del Espíritu Santo, vemos simultáneamente el error mundano y la percepción espiritual en las personas. Al compartir el punto de vista de Dios en relación con el error humano—un deseo de sanar en contraposición a un deseo de castigar—nos convertimos en canales conductores de Su poder sanador. Por consiguiente, somos también sanados.

Para el ego, esto es inaudito: ¿Cómo *nos atrevemos* a decir que un Hijo de Dios es inocente? ¿No nos *damos cuenta* que es una criatura oscura y pecaminosa? Inclusive las religiones que sostienen que Dios es bueno parecen inclinadas, a veces a encontrar culpables a Sus hijos. Muchos, señalan críticamente con el dedo a los demás, sin darse cuenta que ese mismo dedo con el que señalan es la fuente de todo mal. El *concepto* de enemigo es nuestro mayor enemigo.

¿Qué Pasa con Archie Bunker?

Durante una de mis conferencias, un hombre se puso de pie para hacer la siguiente pregunta. "No tengo ningún problema con nada de lo que está diciendo," dijo. "Pero mi problema es, ¿qué ocurrirá cuando salga de este salón? ¿Qué hacemos con todas las personas que no creen esto? Como mi padre; ¡él es como Archie Bunker! ¿Qué hago con *él?*"

Muchos en el salón asintieron con la cabeza, pero yo sonreí en mi interior. Dios no nos permite salirnos con esa.

"¿Quieres saberlo?" le pregunté. "¿Realmente quieres saber lo que diría *Un Curso de Milagros?*"

Él asintió.

"Diría que usted debe dejar de juzgar a su padre."

Él y cientos de otros tenían una expresión en sus caras como si dijeran, "Claro, es verdad, ya lo entiendo."

Continué. "En cualquier situación sólo puede faltar lo que

usted no esté dando. Dios nos ha enviado aquí para hacer milagros, y sólo podremos hacerlos cuando hayamos dejado de juzgar. ¿Cómo puede usted ayudar a despertar a su padre a su estado de inocencia si usted mismo está estancado concentrándose en la culpa de su progenitor?

"Esto no quiere decir, tampoco, que sea fácil. Sin embargo, la primera responsabilidad de un hacedor de milagros es aceptar la expiación para *sí mismo*. No está usted aquí para controlar el progreso espiritual de otros. Los problemas que Dios quiere que usted resuelva en primer lugar son los suyos."

El milagro no es que su padre se convierta en alguien diferente sino que él cambie. Claro, la ironía radica en que probablemente está juzgando a su padre ¡porque su padre juzga! Sólo cuando deje de juzgar a su padre y lo acepte como es serán posibles los milagros.

Si no me equivoco, fue Martin Luther King Jr. quien dijo que no tenemos poder de persuasión moral con nadie que pueda detectar nuestro desprecio subyacente. ¿En quién tenemos más probabilidad de influir para cambiar su forma de pensar y hacer que sus pensamientos sean de amor: en alguien que se siente juzgado por nosotros o en alguien que puede ver que todo ese amor en el que *decimos* creer se aplica a él también?

Perfección Eterna

Mientras no recordemos quienes somos tendremos la tentación de aceptar la vergüenza y la culpa del ego. Las vemos en nosotros y las proyectamos a los demás. Interiorizamos los juicios y la culpa que son endémicos en el mundo. Me encanta la letra de la canción de Navidad *O Holy Night* (Oh Noche Santa): *Long lay the world in sin and error pining, 'til He appeared and the soul felt his worth.* (El mundo permaneció por siglos en el pecado y el error hasta que Él llegó y el alma conoció su valor.") Si el Plan de Dios nos exige recordar nuestra perfección eterna, ¿no nos estaría pidiendo también que recordemos la de los demás?

Para el ego, la noción de la inocencia eterna e inmutable es una blasfemia. La culpa misma es el Dios del ego. Pero si vamos a evolucionar más allá del ego, tenemos que hacerlo más allá de nuestra creencia en la santidad de la culpa. Y debemos comenzar con lo que respecta a nosotros mismos.

Esto no significa que no hayamos cometido errores o que no debamos intentar repararlos. Pero como suele decirse, Dios no ha terminado su trabajo con ninguno de nosotros aún. No somos perfectos o de lo contrario no habríamos nacido, pero sí es nuestra misión alcanzar aquí la perfección.* Un paso a la vez, una lección tras otra, nos acercamos a la expresión de nuestro potencial divino.

Lo que es real es que usted es un hijo amado de Dios. No tiene que hacer nada para que eso sea cierto; es una Verdad establecida al momento de su creación. Su perfección inherente es creación de Dios y lo que Dios creó no se puede deshacer.*

Los demás pueden pensar de usted lo que quieran, pero son sólo sus percepciones, no las de los demás, las que programan su futuro. Sólo cuando *aceptamos* las proyecciones de los demás, nos metemos en problemas—cuando le damos poder al ego, y nos alineamos con sus juicios. El ego se alimenta de la vergüenza y le encanta introducirla en cualquier situación, ya sea dirigida en contra nuestra o en contra de alguien más; en realidad no le importa. No obstante, podemos aprender a decir que no a la vergüenza, y mantener erguidas nuestras cabezas a medida que avanzamos por la vida con el conocimiento de que todos somos igualmente benditos en los ojos de Dios. No deberíamos tener que disculparnos por el hecho de que cada uno es un ser infinitamente creativo, dotado por Dios de un potencial extraordinario que Él quiere que manifestemos.

A veces nos avergonzamos por algo que realmente hicimos, pero en otras ocasiones nos avergonzamos por lo que otros pensaron que hicimos y parecen empeñarse en contarle al mundo. De cualquier forma, la vergüenza es una de las armas más viciosas del ego, una que nos mantiene estancados en patrones de culpa. El propósito de la culpa es impedirnos alcanzar la paz de Dios.

Quienes llevan la vida que desean son personas que, hasta cierto punto, se han dado cuenta de que merecen tenerla. Muchos de nuestros problemas fueron buscados por nuestro subconsciente, un reflejo de nuestra propia creencia de que a un cierto nivel, merecemos el castigo.

Es el constante mensaje del ego: "Eres malo, eres malo, eres malo." Y cuando el dolor de ese sentimiento se hace muy difícil de soportar, tenemos la tentación de pensar, "No, ese otro es malo, no yo." Un día nos damos cuenta de que no siempre tiene que haber alguien a quien culpar. El terrible daño que se hace en el mundo se debe menos a las pocas personas cuyos corazones realmente se han entregado al mal que a los millones de seres humanos básicamente buenos y decentes cuyos corazones están heridos y no han sido sanados.

En cualquier momento determinado, el universo está listo a entregarnos nueva vida, para comenzar de nuevo, a crear nuevas oportunidades, a sanar milagrosamente las situaciones, a cambiar la oscuridad en luz y el miedo en amor. La luz de Dios brilla eternamente, clara, inmaculada, sin que la afecten nuestras falsas ilusiones. Nuestro trabajo consiste en respirar profundo, en reducir el ritmo, en entregar todos los pensamientos del pasado o el futuro y dejar que el Instante Santo brille en nuestra conciencia. A Dios no lo desaniman nuestras pesadillas de culpa; siempre está atento a ver qué hermosos somos. Así nos hizo, y así es.

Perdonarse

A veces vemos patrones negativos que se repiten en nuestra vida y no sabemos cómo cambiarlos. Empezamos por admitir que, como lo dice *Un Curso de Milagros*, "No soy víctima del mundo que veo." A veces no podemos ver exactamente cómo creamos un desastre, pero sí podemos aceptar la plena responsabilidad de haberlo causado. Ése es ya un comienzo.

No importa lo que los demás nos hayan hecho—y en este mundo hay personas que no son amables, que hacen cosas terribles—seguimos teniendo la opción de perdonar, de colocarnos a un nivel más alto, de mostrarnos indefensos, y lo que es también importante, de buscar en nuestra mente y en nuestro corazón las formas en las que pudimos haber contribuido a crear o a atraer su oscuridad. El hecho de que otros hayan obrado con maldad en una situación no necesariamente significa que uno haya actuado con absoluta bondad.

Analizarse con tanta franqueza puede ser un proceso difícil que puede llevarnos a una dolorosa auto-condena y luego a la necesidad de perdonarnos, cosa que puede ser al menos tan difícil como perdonar a los demás.

A veces nos damos cuenta de que una parte de nuestra personalidad corresponde al ego basado en el miedo. Es posible que otros nos juzguen por ello, pero ni siquiera eso es lo importante. De hecho, no tiene la menor importancia, porque sólo el ego de alguien sentiría la necesidad de señalar el nuestro. Los problemas del ego no son importantes por lo que otras personas puedan pensar de nosotros, son importantes porque bloquean nuestra luz, nuestra felicidad y nuestra disponibilidad para servir a los propósitos de Dios. Sesenta vatios no pueden pasar por una bombilla de treinta vatios.

Estamos en la tierra para brillar y permitir que nuestra luz alumbre el mundo entero. Podemos entregarle a Dios todos esos lugares en nuestro interior donde nuestra capacidad para hacer esto parece estar bloqueada para que Él los sane. Una vez que admitamos nuestro defecto y Le pidamos que nos lo quite, Su respuesta a nuestra invitación será rápida y segura. Él recuerda mucho mejor que nosotros el dolor y el sufrimiento que ocasionaron, en último término, esa debilidad. Estaba allí para nosotros cuando eso ocurrió. Derramó lágrimas mientras veía cómo se desarrollaba nuestra disfunción como mecanismo de defensa, y se alegra de que ahora lo invitemos a que nos sane.

Esos son los milagros de Dios, y transformarán por completo nuestra vida.

Cualquier cosa que nos neguemos a ver en nosotros mismos, la proyectamos fácilmente en otro. Una de las ventajas de enfrentar nuestras debilidades es que nos ayuda a ser más compasivos con los demás.

En cualquier situación, hay un enfoque para nuestra percepción. Dios nos pide que llevemos nuestra percepción más allá de lo que captan los sentidos físicos, para contemplar el amor que trasciende. Porque cuando vemos ese amor, lo podemos *llamar para que venga a nosotros*. Los sentidos físicos descubren un velo de ilusión: lo que las personas dijeron e hicieron en el plano mortal. Pero levantamos ese velo al fijar la vista más allá e invocar una verdad más verdadera. Ése es nuestro propósito en las vidas de unos y otros: invocar la grandeza que hay en cada uno y obrar milagros mutuamente en nuestras vidas.

Según *Un Curso de Milagros*, nuestra tarea consiste en decirle al otro que está en lo cierto, aunque no sea así.* Esto significa que podemos afirmar la inocencia esencial de alguien aun cuando tengamos que enfrentarnos a sus errores. Sin embargo, hay una enorme diferencia entre alguien que simplemente comete un error que hay que analizar con ella y alguien que sea "culpable" de algo.

Una conversación que tuve con una amiga sirve de ejemplo.

Mi amiga Ellen y yo trabajábamos juntas en un proyecto. Surgió una situación en la que para mí fue claro que no quería adoptar ninguna medida de inmediato. Ella no estuvo de acuerdo y no dejó de presionarme para que hiciera algo al respecto. Yo le decía, "No quiero hacer nada por el momento; debo pensarlo un poco más," ella insistía, "¿Por qué no podemos simplemente hacerlo así? ¿Por qué no?" Por último, cedí ante su insistencia y, claro está, unos días después, me di cuenta que había cometido un error.

Entonces, ésa era la situación, estaba disgustada conmigo por haber cedido a la presión contra lo que era mi convicción; y además estaba molesta con mi amiga por haberme convencido de hacerlo, en primer lugar. Por consiguiente, el interrogante espiritual era el siguiente: ¿Debo decirle algo a mi amiga o simplemente debo guardarme mis sentimientos?

Hay un punto medio, en el que no juzgamos a los demás pero tampoco reprimimos nuestros sentimientos. Nos podemos expresar con franqueza y al mismo tiempo demostrar compasión.

Le dije que no me gustaba la forma como había sido presionada a actuar. Ellen adoptó al principio una actitud defensiva y comenzó a decirme cuánto me quería y que nunca hubiera hecho eso. Le respondí, "Espera. Yo también te quiero. Y sé que me quieres. Pero sí lo hiciste.

"No es un universo libre de fallas, Ellen. Nuestra amistad es mucho más grande que un error que cualquiera de las dos pueda cometer y esta situación no toca fondo en la realidad del amor que nos tenemos como amigas. Sin embargo, *dentro* de ese amor, las amigas tienen que poder compartir su verdad. Necesito que sepas que, (1) te quiero y esto no cambia eso en absoluto, (2) sé que, a la larga, soy responsable de mi comportamiento, sin importar lo que hayas hecho, y (3) espero que nunca me vuelvas a presionar así."

Pude sentir cómo se tranquilizaba, ya no sentía la necesidad de ponerse a la defensiva. Desde entonces, hizo todo lo que pudo para resolver el problema. Ese simple cambio—de temer que su error fuera más importante que nuestra amistad a mi claridad de que el amor que había entre las dos era más importante que su error— creó una apertura emocional que representó la diferencia. Cuando nos sentimos acusados, se disparan nuestras defensas. Y todas las defensas son un ataque pasivo.* Ese ciclo de violencia emocional, por sutil que sea, es el comienzo de todos los conflictos que se presentan en el mundo. Nuestro cambio determinó la diferencia entre una actitud que habría dañado nuestra relación y una que la profundizó. Se impuso esta última porque, a todo nivel, estuvo siempre presente la verdad.

Se producen milagros cuando se da y se recibe una comunicación total.* Con frecuencia comunicamos apenas la mitad de la verdad; enfatizamos nuestra insatisfacción con alguien sin enfatizar el amor que rodea esa relación y que es mayor que todo lo demás, o enfatizamos el amor sin hacer honor a nuestra necesidad de hablar del problema. Cualquiera de estas dos alternativas es un uso no milagroso, no creativo de la mente y no sanará el corazón.

Dios nos pide que seamos a la vez sinceros y compasivos. Como Él.

Invocar a Dios

El que nos vean actuar con ira, juzgar y culpar nos resta poder; nos descentra; nos expone a la falta de amor de otro. Una cosa es actuar así de forma transitoria; pero mantener esa actitud e intentar justificarla no es prudente y no conducirá a la paz. La espiritualidad nos reta a desprendernos de los aspectos puramente personales y emocionales de una situación—de la necesidad del ego de tener siempre la razón—a fin de poder ubicarnos en un plano más elevado. Esto no quiere decir que no debamos sentir dolor, ira o desesperación. Pero hay una forma de *experimentar* esos sentimientos de manera sagrada, no caótica, para que nos sanen, en vez de envenenarnos.

Siempre que nuestras vidas no se desarrollan como quisiéramos, tendemos intuitivamente a culpar a otros de esa situación. Desde unos padres disfuncionales hasta una sociedad corrupta, desde ex-cónyuges amargados hasta colegas desleales, llevamos con nosotros un memorial de agravios: si sólo esto o aquello fuera distinto, mi vida sería mejor. "Me han causado un gran perjuicio, ¿sabe usted? Por eso no soy feliz."

Sin embargo, en algún lugar, en lo más profundo de nuestro ser, escuchamos una débil voz: "Tal vez sí, tal vez no . . ." La única forma de ser felices es si estamos dispuestos a aceptar la responsabilidad de nuestra propia experiencia. Aun cuando alguien nos haya hecho mal, es importante preguntarnos qué parte, por pequeña que sea, podemos tener nosotros en haber creado, inconscientemente, esa situación o al menos de haber permitido que se produjera.

Lo primero que tenemos que hacer es preguntarnos, "¿Qué hice o qué dejé de hacer para contribuir a este desastre?" Si bien otros pueden tener su propio karma que limpiar, al menos podemos intentar limpiar el nuestro.

Tuve una experiencia que me hirió profundamente, en la que me vi abusada—no sólo por una persona, sino por un grupo que actuaba en una especie de concierto psicológico. Mi experiencia no fue única, otros han sido víctimas de lo que yo llamaría "abuso institucional."

Sin embargo, sólo cuando estuve dispuesta a abandonar mi convicción de la *realidad máxima* de lo que me habían hecho, pude liberarme de los *efectos* de lo que me hicieron. A nivel del espíritu, nadie había hecho nada para herirme porque a nivel del espíritu, lo único real es el amor. Sin lugar a dudas hubo un comportamiento carente de amor, pero si sólo el amor es real, sólo el amor puede tocarme.* Dios puede compensarme con creces por cualquier daño que se me haya hecho, porque "lo que el hombre hace con intención de hacer el mal, Dios lo puede enderezar hacia el bien." Sin embargo, mientras me negara a perdonar, estaba retardando también mi propia sanación.

Si podía perdonar lo que me había ocurrido, estaría preparada, a un nivel mucho más profundo, para servirle a Él. No tiene por qué importarme lo que les ocurra a las demás personas que participaron en este drama. El único drama que me importa es el que tengo en mi mente y en mi corazón. Si logro llegar a entender que ninguna mentira, ninguna injusticia, ninguna trasgresión, de cualquier índole, puede afectar, en lo más mínimo a la persona que realmente soy, habré recibido el mayor de todos los premios: habré *aprendido* quién soy yo en lo esencial. Porque esa parte de nosotros, de la que se puede mentir, a la que se puede insultar, maltratar o traicionar, es sólo una ficción de nuestra mente mortal. Marianne Williamson es una parte de un ser más grande, como lo *somos* todos. Yo, Marianne Williamson, puedo ser herida, pero ese ser superior, en quien yo resido, no puede ser herido. Nuestra oportunidad, cuando experimentamos dolor, es recordar quiénes somos en realidad y saber que no nos pueden herir. Cuando dirigimos la mirada más allá del plano mortal de nuestro perseguidor, podremos entonces—y sólo entonces—experimentar lo que está más allá del plano mortal en nosotros.

Podemos tener una queja o podemos tener un milagro; no los podemos tener ambos a la vez.*Y sabía que quería un milagro. No quería consentir ningún pensamiento de malicia ni revancha. Quería librarme de la maldad a la que había estado expuesta y tal vez sólo lo podía hacer desarraigando cualquier maldad que hubiera en mí misma. Si ésa era la lección, estaba dispuesta a aprenderla. Además, el amor que recibí durante ese tiempo—de los que fueron testigos de mi dolor e hicieron lo que pudieron para consolarme— hizo soportable la crueldad de la situación.

Si se lo permitimos, Dios nos compensa en los momentos difíciles utilizándolos para convertir nuestras vidas en algo mejor de lo que eran antes. Tanto en el mundo espiritual como en el mundo físico, cuando más oscuro está el cielo, vemos mejor la luz de las estrellas. Como escribiera el antiguo dramaturgo griego, Esquilo: "En nuestro sueño, el dolor que no puede olvidar cae gota a gota sobre el corazón humano y en nuestra desesperación, contra nuestra voluntad, viene la sabiduría a través de la tremenda gracia de Dios."

Las Injusticias más Profundas

¿Prefiere tener razón o ser feliz?*

Es evidente que, a veces, las personas hacen cosas terribles. Pero si nos centramos siempre en la culpa de los demás, nos encontraremos viviendo en un universo oscuro y vicioso. Nuestra capacidad de cambiar de enfoque pasando de la culpa a la inocencia, es el poder que tenemos de cambiar nuestro mundo. Esto no quiere decir que debamos siempre apartar la vista cuando sucedan cosas malas ni que dejemos de luchar por la justicia. Sólo significa que hay un gancho personal del que no tenemos por qué colgarnos—que siempre podemos creer en la bondad básica de las personas, aunque su comportamiento no la refleje.

Contrario a la opinión popular, ésta no es una posición ingenua ni débil. No significa que desconozcamos la naturaleza o del poder del mal. Sin embargo, el hacedor de milagros tiene un punto de vista más sofisticado—no menos sofisticado—de la forma como se debe manejar. ¿No sintió nunca Gandhi ira contra los imperialistas británicos? ¿No sintió nunca Martin Luther King Jr. ira contra los sureños retrógrados? Claro que sí. Eran humanos. Sin embargo, con la ayuda de Dios, superaron su ira, dejándola de lado para llegar a algo mucho más potente: el amor que se encontraba más allá. Su proceso espiritual informó su proceso político y social, dándoles la autoridad definitiva para remover los corazones y así mover montañas.

Mientras no hagamos eso, es posible que logremos que todo tipo de personas concuerden con nuestra posición y nos respalden en nuestra ira. Pero con eso, en el mejor de los casos, sólo lograremos ganancias a corto plazo; no podremos obrar milagros. El amor no es sólo un sentimiento; es una *fuerza*, una que, en el fondo, es más poderosa que cualquier tipo de violencia.

Perdonar a quienes han trasgredido contra nosotros no es aceptar el mal sino más bien someternos a una autoridad más alta para reclamar la justicia final. La Biblia dice, "Mía es la venganza, dice el Señor." Esto significa que es cuestión de Dios, no nuestra. Aun durante el procesamiento de los peores crímenes, siempre podemos recordar que la culpa, en términos de las leyes promulgadas por el ser humano, no es sinónimo de la culpa ante Dios. Cuando Dios dividió el Mar Rojo para que los israelitas pudieran cruzar, los soldados egipcios fueron tras ellos. En ese punto, Dios juntó las aguas y los egipcios se ahogaron. Cuando los israelitas comenzaron a regocijarse por la destrucción de sus enemigos, Dios les ordenó dejar de hacerlo. No debían alegrarse de la muerte de otros seres humanos, aun cuando la justicia de Dios la hubiera considerado necesaria. Por lo tanto, nunca debemos alegrarnos del sufrimiento ajeno, aunque sea "merecido." Debemos aferrarnos a la luz, a la conciencia divina, aun cuando tengamos que enfrentarnos a la oscuridad del mundo. Sólo así podrán una y otra reconciliarse algún día.

Si alguna vez fuera víctima de una absoluta injusticia, como la define el mundo, busque su fuerza en el concepto del Dr. Martin Luther King Jr. de que "Hay un poder redentor en el sufrimiento inmerecido." Nuestra tarea espiritual consiste en amar aun a quienes nos maltratan: porque, en el plan último de las cosas, también ellos están aprendiendo.

El Milagro del Perdón

Cuando medito en lo difícil que puede ser perdonar, recuerdo a las personas que han tenido que perdonar cosas infinitamente más difíciles que las que yo he tenido que perdonar y lo han logrado. Son como modelos a imitar sagrados y las bendiciones que han atraído sobre ellos me han bendecido a mí también.

Uno de esos ejemplos inspiradores es el de Azim Khamisa. A mediados de los años 90, su hijo Tariq, de 20 años, que estudiaba en una universidad de San Diego y ganaba dinero extra entregando pizzas, fue baleado por un muchacho de 14 años en un absurdo homicidio relacionado con una pandilla. Azim, como cualquier padre de un hijo asesinado, experimentó un enorme trauma y una tremenda tristeza más allá de lo que parecería humanamente soportable. Sin embargo, con los años, ha demostrado, y ha experimentado, el milagro del perdón.

Azim, un sufí religioso, recibió de un consejero espiritual la indicación de que después de 40 días de duelo por su hijo, debía convertir su tristeza en buenas obras. Sólo así, le dijo, podía ayudar a su hijo a pasar a la siguiente etapa del viaje de su alma. Fue así como Azim adoptó este propósito como la misión de su vida: actuar de tal forma que pudiera ayudarle a su hijo, aunque ya hubiera muerto. Recibió el consejo de que, en lugar de llorar por los muertos, debía realizar buenas obras, movido por la compasión hacia los seres vivos. Porque estas obras son como energía espiritual, gasolina de alto octanaje para el alma de quienes nos han dejado. Así, Azim podía ser útil a su hijo aunque ya no lo tuviera con él. Después de sentir que había perdido toda razón de vivir, Azim recobró el propósito de seguir viviendo. Canalizar su dolor hacia obras positivas, significativas, redundaba en beneficios tanto para su hijo Tariq como para él mismo.

Cuando Azim recibió la noticia de que habían matado a su hijo, dijo haber sentido "como si una bomba nuclear me hubiera estallado en el corazón." Recuerda la experiencia de haber abandonado su cuerpo, y de cómo su fuerza vital o su *prana*, lo abandonó. Llegó a los "brazos amorosos de su hacedor" y, cuando por fin la explosión pasó, Azim regresó a su cuerpo y, al hacerlo, fue consciente de haber recibido una revelación: ahora sabía que había habido víctimas a ambos lados del revólver.

Darse cuenta de eso hizo que Azim buscara al abuelo del muchacho que había matado a su hijo, con quien ese muchacho, Tony, había estado viviendo al momento del asesinato. El abuelo, Ples

Felix, era un Boina Verde que había servido dos rondas en la guerra de Vietnam y tenía una maestría en arquitectura urbana. Tony se había ido a vivir con su abuelo desde los 9 años, después de ser víctima de frecuentes abusos violentos y de haber presenciado el asesinato de su primo. Para cuando tenía 9 años, Tony ya había sentido el máximo grado de ira. Al leer la historia del niño y su abuelo en los periódicos, Azim sintió lástima de ellos.

Le pidió al fiscal del distrito que le presentara a Ples, y se conocieron en la oficina del defensor público, quien representaba a Tony. Azim le dijo a Ples que no sentía ninguna animosidad hacia Tony ni hacia ninguno de los miembros de su familia, y que comprendía que ambas familias habían sufrido un trauma por este trágico incidente. Estaba preocupado por Tony y por todos los demás muchachos que intentan hacer frente a un mundo tan violento; un mundo en el que el niño estadounidense medio ya ha visto cien mil imágenes de violencia en la televisión, el cine y los juegos de video antes de entrar al primer año de primaria.

Azim le contó a Ples que había empezado una fundación en memoria de su hijo para ayudar a evitar que los niños se mataran entre sí. Ples le dijo que haría lo que fuera por ayudar. Al expresarle sus condolencias, Ples le contó a Azim que desde el día del asesinato, la familia Khamisa había estado siempre en sus oraciones y meditaciones diarias.

Azim invitó a Ples a la segunda reunión de la fundación, un par de semanas más tarde, y allí Ples conoció a toda la familia Khamisa. Ples habló con emotividad de su propia experiencia, indicando que la fundación era una respuesta a sus plegarias. Una estación de televisión de San Diego filmó al abuelo de Tariq estrechando la mano al abuelo de Tony: "Es evidente," expresó el reportero, "que éste es un apretón de manos diferente."

En la actualidad, Azim es el presidente de la junta directiva de la Fundación Khamisa y Ples es el vicepresidente. Estos dos hombres se han hecho grandes amigos y Azim dice que si tuviera que elegir a las diez personas más cercanas a él, en su vida, Ples sería una de ellas. La fundación se ha convertido en un misterio personal para ambos y allí habrá un puesto esperando a Tony el día que salga de prisión.

Eso que Nos es Tan Difícil

Es muy difícil hablar de perdonar, o inclusive pensar en el perdón, cuando confrontamos una realidad como la del 11 de Septiembre de 2001. Sólo el silencio—no las palabras—pueden expresar el horror de ese día.

Sin embargo, al mismo tiempo, tenemos a nuestra disposición una conversación más profunda que la que ahora domina nuestro diálogo público. Si sólo nos atenemos a la línea simplista de que "Ellos son los malos; nosotros somos los buenos; matémoslos," estaremos peligrosamente fuera de base, tanto desde el punto de vista espiritual como desde el punto de vista político.

Cuando fueron destruidas las Torres Gemelas, la severidad del impacto emocional hizo que los Estados Unidos se incrustaran profundamente en nuestros corazones. Con nuestros corazones restaurados, también nuestras mentes, comenzaron a funcionar mejor. Éramos una nación, una verdadera comunidad, algunos experimentando esa sensación por primera vez en la vida. Y el interrogante muy inteligente que estaba en labios de muchos era, "¿Por qué nos odia tanto esta gente?" En el comedor, a la hora de la cena y en la oficina, nos hacíamos preguntas que no nos habíamos hecho con la suficiente frecuencia en las últimas décadas: ¿Qué ha estado haciendo los Estados Unidos en el mundo y cómo nos ven los demás? Aun los canales de televisión, no siempre conocidos por su profundidad intelectual, trasmitieron los conceptos de brillantes pensadores y filósofos políticos para informar al pueblo americano sobre aspectos que ahora, con dolor, reconocemos como relevantes para nuestras vidas.

Sin embargo, varios días después, fue como si alguien hubiera desconectado el enchufe. Ya no aparecieron más pensadores interesantes en la televisión, sólo personas que se mostraban a favor de la venganza. Debíamos entrar en la modalidad de guerra, y debíamos hacerlo a la mayor brevedad; esa modalidad no podía tolerar siquiera la sugerencia de que, con su actuación, los Estados Unidos había contribuido siquiera en la más mínima parte a atraer nuestra desgracia. Cualquiera que pretendiera insinuar semejante cosa era descrito como alguien que estaba "culpando a los Estados Unidos." Los clichés entraron a reemplazar a las conversaciones de interés. La excelencia intelectual, el sano escepticismo y cualquier discusión de espiritualidad o compasión en lo que tuviera que ver con la amenaza del terrorismo se consideraban como una maquinación debilitante de norteamericanos carentes de patriotismo.

No obstante, he podido observar que quienes más sufrieron el 11 de septiembre son quienes han mostrado la capacidad de una visión más amplia de lo que sucedió ese día. Desde propender por una comisión del 11 de Septiembre, cuando el mismo presidente se mostraba contrario a ella, hasta conformar grupos como las Familias del 11 de Septiembre Por un Mañana en Paz, que defiende la compasión y el perdón en medio de esta abrumadora oscuridad, quienes más sufrieron han adoptado la posición más sólida a favor del poder de la verdad.

Un día, vi en la televisión una mesa redonda con tres de las víctimas del 11 de Septiembre. Una mujer que había perdido a su esposo en el World Trade Center, y un hombre que había perdido un hijo joven que estaba trabajando en el Pentágono cuando fue bombardeado. Al final de la discusión, el moderador del noticiero hizo una última pregunta: "¿Están a favor de la revancha?"

Se vio una expresión de dolor en el rostro de cada uno de los miembros de la mesa redonda ante esta pregunta. Recuerdo que la mujer dijo, "No, porque no puedo imaginar que nadie más tenga que pasar por el dolor que yo he pasado." El hombre que perdió a su hijo dijo, "No, creo que tenemos que encontrar la forma de que esas personas sepan quiénes somos en realidad para que dejen de odiarnos." El tercer panelista hizo un comentario similar. Y luego, el periodista de televisión, quien personalmente no había sufrido ninguna pérdida el 11 de Septiembre, dijo: "Bien, *yo sí* quiero la revancha, y quiero que sea feroz y rápida." Era evidente que quienes más habían sufrido, habían llegado a un nivel más alto al que este hombre aún no había podido llegar. No querían continuar la violencia; sólo querían que ésta llegara a su fin.

Hay guerras que la mayoría llamaríamos "guerras justas," como la participación de los Estados Unidos en la Segunda Guerra Mundial. Ahora, como entonces, hay personas que desean el mal para nuestro país y nos matarían si pudieran; es evidente que tenemos tanto el derecho como la responsabilidad de defendernos. Pero la conversación no debe detenerse ahí. Nuestra primera responsabilidad como individuos es aceptar la expiación para nosotros; luego, lo más importante para nuestro país debería ser rectificar nuestras acciones de conformidad con la ley de Dios. Ninguna nación debería tener miedo a la reflexión y el autoexamen profundos. Lo único a lo que deberíamos tener miedo es a nuestro afán de evitarlos.

Los Estados Unidos tienen que ocuparse de nuestra expiación en primer lugar. Un corazón humillado, a través del cual admitamos nuestros errores y procuremos vivir en una relación más justa con los pueblos del mundo, es un enfoque espiritual a nuestra situación actual que sería un suplemento saludable a opciones más agresivas para resolver el problema. Siempre que se considere que la fuerza bruta es el mayor poder y el amor se interprete esencialmente como debilidad, nos estaremos burlando de Dios y estaremos poniendo en riesgo nuestro futuro.

No todos los cánceres pueden extirparse con cirugía, y cuando el cáncer es inoperable, sabemos que la práctica espiritual puede ser eficaz para ayudar a sanar el cuerpo. El terrorismo no es un tumor operable, aunque tal vez estemos suponiendo que lo es. Es, en realidad, un cáncer que ya ha hecho metástasis por todo el organismo del mundo y, aunque algunas medidas invasivas pueden ser adecuadas, una perspectiva holística—que nos permita reconocer los poderes de la mente y el corazón para ayudar a activar el sistema inmune de nuestra sociedad—representará una forma más madura y eficiente de manejar la situación que confiar únicamente en el ego, devolver el mal por mal y desquitarse. Si el odio es más poderoso que el amor, vamos por buen camino. Si el amor es más poderoso que el odio, vamos por un camino totalmente equivocado.

En el centro del ideal estadounidense están los valores eternos de la justicia y de las relaciones rectas. La única forma de navegar por estos tiempos bastante riesgosos es aferrarnos a nuestros valores, no desecharlos por ir en busca de una ventaja a corto plazo. Las naciones, como los individuos, surgen espiritualmente de la Mente de Dios. Sólo encontraremos nuestra seguridad en Él, y Él es amor.

En Él, todos somos uno. Él ama a cada nación tanto como ama a la nuestra y la bienaventuranza de los Estados Unidos ha sido nuestra plataforma para la igualdad de todos los pueblos. Al abandonar esa posición, al levantar tantas barreras entre nosotros y los demás—literalmente estamos rechazando a Dios. Su mayor regalo para nosotros no es concedernos la victoria en la batalla sino llevarnos a un nivel más elevado que el del campo de batalla.* Desde allí, veremos lo que ahora no alcanzamos a ver. Y el poder de esa visión preparará el camino hacia la verdadera paz.

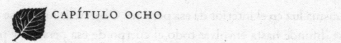

CAPÍTULO OCHO

De la Separación a la Relación

Cada uno de nosotros es el centro del universo. Todo lo que experimentamos sucede dentro, no fuera de nosotros. Al nivel más profundo, fuera de nosotros *no hay mundo*.* El mundo, tal como lo conocemos, no es ni más ni menos que la proyección expresa de nuestra forma de pensar. Es un mundo inventado; e inventado por cada uno de nosotros.

Estamos devotamente esclavizados a la noción del ego de que somos lo que son nuestros cuerpos—simples y diminutas partículas de polvo rodeadas de un inmenso universo sobre el que no tenemos control. Y si eso es lo que pensamos, ésa será entonces nuestra experiencia. Pero hay otra forma de ver el mundo, una a través de la cual reconocemos que nuestra fuerza vital es ilimitada porque somos uno sólo con un Dios ilimitado. Sin importar lo que hagamos o lo que hayamos hecho, ahora, en este preciso momento, somos templos que personifican la gloria de Dios. Cualquier situación, vista a la luz de esta comprensión, se transforma milagrosamente.

Cierre los ojos e imagínese tál como se ve en el mundo. Ahora, vea una luz dorada que irradia de su corazón, se propaga más allá de su cuerpo y vierte su claridad sobre todo el mundo. Ahora, imagine a alguien más de pie junto a usted, amigo o enemigo, y vea la misma luz en el interior de esa persona. Observe la luz, fíjese cómo se difunde hasta envolver todo el cuerpo de esa persona y propagándose más allá. Ahora, vea cómo esa luz que sale de esa otra persona se funde con la luz que emana de usted. A nivel del espíritu, no hay un lugar donde otro termine y uno comience.

Si hace esto con cualquiera, se producirá un cambio sutil en su relación con esa persona. En una canción de Navidad en inglés que dice "¿Ves lo que yo veo?" se está planteando un interrogante más profundo que la pregunta de si vemos realmente a un Niño en el pesebre. "¿Ves lo que yo veo?" se refiere a un interrogante de conciencia, es decir ¿ves esa realidad espiritual? ¿La captas? ¿Puedes imaginarla? Porque, de ser así, podemos tenerla. Existe la posibilidad.

Cuando nos damos cuenta de que no somos quienes pensamos que somos—que el mundo nos ha enseñado una gran mentira carente de santidad—nos damos cuenta de que otras personas tampoco son lo que *parecen* ser. Como tampoco son lo que parecen ser nuestras relaciones; porque, como espíritus, no estamos separados unos de otros sino que formamos un todo.

Una idea no se separa de su fuente.* Somos, literalmente, una idea en la Mente de Dios, y ésa es la razón por la cual no podemos separarnos de Él. También el mundo que experimentamos es una idea en nuestra mente, y es por eso que no puede ser algo ajeno a nosotros.

Somos como rayos de sol que creen estar separados del sol u olas que creen estar separadas del mar.* Sin embargo, eso no es posible para los rayos de sol, ni tampoco para las olas.* La idea de nuestra separación no es más que una gran alucinación.* Y, sin embargo, es ahí donde vivimos: en la ilusión de que usted está allá y yo estoy aquí. Esa ilusión—la ilusión de que somos seres separados—es la fuente de todo nuestro dolor.

El ego nos sugiere que ese espacio será ocupado por una persona "especial," no por un sentido corregido de nuestra relación con todos y cada uno. No obstante, eso es una mentira. Sólo piénselo: si de hecho somos uno con todos y, sin embargo, no creemos que sea así, ¡imagine la cantidad de personas de cuya compañía se está perdiendo inconscientemente! Con razón sentimos tanto vacío, tanta carencia existencial en nuestro interior. Lo que echamos de menos es una relación adecuada con todos.

Sentirnos separados del amor nos produce tanto pánico que ni siquiera podemos reconocerlo. Así como la tierra gira tan rápido que no podemos sentir ya su movimiento, nuestra histeria es tan profunda que no podemos escuchar nuestros propios gritos. Sin embargo afecta todo nuestro ser, y nos exige que hagamos algo, cualquier cosa, para calmar el dolor. Dios sabe que lo intentamos: de formas tanto sanas como dañinas, no cesamos de intentar llenar ese vacío que sólo puede llenarse si nos entregamos al amor por la totalidad de la vida. La ira que la separación engendra está presente: nuestra ira de sentirnos separados, aunque no sepamos separados de qué.

En Dios encontramos el escape, porque Él ha enviado al Espíritu Santo a reunir nuestros corazones y corregir nuestra forma de pensar. Él puede desarmar nuestro sistema de pensamiento basado en el miedo y reemplazarlo por un sistema de pensamiento basado en el amor. Él nos dará una mente nueva.

Esa mente nueva nos espera en esta nueva etapa de nuestro viaje evolutivo. Estamos enfrentando el reto de las fuerzas de la historia que nos llaman a incursionar en esta nueva forma de pensar, a experimentar una mutación, por así decirlo, para que nuestra especie pueda sobrevivir. Jesús tiene esa mente nueva, que en Él se llama la Mente de Cristo, como la tuvo Buda y la tuvieron otros. Es la mente que se encuentra bajo la sombra de Dios, nuestra mente cuando se ha hecho una con la Suya, cuando hemos entrado en contacto con la luz celestial y hemos sido cambiados permanentemente por ella. Este estado de iluminación es la exaltación de nuestra existencia, la elevación de nuestra conciencia humana a un lugar tan elevado que, al fin, nos manifestamos como los hijos de Dios que realmente somos.

Entonces—al darnos cuenta de que no somos sólo *como* los demás, sino que realmente *somos* los demás—empezaremos a comprender que la vida fuera de ese reino de amor ya no es aceptable. Con el tiempo, se convertirá en algo literalmente impensable. Y, siendo impensable, *dejará de existir.*

Derritiendo los Muros

¿Cuántas veces ha visto en sus relaciones un patrón que sabe que no puede cambiar? ¿Cuántas veces ha perdido la esperanza de liberarse de un comportamiento auto-saboteador? ¿Qué tan profundo ha sido su pánico al pensar que tal vez nunca logre que todo salga bien?

Nuestra desesperación y nuestro pánico son respuestas naturales al drama de relación que creamos en nuestras vidas. Pero nuestras lágrimas no se deben a las razones que creemos, porque el dilema mismo no es lo que pensamos que es. Lo que nos separa de los demás no es sólo la co-dependencia ni la necesidad, ni ningún otro aspecto puramente psicológico. Nuestras barreras contra el amor representan una fuerza cósmica, velada e insidiosamente oculta en la psiquis humana, que mantiene el dominio— temporal aunque perverso—de la forma como funciona la mente de los hijos de Dios. No importa qué forma adopte esa barrera. Nuestra concentración en la forma en la que se manifiesta el miedo es un truco del ego para mantenernos estancados en el problema, como si nos encontráramos un ladrón en la casa y dijéramos, "Debo saber cómo se llama antes de llamar a la policía." ¿Qué importa cómo se llame? ¡Hay que llamar a pedir ayuda de inmediato!

El ego es nuestro más acérrimo enemigo disfrazado de nuestro mejor amigo. Sin embargo, no hay por qué temerle porque, tan pronto como nos demos cuenta de que es una creación engañosa de la mente—sólo un concepto falso de quienes realmente somos—se desvanecerá en la nada, de donde vino. Sin embargo, nosotros mismos no podemos ordenarle que desaparezca. Permanece oculto en nuestra voluntad y confunde nuestras defensas. Como una enfermedad del sistema inmunológico que ataca las propias células del organismo, el ego ataca la mente, a la que pretende darle vida. Sólo Dios puede ayudarnos.

Y lo hará. Nos mostrará la inocencia en los demás para que la podamos ver en nosotros. A través de su Espíritu Santo, derrotará el odio que sentimos hacia nosotros mismos y conducirá a nuestros corazones de nuevo al amor.*

La mayoría—de hecho, todos, excepto los maestros iluminados—vivimos, hasta cierto punto, en un estado de "amor reprimido." Esperamos a confirmar si una persona es lo suficientemente buena como para recibir nuestra bondad, nuestra generosidad o nuestro amor. Ya casi nadie hace una cita; todos concedemos *audiciones*. Pensamos que tenemos que entender a una persona para ver si merece nuestro amor, cuando, de hecho, a menos que amemos a los demás, no podremos entenderlos.*

La religión, la apariencia, el estado financiero, la posición profesional, de alguien—son muchas las cosas que utiliza el ego para determinar quién nos merece o quién no nos conviene. No obstante, Dios desea que mantengamos abiertos nuestros corazones a los demás, cualesquiera que sea su credo. Cualquier credo que nos obligue a cerrarnos a otro no es verdadera fe en Dios.

Dios no está fuera de nosotros, tampoco está fuera de nuestras relaciones con los demás. Las relaciones son el terreno de una lucha entre el ego y el espíritu que comienza a desarrollarse desde el momento que nacemos.

Todos nacimos con un corazón totalmente abierto, que no hace distinción entre quién merece y quién no merece nuestro amor. Sin embargo, la experiencia de un mundo temeroso—en donde es triste pero necesario enseñar a nuestros hijos que hay peligros a los que tienen que estar atentos—nos ha habituado a mantener cerrada esa válvula emocional de la que, de otra forma, brota la compasión universal. El amor, que es nuestra misma naturaleza, comienza a sentirse poco natural, y el temor comienza a parecer natural.* Cuando hemos vivido lo suficiente, el corazón cerrado, no el abierto, se convierte en nuestra respuesta instintiva a la vida.

A veces, esto ocurre mucho más pronto de lo que debiera. Una tarde, salí con mi madre, ya anciana, a un hermoso restaurante, y después de comer, fuimos al cuarto de baño. Mientras mi madre se lavaba las manos, una niñita de 4 ó 5 años se acercó al lavamanos vecino. Mi madre, quien se crió en la que yo considero que era una época mucho más civilizada, se acercó a la pequeña, quien se esforzaba por abrir la llave, y le dijo, "¡Déjame ayudarte!"

En ese momento, la madre de la niña abrió la puerta del cubículo donde había estado y, al ver a mi madre, prácticamente la empujó para alejarla de la niña, mientras le daba la peor mirada que sea posible imaginar. Fue doloroso ver la tristeza en los ojos de mi madre. Pensé, "lo que le está enseñando a su hija al obligarla a desconfiar de toda persona que encuentre es más peligroso que los riesgos de los que pretende protegerla." Tengo una hija y, naturalmente, he tenido que enseñarle que nunca se vaya con personas desconocidas, etcétera. Pero ¿que tampoco les hable? ¿Que no sea amable con ellos? ¿O que, en alguna forma, no sea sincera? ¿Es ése el mundo que queremos crear?

El ego propondría un mundo en el que nadie reciba nunca una sonrisa, a menos que "se la haya ganado." ¿Es ése el mundo en el que queremos vivir? El amor y la bondad que manifestemos habitualmente—en el supermercado, mientras esperamos en la fila de un banco, al ir por la calle—puede ser tan importante como cualquier actitud expresiva que tengamos hacia quienes supuestamente amamos. Todos somos los hijos amados de Dios. Cuando aprendamos a amarnos unos a otros como Él nos ama a todos, nos habremos preparado para recibir el amor que más deseamos.

Aun Cuando Resulta Difícil

Un día estaba pensando en que tengo que aprender a amar a aquéllos con quienes no concuerdo desde el punto de vista político. Es algo que, como a muchos otros, me ha resultado especialmente difícil en los últimos años. Le pedía a Dios que me mostrara la inocencia que, por mí misma, no podía ver en algunas personas.

En mi meditación tuve una visión. Vi un horrendo accidente de tránsito. Fui la primera persona en llegar al lugar del siniestro, encontré allí un hombre atrapado dentro de un automóvil que estaba a punto de estallar en llamas. De inmediato, hice cuanto pude por salvarlo; lo único que importaba era que la vida de alguien estaba en peligro. Me esforcé con insistencia, lo agarré con todas mis fuerzas y, por fin, logré mi objetivo. Después de un enorme y prolongado esfuerzo, logré liberar al hombre y sacarlo del automóvil. Entonces, vi su rostro. ¡Era Donald Rumsfeld!

Así que, eso era. El mensaje no pudo ser más claro. Todo ser humano es, ante todo y en primer lugar, sólo eso—otro ser humano—y si lo puedo ver en esa forma, seré libre. Es posible que aún esté en desacuerdo con algunas personas, es posible tal vez que me esfuerce por ver que se pensionen y abandonen su actividad política, pero estaré libre de los lazos emocionales engendrados por los juicios. Toda persona, sea quien sea, es un hijo de Dios. A menos que lo entienda, no estaré donde debo estar para ayudar a cambiar nuestro maltrecho mundo. De hecho, sólo le estaré haciendo más daño.

Si considero los juicios que me formo sobre usted y simplemente los desecho como obra del ego, *a quien no tengo que obedecer*— estaré contribuyendo entonces al esfuerzo por lograr la paz en la tierra. Sólo si estoy dispuesta a rendir mi propio juicio tendré derecho a llamarme pacificadora. Es algo mucho más difícil que el activismo pacifista tradicional porque significa que estamos buscando un cambio más profundo en nuestro interior.

La mente que juzga es entonces un gran problema, ¿no es cierto? Es la voz que dice, "Puedes amar a éste, pero a ése no." Lo que hay que hacer es aprender a amar como Dios nos ama, y esto significa amar a todo el mundo, todo el tiempo. No quiere decir que nos deba *gustar* todo el mundo, ni que tengamos que salir con todo el que nos invite, ni casarnos con todos los que nos propongan matrimonio, ni invitar a todo el mundo a almorzar. Tampoco quiere decir que debamos confiar en todo el mundo, a nivel de personalidad. El amor que nos salvará es impersonal, no personal— un amor incondicional porque no se basa en lo que hacen las personas sino en lo que en esencia son.

Entonces, ¿qué hacer con quienes realmente no son de confiar? ¿Se supone que debemos amarlos de todas formas, aunque se aprovechen de nosotros? ¿En qué punto establecemos límites para defendernos, para mantener alejados a los que no son de fiar?

Hace un tiempo me enteré de que un socio cercano—a quien, en ese entonces, consideraba también un buen amigo—me había estafado por una suma de dinero considerable. Una semana después de que al fin encontré una solución legal, unos cuantos ex amigos y asociados perpetraron una campaña viciosa y deshonesta para desacreditar mi trabajo. Como es evidente, quedé devastada. ¿Qué había hecho para que personas inescrupulosas reaccionaran así? ¿En qué forma había contribuido a que me traicionaran así?

Al considerar el significado espiritual de esa situación, mi principal interrogante tenía que ver con la confianza. Eran personas en quienes yo confiaba. Esperaba que se portaran con decencia. ¿Era la lección que no debía confiar?

Entonces, me di cuenta de que necesitaba más confianza en mí misma. Nadie me habría podido robar tanto dinero si yo lo hubiera cuidado más, y no debería estar tratando aún con gente que, en muchas oportunidades, me habían dado ya muestras de su falta de ética. En estas dos situaciones yo habría podido actuar con más prudencia. No quise darme cuenta de lo que *sabía* que era cierto por confiar en lo que yo *quería* que fuera cierto. Dejé de escuchar la voz interior que me lo advertía y aun cuando esa voz interior se hizo oír, no le presté atención porque no quise. Por lo tanto, sufrí pero también aprendí.

En cierta forma, el resultado de ese incidente no fue que

perdiera mi confianza en la gente sino que aprendí a no confiar tanto en mí. Creo que esas circunstancias fueron lecciones importantes—que me enseñaron a elegir con más prudencia a mis socios de negocios, a ser más responsable conmigo misma y, naturalmente, a saber distinguir entre la perfección del alma y el potencial pernicioso de toda personalidad. Ahora he tenido la oportunidad de experimentar el carácter vicioso de otros, como nos ha ocurrido a muchos. Pero, sólo cuando elimine de mí todo rastro de actitud perniciosa, dejaré de ser una víctima. Sólo estoy ante un enorme espejo que refleja mi imagen y crezco a través de mis cosas. Todo lo que no es amor es una llamada al amor y toda situación es una oportunidad de crecer.

Las Relaciones son Laboratorios

Las relaciones son laboratorios del Espíritu Santo, pero también pueden ser el parque de diversiones del ego. Pueden ser el cielo o el infierno. Están imbuidas de amor o de miedo.

En la mayoría de los casos, tienen un poco de ambas cosas.

El ego habla en primer lugar y se expresa con más fuerza, y siempre se mostrará a favor de la separación: la otra persona hizo esto o aquello, y por lo tanto, no merece nuestro amor.* En cualquier momento en el que optemos por escuchar al ego—negando amor a otro—en ese mismo grado nos será negado. Al saber que así funciona la mente, podemos pedir ayuda. Podemos orar para pedir que un poder más grande que el nuestro aleje de nosotros esa tormenta de pensamientos neuróticos.

Para el ego, el propósito de una relación es servir a nuestras necesidades según las definamos. *Deseo obtener este trabajo; quiero que él o ella se case conmigo; quiero que esta persona vea las cosas como las veo yo.* Para el Espíritu Santo, el propósito de la relación es servir a Dios.

Toda relación es parte de un currículo divino diseñado por el Espíritu Santo. Tiene una razón de ser, pero esa razón puede no ser la que nosotros le asignemos. Las intenciones del ego son diametralmente opuestas a las intenciones de Dios.

La única forma de asegurarnos de no involucrarnos en juegos mentales enfermizos y destructivos en una situación—sobre todo en las relaciones en las que el ego tiene tanto interés invertido—es invitar al Espíritu Santo a que las penetre y las domine. Tan pronto como piense en la posibilidad de entregarse a este tipo de juegos, coloque esa relación sobre el altar de Dios en su mente.

> *Oh Dios,*
> *Pongo mi relación con . . .*
> *En Tus manos.*
> *Que mi presencia sea una bendición en su vida.*
> *Que mis pensamientos hacia él sean de inocencia y amor,*
> *Que sus pensamientos hacia mí sean de inocencia y amor.*
> *Que todo lo demás quede fuera.*
> *Que nuestra relación se eleve*
> *Al orden del derecho divino*
> *Y adopte la forma*
> *Que mejor sirva a tus propósitos.*
> *Que todas las cosas se desarrollen,*
> *En este aspecto y en todos los demás,*
> *Según tu voluntad.*
> *Amén.*

De Estar Heridos a Sanar

A veces intentamos quitarle a Dios el pincel de Su mano, en la suposición errónea de que podemos crear una mejor obra de arte que Él. El ego intentará hacer que una relación que se amolde a nuestro concepto de lo que debe ser en vez de permitir que se revele de forma natural. Tenemos imágenes e idealizaciones que tratamos de endilgar a los demás, pensando, "Debería sentirse así," o "Deberían actuar así." No obstante, a nivel más profundo, somos sólo almas que encuentran otras almas y las relaciones deben ser lugares donde nos liberemos, no donde nos aprisionemos unos a otros. Cuando nuestra conciencia es simplemente la de un hijo de Dios que honra a otro—sin importar cómo se vean las cosas en el mundo exterior—irradiamos una paz y una aceptación que se convierten en una llamada a los demás a dar lo mejor de sí mismos. Cuando estamos tranquilos, quienes nos rodean se mostrarán más tranquilos; cuando somos amables, quienes nos rodean serán más amables; cuando somos pacíficos, quienes están con nosotros serán más pacíficos. Una vez que encontremos el amor que está en nosotros, será más fácil manifestarlo en nuestras relaciones.

No obstante, aunque las relaciones son buenas, el ego siempre estará atento a encontrar formas en las que pueda separar dos corazones. El ego nos guía hacia el amor, pero, cuando éste aparece, lo sabotea. Uno piensa que está enamorado, pero luego se muestra necesitado y lo repele. Uno piensa que tiene paz, pero cuando el amor se acerca, actuamos como verdaderos neuróticos. Queremos dar una buena impresión y actuamos como tontos.

El ego siempre busca formas de socavar la relación porque una relación genuina significa la muerte del ego. Donde nos unimos con otro *está* Dios; donde *está* Dios no puede estar el ego. Por lo tanto, para el ego, debilitar nuestras relaciones es un acto de auto-preservación. La única forma de contrarrestar su acción destructiva es mantenerse firmes en el compromiso de amar—no sólo como un compromiso con otro, que, según el ego, puede merecerlo o no—sino como un compromiso con Dios y con uno mismo.

Los pensamientos de amor pueden convertirse en un hábito mental. A veces, cuando nos impacientamos con los demás, ayuda pensar cómo debió ser esa persona con quien estamos tratando en su niñez. Porque todos somos niños a los ojos de Dios. Cuando los niños son pequeños, sabemos que están creciendo y lo tenemos en cuenta al tratarlos. No esperamos que un niño de 12 años tenga la madurez que puede llegar a tener a los 18.

Como adultos, también seguimos creciendo, podamos verlo o no unos en otros. No dejamos de crecer al llegar a una cierta edad; seguimos creciendo y desarrollándonos mientras vivamos. Aprendemos, como aprenden los niños. Nos tropezamos, como lo hacen los niños. A veces, fallamos, como fallan los niños. Dios nos ve a todos en esa forma, no importa cuántos años tengamos. Es infinitamente misericordioso con nosotros y también nosotros podríamos tener misericordia.

Nadie llega a una relación ya sanado, ya perfecto. En una relación sagrada, se entiende que todos estamos heridos pero que todos estamos allí para sanar juntos.* Cuando consideramos la relación como un templo sanativo, con beneficios mutuos y proactivos producidos por nuestra medicina diaria, el ego tendrá menos poder para arrebatarnos nuestra dicha.

Categorías de Amor

No hay más amor que el amor de Dios.*

Para el ego hay distintas categorías de amor—entre padres e hijos, entre amigos, entre amantes, y así sucesivamente. No obstante, esas categorías son inventadas por nosotros: en Dios, sólo hay un amor. En toda relación, se aplican los factores fundamentales.

Cuando mi hija era pequeña, me sorprendía a veces su sofisticado grado de percepción. En una ocasión, hice un comentario en broma acerca de un libro que ella estaba leyendo y me respondió dejando muy en claro que consideraba mi comentario irrespetuoso. Tenía razón; el hecho de que tuviera 9 años no significaba que no tuviera derecho a tener sus propios gustos, opiniones y sentimientos. (¡Ahora que es una adolescente, le recuero que yo también lo tengo!)

Un poco de respeto, un poco de honra, pueden lograr mucho. A veces no es el amplio concepto filosófico de la inocencia cósmica versus la culpa mundial, sino las formas simples como nos comunicamos unos con otros, lo que determina si prevalece el amor o el miedo en una relación.

Alguien que trabajaba conmigo en una oportunidad dijo que estaba a punto de llamar al gerente del hotel donde había dictado yo una conferencia la víspera.

"¿Por qué?" le pregunté.

"Tengo que decirle todos los errores que cometieron el domingo."

"Oh, alto ahí," le dije, "¡No lo hagamos!"

"¿Qué dices?" me dijo. "¿No recuerdas todo lo que olvidaron—el estacionamiento, el piano, los letreros?"

"Claro que lo recuerdo," le respondí. "Pero la lección que aprendí es la siguiente: si los llamamos por teléfono sólo para decirles lo que hicieron mal, eso no nos llevará a ninguna parte. Es posible que acepten nuestra queja, pero se sentirán ofendidos y dolidos, y esa sensación se manifestará en otras formas de aquí en adelante. Cuando las personas no pueden responder en forma abiertamente agresiva, con frecuencia adoptan una actitud de agresividad pasiva. Si les resultamos desagradables, lo manifestarán en cualquier forma."

"Por lo tanto, intentemos otro enfoque. ¿No hicieron muchas cosas bien?"

"Claro que sí," me respondió.

Yo proseguí, "Digo, la habitación era hermosa, el sonido fue excelente, nos dieron un refrigerio muy bueno, crearon una atmósfera hogareña—realmente se esforzaron por hacernos sentir bien. ¿No es verdad?"

"Está bien, le diré a Alex que llame. Ella siempre hace esas cosas muy bien."

"No, Maggie," le dije. "Esto implica más que simple amabilidad. No hablo sólo de cambiar el comportamiento; hablo de transformarlo. Me refiero a renunciar a nuestro afán de fijarnos sólo en las equivocaciones de los demás. Si cualquier persona de nuestro equipo piensa así, todo el equipo de trabajo se afecta.

"Todos somos responsables no sólo de nuestro comportamiento sino de nuestras actitudes, porque nuestras actitudes afectan una situación tanto como nuestro comportamiento. Todo lo que hacemos, incluyendo—¡a veces en particular!—nuestro trabajo, es un viaje hacia la transformación."

Esa misma tarde escuché a Maggie hablando por teléfono con el gerente del hotel. "Hola. ¡Quiero darle las gracias por todo lo que hicieron para que el domingo fuera un éxito!" dijo para empezar. Los oí conversar amablemente por unos minutos. Luego la oí decir en un tono muy amable, "Me preguntaba si podría comentarle un par de cosas." Y luego procedió a mencionar, con mucha amabilidad y comprensión, los aspectos que tenían que mejorar.

Y mejoraron.

He tenido en mi vida situaciones en las que alguien ha tenido un problema con algo que he dicho y, después de reflexionar en eso, he reaccionado diciendo, "¡Pero si tenía razón! ¡Lo que dije fue correcto!" y luego he recibido la respuesta proverbial: "No fue lo que dijo; fue la forma cómo lo dijo." El tono de la voz puede sanar y el tono de la voz puede herir.

Lo que el ego no quiere que entendamos es el aspecto práctico del amor. Recibimos la experiencia de la compasión en el grado en que ofrezcamos esa misma experiencia. Y nunca sabemos dónde es más importante.

El hecho de que la vida entera de Martha Stewart llegara a estar al borde del desastre se debió, más que a cualquier otra cosa, a sus modales. Haber ofendido al *asistente de su corredor de bolsa* afectaría toda su vida. Tenemos aquí una mujer cuyos talentos prodigiosos hacen palidecer los logros de cualquier persona media durante una vida; sin embargo, tuvo que soportar una situación embarazosa por problemas de personalidad. No hay dinero, ni logros profesionales ni poder externo alguno que pueda compensar en su totalidad la falta del don de gentes. Al nivel más profundo, son nuestras relaciones y nuestros aspectos personales los que definen nuestras vidas.

Detrás de todo problema hay una relación rota. Y detrás de cada milagro hay una relación sanada.

Convertir los Problemas en Milagros

Toda relación es una tarea de enseñanza-aprendizaje. Encontraremos a todas las personas que estemos destinados a conocer. Somos atraídos unos a otros para procesos de enseñanza y aprendizaje a medida que a cada uno se nos presenta la oportunidad de aprender la siguiente lección en el trayecto que debe recorrer nuestra alma. Cada encuentro es un encuentro sagrado si lo aprovechamos para expresar amor.* Y cada encuentro es una situación capaz de dar lugar a un posible dolor si no nos abrimos a la oportunidad de demostrar amor. A cualquier persona que conozcamos la conoceremos porque estamos destinados a hacerlo, pero lo que hagamos con esa relación dependerá totalmente de nosotros.

A veces, alguien llega a nuestra vida para ayudarnos a aprender una lección que no aprendimos antes: poder aceptar en vez de querer controlar, saber aprobar en vez de criticar o inclusive apartarnos de un comportamiento tóxico cuando antes nos habría atraído como atrae el polen a un enjambre de abejas. No es casualidad que nos persigan determinados patrones, año tras año, hasta que, al fin, aprendamos a sanarlos. No tiene sentido intentar irnos a las regiones más apartadas de Mongolia para escapar de nuestros problemas; nos encontrarán allí, porque residen en nuestra cabeza. Las personas que necesitamos llegarán a nosotros; las atraeremos con el subconsciente, no hay forma de escapar al currículo del Espíritu Santo.

Si tenemos un problema específico en nuestras relaciones, volveremos a encontrarlo una y otra vez hasta que lo resolvamos. Mientras tanto, estamos en un lugar en el que perdemos la conciencia y somos incapaces de vivir a la plenitud de nuestro ser. En ese lugar, nos convertimos en un fragmento de nosotros mismos, en impostores que ocultan su verdadero rostro tras una máscara. Allí quedamos perdidos, incapaces de reconocer el entorno extraño que hemos creado; comenzamos a buscar desesperadamente aire emocional sin saber que somos nosotros los que nos estamos privando de ese aire. Es, sin lugar a dudas, el significado del infierno.

En estos momentos, es muy difícil recurrir a nuestra voluntad para cambiar. Sin embargo, si pedimos un milagro, lo recibiremos. Porque la claridad de Dios en el Instante Sagrado es tal como quisiéramos que fuera.* Su mente, unida a la nuestra, puede desterrar al ego con su brillo.* Cuando nos perdemos en nuestras ilusiones, Su Espíritu está ahí para mostrarnos de nuevo el camino.

Pero no podemos limitarnos a orar y meditar y esperar que se resuelvan por sí solos todos nuestros problemas de personalidad, sin ningún esfuerzo de nuestra parte. Tenemos que utilizar nuestra oración y nuestro tiempo de meditación para *liberar* concientemente nuestros problemas de relaciones entregándoselos a Dios para que puedan ser transformados. Nuestra oscuridad debe llegar a la luz, no puede ser solo recubierta por la luz.

Es interesante considerar las diferencias entre un enfoque psicoterapéutico tradicional a estos problemas y otro más espiritual. En la mayor parte de la psicoterapia, el enfoque está en los puntos débiles de la personalidad y en la forma de resolverlos. ¿Por qué actúas así? ¿Qué experiencia de tu niñez dio origen a este problema? A veces, ese análisis puede ser muy útil. Pero al introducir una dimensión más espiritual en el proceso psicoterapéutico, no sólo nos centramos en el problema sino que además oramos para pedir una respuesta divina.

Cuando se trata de los aspectos débiles de nuestra personalidad, no tenemos la capacidad suficiente para manifestar la gloria de los seres que en realidad somos. Buscar la razón o la persona por la cual nos bloqueamos en ese aspecto puede ser como mirar atrás hacia la orilla del río de donde venimos cuando nos perdemos en el torrente y no lo podemos cruzar. Es mejor mirar a dónde vamos (como Jesús o Buda) y pedir guía y consejo para llegar a la otra orilla. Cuando centramos nuestra atención en la perfección, nuestra mente se orienta a alcanzarla. Nos escapamos del ego a medida que nos acercamos a Dios.

Siempre que tenemos un problema en una relación, lo repetiremos sin remedio a menos que aprendamos la lección que nos enseña. Este aprendizaje es parte del proceso de expiación, cuando admitimos ante Dios los errores que ahora nos damos cuenta que hemos cometido y oramos para obtener Su ayuda a fin de poder cambiar. También le pedimos que nos ayude a sanar cualquier daño que hayamos podido causar ya sea en nuestras propias vidas o en las de los demás. A veces, cuando hemos cometido un error, no hay nada específico que podamos hacer para resolverlo; de nada serviría hacer una llamada, enviar un correo electrónico, o lo que sea. Pero lo que sí podemos hacer es cambiar nuestra forma de pensar, y lo demás vendrá por añadidura. Es posible que tengamos que esperar hasta que vuelva a presentarse una situación, ya sea en esta relación o en otra, y aprovechar esa oportunidad para actuar de forma diferente. Al hacerlo el nuevo patrón de conducta quedará incluído en el repertorio psíquico. Con el tiempo, reemplazará al antiguo patrón.

Cuando los gemólogos quieren pulir un zafiro o una esmeralda en bruto, lo hacen frotando dos piedras entre sí. Así suele suceder en las relaciones: tus aristas rozan contra las mías y, por último, después de que hayamos sufrido lo suficiente, desaparecen y quedamos suaves y pulidos.

Engaños Románticos

En ningún otro campo tenemos ideas más ilusorias de lo que significa el amor que en el del romance. Un mundo de una cultura poblada de imágenes nos lleva a creer que hay una persona, un alguien especial, que nos convertirá en un ser entero, completo.

No obstante, lo que nos permitirá alcanzar la plenitud es un amor más profundo hacia todos. El amor exclusivo no es el premio que pretende ser. En realidad, el amor romántico da un resultado muchísimo mejor cuando se basa en un amor más extenso, más incluyente. El romance es una forma que adopta el amor—sin duda es la forma magnífica—sin embargo, es el contenido y no la forma lo que determina el significado del amor. Si nos apegamos a esa forma específica de amor, nos encontraremos en una pendiente resbalosa que nos conduce a las llamas del infierno. ¿Qué son esas llamas? Son la ansiedad que sentimos cuando esa persona no llama, o cuando se comporta de una forma que nosotros interpretamos como carente de amor, o cuando ya no quiere estar más con nosotros. Uno de los mayores errores que cometemos en nuestras relaciones es aferrarnos a la idea fija de lo que creemos que debería ser el amor. Si me ama, haría esto. Si quiere ser mi amiga, haría aquello. Pero, ¿qué ocurre si los sentimientos que queremos encontrar en la otra persona simplemente no se expresan en la forma como pensamos que se deberían expresar? ¿Vamos a renunciar a un amor porque no viene en el empaque que esperábamos que viniera? Las relaciones no son algo que podamos definir en blanco y negro, y las personas no son buenas ni malas. Somos complicados. Nos esforzamos al máximo. Entre más vivimos más nos damos cuenta de que el fracaso de los demás al intentar amarnos en la forma como querríamos que lo hicieran es tan poco intencional como nuestros propios fracasos. ¿Quién de nosotros no se está esforzando al máximo de su capacidad basándose en la comprensión que tiene de las cosas?

El ego asegura que la relación íntima correcta eliminaría todo dolor de separación, sin embargo eso es una falacia. La intimidad no es tanto una categoría especial cuanto un nivel mucho más profundo de la existencia. Cuando sostenemos un bebé en brazos por primera vez, vivimos un momento íntimo. Cuando nos sentamos al lado de alguien al momento de su muerte, experimentamos un momento íntimo. Cuando compartimos desde lo más profundo de nuestro corazón nuestros sentimientos más sinceros, ése es un momento íntimo. Nuestra obsesión por el amor romántico como la principal fuente de intimidad ha sido con frecuencia el motivo por el cual no lo encontramos. Se trata de dos corazones—no de dos cuerpos—que logran una conexión sagrada. Cuando se involucra el cuerpo, es fantástico. Pero cualquiera que tenga experiencia sabe que el sexo por sí mismo no garantiza una conexión sagrada. Y a veces, puede impedirla.

Un Curso de Milagros enseña la diferencia entre el amor "especial" y el amor "sagrado." El amor "especial" significa que nos sentimos unidos a otra persona en una cierta forma. Pensamos que sabemos lo que necesitamos de esa persona y centramos nuestra atención en tratar de hacer que esto ocurra. Sin darnos cuenta de que estamos pretendiendo que una relación humana llene un espacio que sólo Dios puede llenar, estamos dispuestos a llegar a extremos extraordinarios para hacer que esa otra persona adopte, o que nosotros mismos nos adoptemos la imagen que nuestro ego considera la imagen perfecta.

El problema con esta situación es que, por sutiles que sean, el control y la manipulación no son amor. El esfuerzo que hacemos por aferrarnos a esa situación, con todas nuestras fuerzas repele el amor. La respuesta de Dios a la relación "especial" creada por el ego es la creación de una relación "sagrada," en donde permitimos que la relación sea lo que quiera ser y que nos revele su significado en lugar de intentar determinar por nosotros mismos lo que significa en primer lugar.

El amor "sagrado" permite que la otra persona simplemente sea lo que es. Nos ayuda a desprendernos de la necesidad de controlar el comportamiento del otro. No obstante, todo esto es mucho más fácil decirlo que hacerlo. El amor sagrado es una meta bastante sorprendente para quienes nos encontramos estancados en nuestros cuerpos, en un mundo imperfecto. ¿Significa esto que no debemos tener expectativas en relación? Si bien es nuestro cuerpo el que nos ata al reino material, este reino es el lugar donde vivimos. Y en este lugar tenemos necesidades adecuadas y válidas.

Aprendí una interesante lección de amor desinteresado cuando me mudé a una casa con un compañero de habitación, una persona divertida a quien le encantan las situaciones emocionantes, viajar de un lado a otro, ir a cualquier parte en su motocicleta. Cuando está en casa, está a la disposición de quien lo necesite; pero es inútil tratar de llamarlo al teléfono celular cuando está en otro lugar. En una ocasión le dije, "Casey, tengo entendido que no escuchas los mensajes de tu teléfono con mucha frecuencia ¿Qué ocurriría si se incendiara tu casa?"

Me respondió, "¡Creo que llegaría a casa y encontraría un montón de cenizas!"

Aprecio a Casey, me hacen reír sus locuras y me entretienen sus idas y venidas, por una importante razón: no tenemos una relación física. Porque el ego utiliza el cuerpo para atarnos a conceptos de necesidad y control. Siempre que nos identificamos con la vida del cuerpo en contraposición a la vida del espíritu, es el ego el que domina.

En una ocasión le pregunté, "¿Qué pasaría si tuviéramos una relación romántica? ¡Tu comportamiento me volvería loca!" A lo que él respondió, "¡Si tuviéramos una relación romántica, no me comportaría así!" Es razonable, y espero que sea cierto para el bien de la mujer de su vida. Pero, no lo sé. El sexo y el desprendimiento son una mezcla difícil y representan el mayor de los retos cuando se trata de amor romántico.

Hace varios meses cené con un hombre, con quien estuve saliendo en una oportunidad y a quien no había visto en años. Surgió el tema de la política, y, en los últimos 10 años, ninguno de los dos había optado por una posición extremadamente izquierdista o derechista. Nos encontrábamos a extremos opuestos del espectro político tanto entonces como ahora. Sin embargo, lo que había cambiado era que ya no intentábamos cambiarnos el uno al otro.

Nos encontrábamos ya a la mitad de la cena cuando le dije, "¿Te das cuenta de que si esto hubiera sido hace 10 años, los dos habríamos estado ya cubiertos de rasguños para cuando trajeran la ensalada?" Estábamos diciendo lo mismo que siempre habíamos dicho, con el mismo grado de convicción, pero ninguno de los dos reaccionaba de la misma forma. Al fin nos habíamos dado cuenta de que otros pueden disentir, ¡y se puede seguir disfrutando la cena!

Recuerdo, cuando era niña, la diferencia que había entre el material de lectura apilado al lado de la cama donde dormía mi padre y el que se apilaba al lado donde dormía mi madre. Él leía a Göethe y Aristóteles; ella leía a Judith Krantz y a Belva Plain. Nunca pensaron que fuera raro que leyeran cosas tan distintas, pero me convertí en una persona adulta que no vacilaba en preguntar "¿Por qué lees *eso?*" A lo que un hombre me respondió en una oportunidad con una dulce sonrisa y un beso maravilloso, y luego me dijo, "¡No te metas en lo que no te importa!"

Cuando veo a una mujer que trata de dominar a un hombre, aun en el más mínimo grado, pienso para mis adentros, "Querida, es posible que eso te dé resultado, pero, puedo asegurártelo, ¡a mí nunca me resultó!"

Lo que sí he aprendido es que está bien llegar a ciertos acuerdos y compartir mis sentimientos siempre que me abstenga de juzgar y culpar. En ese terreno—siempre que evite la tentación de querer controlar el comportamiento del otro—se producen milagros. Es sorprendente con cuanto positivismo responden los demás cuando se sienten respetados por su forma de pensar y sus sentimientos. Aprender a tener ese respeto—y a *demostrarlo* de verdad—es clave para el poder de un hacedor de milagros.

Niveles de Enseñanza

Hay tres niveles de "deberes de aprendizaje" en una relación.* El primero es lo que podría considerarse un encuentro casual en el que no parece que esté ocurriendo realmente nada.* Un niño deja caer por accidente un balón frente a nosotros, o compartimos el ascensor con alguien. ¿Devolvemos el balón al niño de manera amistosa, o sonreiremos a la persona que está con nosotros en el ascensor? Estos encuentros supuestamente accidentales en realidad no se dan por accidente.*

El segundo nivel de enseñanza se produce cuando nos encontramos con otra persona en una experiencia de aprendizaje bastante intensa, tal vez durante semanas, meses o años.* Y permaneceremos juntos mientras la proximidad física ayude a ambos a alcanzar el más alto nivel de aprendizaje.*

El tercer nivel de enseñanza tiene que ver con una "tarea para toda la vida";* puede tratarse de un amigo, un pariente, un amor con quien nuestra relación dure toda una vida. A veces es una tarea gozosa, como un amor ardiente que dura toda la vida. A veces es dolorosa—parientes que se hieren durante toda la vida. Sin embargo, sea lo que sea, es parte de un currículo diseñado por el Espíritu Santo.

Una vez que nos unimos, en una relación de verdad, ésta nunca termina. Lo que Dios ha unido no lo separe el hombre. Aunque una forma específica de relación puede cambiar, ya sea por una separación o por la muerte—una relación nunca se termina porque es una relación del espíritu y el espíritu es eterno. Permanecemos en conexión física por largo tiempo, como conviene para una mayor oportunidad de aprendizaje de ambos, y luego, simplemente en apariencia, nos separamos.* El amor perdura porque el amor no puede morir. Cuando le preguntaron a Yoko Ono cómo podría soportar vivir sin John Lennon, dado que pasaban el 90 por ciento de su tiempo juntos, su respuesta fue, "Ahora estamos juntos el 100 por ciento del tiempo." La muerte del cuerpo no es la muerte del amor.

Este concepto no es simple palabrería; no significa que no lloremos, que no sintamos dolor o que no hagamos duelo por la pérdida de un amor. Significa que tenemos un contexto para trascender la pérdida. Cuando nuestros corazones permanecen abiertos al flujo de la Verdad, el Espíritu puede compensar la pérdida material. Esto es lo que ocurre, por ejemplo, cuando las personas pasan por un divorcio con una intención de bondad y cariño, orando a Dios para pedirle que sane todos los corazones involucrados. El divorcio es un problema espiritual con profundas consecuencias emocionales. ¿Cuántos niños han quedado traumatizados como consecuencia de que sus padres se divorciaron con amargura? ¿Cuántos adultos han quedado heridos, por muchos años, o por toda la vida, al no darse cuenta del carácter eterno de un amor que consideran perdido para siempre? Al entregar un divorcio en las manos de Dios, estamos pidiendo que esa relación siga siendo bendita en el espíritu, aunque haya quedado disuelta en el cuerpo.

Todos los que se encuentran se volverán a encontrar algún día hasta que su relación se convierta en una relación sagrada.* Ya sea que nos encontremos de nuevo o no en esta vida, quienes se encuentran y se aman quedan unidos por toda la eternidad. Por la gracia de Dios, un día nos reconciliaremos. Si alguna vez hemos amado a alguien, antes lo encontramos en el cielo. Y al cielo volveremos.

La Forma versus el Contenido

Alguien me envió una vez una fotografía tomada por un pescador en Terranova. Era la fotografía de un iceberg, no sólo de la parte que sobresale del agua, sino de la porción que se encuentra bajo el agua. Claro que todos sabemos que lo que vemos por encima de la línea del agua es apenas aproximadamente el 10 por ciento del iceberg. No obstante, ver la imagen fue algo sorprendente. Es impactante darse cuenta de cuánto de la vida escapa a nuestros ojos.

Toda situación es como un iceberg, cargada de fuerzas que no se pueden ver a simple vista. Al basar nuestro sentido de la realidad en lo que nuestros sentidos físicos perciben como real—lo que las personas hacen, lo que dicen—basamos nuestro sentido de la realidad en una pequeña fracción de su totalidad. Naturalmente, esto significa que no tenemos prácticamente ningún contacto con la realidad.

Lo que es visible al ojo humano es el mundo de la forma, mientras que la mayor realidad de una situación no es su forma, sino su contenido.* El matrimonio es forma, mientras que el amor es contenido; la edad es forma, mientras que el espíritu es contenido. La única realidad eterna se encuentra en el reino del contenido y el contenido nunca cambia. Nuestro poder espiritual radica en saber navegar por un mundo cambiante con la perspectiva de lo inmutable. Entre más conozcamos lo que se encuentra por debajo de la línea del agua, más poder tendremos por encima de esa línea.

Creemos que si ocurre esto o aquello en el mundo de la forma, nuestras vidas estarán muy bien. Pero aunque habitualmente buscamos en el reino material algo que nos complemente, nuestro verdadero complemento está en saber que el reino material en sí mismo es apenas un aspecto de nuestra gran vida.

Al vivir en el reino de la identificación con el cuerpo en lugar de vivir en el reino de la identificación con el espíritu, estamos constantemente en riesgo de experimentar la pérdida. Pensamos que perdemos cada vez que algo en el mundo de la forma no se desarrolla como lo quisiéramos. Digamos que estoy enamorada de un hombre, vivimos juntos por un tiempo, pero luego, uno de los dos decide que la unión romántica no está dando resultado. Para el ego, esto significa que la relación ha terminado; para el espíritu, esto significa que la relación simplemente ha cambiado de forma. Y el espíritu está en lo cierto. Por mucho que una situación así pueda herir el corazón, una visión más elevada de lo que realmente sucedió, puede sanarnos. El amor es un contenido eterno y está seguro y a salvo en las manos de Dios.

Cuando Lloramos una Pérdida

El duelo por una pérdida es un importante mecanismo curativo, una forma en la que la psiquis hace la transición de una situación a otra. Nuestra manía contemporánea de rápidamente superar la tristeza y estar en control, de comenzar a trabajar de nuevo a la mayor brevedad después de haber sufrido una profunda pérdida, y de mantenernos activos pase lo que pase, no es siempre el antídoto perfecto contra el dolor. En nuestra tendencia moderna en la que buscamos "sentirnos bien" es frecuente que pensemos que nos equivocamos si nos sentimos mal. Sin embargo, el duelo es un sentimiento malo sin el cual nunca podemos recobrar los buenos.

En una oportunidad, estaba pasando por el duelo de una situación penosa en mi vida. Seis semanas después de ese evento, mientras lo comentaba con una amiga, entró otra amiga a la habitación y dijo, "Me voy. Ustedes pueden seguir obsesionadas con el tema." Le respondí, "Susan, dentro de un año, puedes llamarlo obsesión. Cuando apenas han pasado seis semanas, se llama procesamiento." Si bien solemos lamentarnos de que las personas no experimentan sus emociones con la suficiente profundidad, no nos abandona la tentación de culparlas cuando lo hacen.

Así, en lugar de permitirnos procesar el duelo, con frecuencia nos forzamos a suprimirlo, confundiéndolo con una reacción negativa o con autocompasión. No obstante, es peligroso cancelar o suprimir el dolor porque los eventos que no procesamos están destinados a repetirse o, al menos, a manifestarse en formas disfuncionales. El momento de llorar es el momento cuando necesitamos hacerlo. Es la única forma de poder llegar al punto en que ya no tenemos que llorar más.

Cuando se termina una relación, cuando hay una separación

o una muerte, cambia nuestro centro de gravedad emocional. Vemos la vida desde un punto de vista diferente, desde la cima de la montaña, cuando alguien que solía estar a nuestro lado ya no está. Conviene hacer una vigilia de oración de 30 días por la persona que ya no está presente entre nosotros, sin importar si nuestros sentimientos conscientes hacia esa persona son o no de amor. La oración neutralizará los sentimientos, elevándolos a un nivel de serenidad y paz. No lo lograremos yendo de compras, ni saliendo con otra persona, o casándonos de nuevo a la mayor brevedad. Sólo estando con nosotros mismos, con nuestros seres queridos y con Dios. Lo lograremos interiorizaremos el cambio, las cicatrices internas sanaran y estaremos, sí, estaremos, mejor que antes.

Los Espacios Intermedios

Hay un misterio en los espacios intermedios entre las relaciones, en los que tenemos la oportunidad de llegar a una comprensión profunda, de corregir nuestro curso y de reorientar el rumbo, si fuera necesario. Cuando se termina una relación, podemos mirar atrás, con franqueza, evaluar el papel que desempeñamos en ella y, de ser necesario, perdonarnos y perdonar a los demás. ¿Estuve o no presente en esa relación tan auténtica y honorablemente como habría podido estarlo? ¿Me involucré en esa relación por las razones correctas? ¿Permanecí en ella demasiado tiempo? ¿La abandoné demasiado pronto? ¿Permití que Dios orientara su curso?

Puede ser útil elaborar una lista de todas las personas y todas las situaciones asociadas con lo que acaba de pasar. Bendecirlas a todas en silencio. Pedir perdón y perdonar. Poner esa situación en las manos de Dios y saber que Él está ahí.

El Amor Está en Todas Partes

El amor de Dios siempre encontrará una forma de manifestarse. Una de las razones por las que captamos las cosas buenas es porque pensamos que, de no hacerlo, nos perderemos la alegría de la vida. Pero, claro está que, el comportamiento controlador y de carencia que se deriva de esa convicción, sin duda mantendrá muy alejado nuestro bien. Sólo cuando nos centramos en la profundidad de quienes somos, convencidos de que eso basta, y dejemos que los demás sean quienes tengan que ser y vayan donde tengan que ir, el universo nos entregará nuestro óptimo bien de una forma en la que lo podremos recibir.

El amor está en todas partes, pero si nuestros ojos no están abiertos para verlo, no lo captaremos. ¿Cuál de nosotros no ha dejado de captar el amor por estarlo buscando en un empaque cuando venía en otro? Muy pocas veces nuestro problema es de falta de amor, es más bien un bloqueo mental que nos impide ser conscientes de su presencia.*

En una oportunidad estaba hablando con una adolescente sobre los problemas que tenía con sus amigas del colegio. Estaba triste porque el grupo de niñas con el que había tenido tan estrecha amistad el año anterior ya no la aceptaba y tampoco se sentía aceptada por el nuevo grupo. Se sentía rechazada y abandonada, creía que ya no tenía buenas amigas.

"¡Oye, Hayley!" le dije. "¡Tienes que diversificar!"

"¿Qué quieres decir?" me preguntó mirándome con sus ojitos llenos de lágrimas.

"¡Quiero decir que el amor está en todas partes! ¡Quiero decir que hay otras relaciones que puedes experimentar—no sólo ésas! Significa que estás más apegada a esas muchachas como la fuente de amor en tu vida de lo que deberías estar. Todos somos libres, si no quieren estar contigo, debes dejarlas ir. Pero eso no disminuye el amor que tienes a tu disposición. Déjalas ir, bendícelas, siente tu pérdida y entrégasela a Dios. Te prometo que te está esperando un milagro."

Hicimos una oración en la que le entregamos a Dios sus relaciones con esas muchachas y pedimos que se abriera su corazón para recibir el amor que Dios le tenía reservado. Un par de meses después, vi a Hayley llegar corriendo a su casa, hablando animadamente, diciéndole a su madre que iría al cine con unas amigas, era obvio que estaba feliz. Le pregunté si había habido algún cambio en la situación con sus amigas.

"Bueno ¡más o menos!" me respondió. "Pero, en realidad, ¡conocí estas nuevas amigas! ¡Son fantásticas!" Hablé con ella un momento acerca de cómo su situación anterior, que aparentemente había sido una pérdida, había resultado en algo bueno. Había aprendido a soltar lo que aparentemente ya no le correspondía para que algo nuevo y maravilloso pudiera entrar en su vida.

Estuvo de acuerdo conmigo y me dijo, "Pienso que fue un milagro."

Sé que lo fue.

Relaciones que Reparan el Corazón

El Espíritu Santo tiene muchas formas de prepararnos un camino, salvándonos del dolor de nuestras propias ilusiones engañosas. A veces se trata de un profesor, o un libro. Con frecuencia, lo hace simplemente a través de otro ser humano.

Suelo agradecer la cantidad de ayuda que he recibido de las personas que me rodean que pueden ver algo que, en un momento determinado, yo no logro ver. Alguien llama por casualidad, y yo le cuento, por casualidad, lo que está ocurriendo, y esa persona, por casualidad, comparte sus ideas conmigo de forma que empiezo a entender mis problemas con más claridad o encuentro la paz que mi alma añoraba encontrar.

Entre más nos acerquemos a Dios, más nos aproximaremos a nuestro talento natural de proteger a nuestros hermanos.* Entre más alineados estemos con el amor de Dios, podremos ser amigos más sinceros. Sabremos cómo estar allí, cómo decir la palabra correcta, cómo dar un consejo a las personas que amamos.

Hay tres personas con quienes suelo hablar por teléfono tarde en la noche. Si me pidieran que anotara en un papel mis actividades más importantes, es probable que no escribiera, "Hablar con Richard, Victoria y Suzannah y contarles todo." Sin embargo, es una de mis actividades más importantes porque aclara mis ideas acerca de todo lo demás. De hecho, creo que esas conversaciones telefónicas son mucho más importantes de lo que parecen.

Los sociólogos han enmendado ahora una teoría tradicional acerca de la forma como las personas responden al estrés. El hecho es que el síndrome de "huir o pelear," que se había aceptado como el evangelio en las últimas décadas, provino de una investigación basada únicamente en las reacciones masculinas. Cuando se consideraron las mujeres en ese estudio, los investigadores encontraron otro tipo de reacción: "Cuidar o reparar." En otras palabras, las mujeres tendemos a establecer relaciones como nuestra primera respuesta al estrés.

Todos tenemos aspectos masculinos y femeninos en nuestras psiquis; todos peleamos o huimos en algunas ocasiones y todos cuidamos o reparamos en algunas ocasiones. Pero cuando nos llamamos unos a otros para procesar nuestras ideas y sentimientos, no es casualidad que esas llamadas se produzcan en las horas de la noche, cuando tenemos una paz más profunda en el alma. Desde las épocas de los registros más remotos de la historia, las personas se reunían en la noche alrededor de las hogueras para contar historias. Nosotros compartimos nuestras historias como una forma de salvar nuestra psiquis, es más, de preservar nuestras culturas. Es difícil sentir el amor de Dios cuando no tenemos el amor de los demás. Los momentos en los que damos el consuelo de Dios a los demás no es, ni mucho menos, el momento menos importante del día.

Dónde Estamos Ahora

Estamos en un lugar donde pocos podemos avanzar sin la ayuda de otro. No porque no estemos completos sino, finalmente—por fin—porque lo estamos. Ya no somos fracciones de nosotros mismos, en busca de otras personas para sentirnos enteros y completos. Estamos ya bastante completos—¿Y ahora qué?

Ahora tenemos que concebir una nueva vida desde lo más hondo de nuestro interior. Para que eso ocurra, tenemos que tener relaciones. Para poder cocrear la vida, nos necesitamos unos a otros—y necesitamos la ayuda de Dios.

El milagro del amor nos atrae unos a otros. Y dentro de esa unión, Dios se vierte generosamente. En los brazos de unos y otros y en los brazos de Dios, nos convertiremos en una nueva humanidad. Concebiremos algo nuevo. Cultivaremos compasión e inteligencia divinas, y todo el mundo cambiará. Dios mismo se alegrará.

Y la vida seguirá.

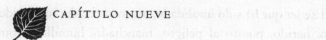

CAPÍTULO NUEVE

De la Muerte Espiritual
al Renacimiento

C uando estaba en los últimos años de la secundaria, me encantaba la química. Pero el caso es que era muy mala estudiante de química. La profesora no podía concebir que alguien que fuera tan mala estudiante pudiera realmente sentir interés por la materia. Sólo había "buenos estudiantes" o "malos estudiantes." Y me hizo saber a cuál de las dos categorías pertenecía yo.

¡Zaz! Cualquier idea que tuviera de mí misma como estudiante de ciencias murió allí de inmediato.

Es posible que uno de sus padres le haya dicho a usted que nunca sería bonita, y, en ese instante, su fe en su belleza desapareció. Tal vez alguien le haya dicho que era tonta o que nunca llegaría a ser nada en la vida, y su confianza en sí misma se esfumó. O alguien puede haberle dicho que no tenía talento y que nunca podría ser parte de una orquesta, y su fe en sus dotes musicales se desvaneció en ese instante.

Para la mayoría, no hay una tumba lo suficientemente grande donde colocar los huesos y los restos de las partes de nuestro ser que han ido muriendo por el camino.

Ese ser que ha sido invalidado, menospreciado, suprimido, violado, herido, puesto al peligro, manchado, humillado, burlado, brutalizado, abandonado, denigrado, robado—y, para satisfacción del ego, la lista es interminable—es nuestro propio ser crucificado.

La crucifixión no es específicamente un concepto cristiano. Metafísicamente, es un patrón de energía, que ha sido demostrado físicamente en la vida de Jesús, pero que también ha sido físicamente experimentado en la vida de cada uno de nosotros. Desde el punto de vista energético, simboliza un patrón de pensamiento. La muerte es su misión y la vida su enemigo. Puesto que es la mente que trabaja en contra de Dios.

De ahí el drama de toda vida humana, a medida que el amor nace en el mundo y luego es crucificado por el miedo. Pero la historia no termina allí. La resurrección, al igual que la crucifixión, es una verdad metafísica: es la respuesta de Dios al ego, o el triunfo último del amor. Lo que siempre ocurre, en cualquier momento, en cualquier situación, es que el amor aparece, es crucificado, y por último, prevalece.

Una noche estaba viendo la película *Dances With Wolves* (Danza con Lobos) en la televisión, en compañía de mi hija. Ambas estábamos profundamente conmovidas con las vidas de los indios Sioux—su armonía con la naturaleza y el espíritu, la forma como permitían que las manifestaciones del verdadero ser esencial impusieran orden en sus vidas y bendijeran su mundo. Trataban a la vida misma como un tesoro sagrado. Sin embargo, el ego colectivo del mundo occidental intentaba destruir su civilización de esa época, lográndolo a la larga.

Éstas son las tragedias de la historia humana. Hay una fuerza oscura no fuera sino dentro de nosotros mismos, que siempre se empeña en destruir el amor creado por Dios. Esa fuerza, o ese ego, permanece en su lugar por nuestra creencia de que estamos separados de Dios y de los demás; se expresa constantemente a través de los juicios y la culpa. Es toda palabra malvada, todo ataque, toda acción o pensamiento violento. A veces se expresa en un susurro, como una mirada maliciosa; otras veces grita, como en el genocidio de un pueblo. Pero siempre está activa, mientras cuente con el miedo para alimentarla. Ahora tiene puesta su mira en el mayor de todos los premios—la posibilidad de la aniquilación global.

A veces, son otros quienes nos atan a la cruz, a veces lo hacemos nosotros mismos. Con frecuencia, parece ser una combinación de estos dos hechos. El ego no discrimina en la misma medida en que procura causar daño a quien quiera que pueda alcanzar. Sin embargo, esa parte de nosotros que puede ser crucificada no es la parte que representa lo que realmente somos. El ego puede destruir el cuerpo, pero no el espíritu.

La crucifixión adopta muchas formas: materiales, mentales, emocionales y espirituales. Mentalmente, es una enfermedad progresiva que se desarrolla en nuestra psiquis. A veces se conoce como la segunda fuerza, el Anticristo, el Diablo. Es el elemento destructivo, anti-vida en la experiencia humana.

Todas las formas del ego tienen la destrucción final como su meta. El alcoholismo y la drogadicción no pretenden simplemente incomodarnos, quieren matarnos. Una enfermedad terminal no es un simple inconveniente, pretende matarnos. La escalada de la violencia no quiere incomodarnos, quiere matarnos. Dios lo sabe, y Él ha dado la respuesta: Él ha enviado Su santidad para salvarnos de nosotros mismos. Y, a medida que nos acojamos a nuestra santidad y a los cambios que engendra dentro de nosotros, Él tiene un plan para lo que vendrá después.

La Resurrección es la respuesta de Dios a la Crucifixión; es Su elevación de nuestra conciencia hasta el punto en donde se anulan los efectos del miedo. Nuestra santidad—el amor de Dios dentro de nosotros—es la única forma en la que la humanidad podrá lograr trascender la oscuridad y es la única forma en que la podremos trascender nosotros.

"Jesús lloró," como lo hacemos todos, ante los retos que se nos presentan de distintas formas por las mentiras y proyecciones del ego. La crucifixión de Jesús—la tortura y el asesinato de un hombre inocente—es un ejemplo de una enseñanza radical, una demostración del poder del temor y luego del poder del amor para superarlo. Jesús murió, luego permaneció en su tumba por tres días. Y durante ese tiempo, claro está, parecía como si toda esperanza se hubiera desvanecido para quienes lo amaban. Sin embargo, la esperanza le pertenece a Dios y lo que es de Dios nunca se pierde.

Jesús trascendió la crucifixión aceptándola, por así decirlo. Confrontado con las proyecciones criminales de otros, siguió amando con el corazón abierto. Y al permitir que su corazón se ensanchara tanto como el universo, se convirtió en el vértice de lo milagroso. Así como en la presencia de Moisés las leyes del tiempo y el espacio se suspendieron cuando se separaron las aguas del Mar Rojo, en la presencia de Jesús, se suspendieron también las leyes de la muerte.

¿Qué tenía Jesús que nosotros no tengamos? Nada. El hecho no es que tuviera algo que nosotros no tengamos, sino que no tenía nada más.* Su amor a Dios había desterrado todo lo demás, dejando solamente aquello que es eternamente verdadero.

La Oscuridad Colectiva

En la actualidad, nuestras crucifixiones personales son particularmente intensas, a medida que tomamos sobre nosotros las partes individuales de una gigantesca oscuridad cósmica. Es un patrón universal el que la oscuridad busque destruir la luz, y nadie ha dicho jamás, "Excepto en su caso." Y la oscuridad es más intensa cuando presiente que va a ser invadida por la luz. Si usted está haciendo cosas buenas y está difundiendo energías de amor, la segunda fuerza viene a su encuentro. Pero eso no significa que *esté* a su alrededor.

En el mundo de hoy luchar verdaderamente por la santidad, por el amor universal, es, en la mayoría de los casos, algo que está tan lejos del statu quo que hay que decidir qué tanto estamos dispuestos a comprometer el corazón para poder continuar. El mundo, tal como lo conocemos, está dominado por el miedo, y algunas de nuestras principales instituciones le sirven, inconscientemente, de sede. Piense así, no piense así. Vaya en esa dirección, no en esa otra. Sin embargo, el espíritu no se distingue por su conformismo. Cuando no hay cabida para el impulso extático, no existe realmente un espacio para la revelación del amor.

Si usted puede elevarse por encima del miedo que hay en su vida y vivir el amor que tiene en su interior, y si yo puedo elevarme por encima del miedo que hay en mi vida y vivir el amor que llevo en mí—si el drama se repite lo suficiente por suficientes personas en el mundo entero—podremos romper la oscuridad cósmica y redirigir el mundo hacia la luz. Cada uno de nosotros cuenta, y no existen pensamientos neutros.* Toda percepción lleva a un mayor temor o a un mayor amor, para nosotros y para el mundo que nos rodea. Con cada oración, con cada acto de bondad y con cada pensamiento de perdón, estamos construyendo una ola de amor que hará retroceder el miedo.

Pero no podemos hacer frente al miedo del mundo sin antes enfrentar el miedo dentro de nosotros. Y eso es algo que no podemos hacer por nosotros mismos. No nos podemos auto-curar de una profunda neurosis con la simple decisión intelectual de cambiar. Muchos lo hemos intentado y no lo hemos logrado.

Sin embargo, Dios puede hacer por nosotros lo que nosotros no podemos. Cuando recibimos Su espíritu, el temor queda silenciado. Queda anulado. Desaparece. Una vez que hayamos abarcado la plenitud de nuestro espíritu, los efectos de nuestros anteriores quebrantos desaparecerán. De los desórdenes físicos a las relaciones dolorosas, del hambre del mundo al conflicto mundial, una vez que nos hayamos remontado hasta nuestro potencial divino, nos convertiremos en personas con el valor y la inteligencia que nos permitirán desterrar la oscuridad. Con Dios a cargo, nos remontaremos más allá de los pensamientos que nos mantienen atados. Y así el mundo cambiará. Podemos evitar un Armagedón colectivo, si aprendemos las lecciones de nuestros Argamedón personales.

El Tiempo del Sepulcro

Hay un significado metafísico para los tres días que transcurrieron entre la Crucifixión y la Resurrección. Simbolizan el tiempo que se requiere para que el mundo físico alcance el cambio de conciencia, para que ascienda de nuevo la luz después de que nos ha abrumado la oscuridad. La resurrección se produce cuando nos aferramos al amor a pesar de las apariencias y así invocamos un milagro.

A veces cuando hemos sufrido una herida profunda, hay un tiempo durante el que tenemos que dejar que nuestras almas sangren, acepten el dolor y esperar a que se complete el ciclo. No se puede acelerar el flujo de un río ni el de un corazón destrozado. Basta saber que "también esto pasará."

Tengo un amigo que se refiere a estos tres días como "el tiempo del sepulcro," tiempo durante el cual podría parecer que se ha perdido toda esperanza, cuando, de hecho, el milagro está a la vuelta de la esquina. A cada noche le sigue un nuevo amanecer. Sin duda, el ego nos domina de formas crueles y viciosas. Sin embargo, Dios nos lleva siempre hacia un nuevo amanecer—a la "tierra prometida" de la paz interior.

Todos hemos conocido la crucifixión y luego hemos vivido el tiempo del sepulcro, en el que parecía que tal vez nunca volveríamos a tener la luz en nuestras vidas. Sin embargo, el universo siempre se mueve en dirección al amor total; en las palabras de Martin Luther King Jr., "El arco del universo moral es largo, pero se dobla hacia la justicia." El ego ruge, pero Dios siempre tiene la última palabra.

Nuestras crucifixiones nos propinan golpes materiales, pero en las manos de Dios, el golpe puede convertirse en un don espiritual. No importa lo que ocurra en nuestras vidas, podemos aprovecharlas para mejorar. Si no hubiéramos tropezado, no nos habríamos podido levantar de nuevo, y ahora que nos hemos levantado, nuestros cuerpos están más erguidos y sostenemos nuestras cabezas aun más en alto. No hay nada tan hermoso como el manto del sobreviviente. No hay nada más iluminado que el cuerpo resucitado, la nueva personalidad que emerge cuando la antigua ha quedado enterrada.

En las palabras de Charles Swindoll, un pastor y maestro de Biblia por radio de mediados del siglo XX, "He intentado y no he podido encontrar, en la Escritura ni en la historia, una persona con mucha fuerza de voluntad a quien Dios haya usado al máximo hasta permitir que fuera profundamente herido."

Recuerdo haber visto en una oportunidad a Richard Nixon en una entrevista de televisión, años después de que saliera de la Casa Blanca. Habló con una sabiduría y una compasión que nunca vi en él durante el tiempo que actuó en política. Un presidente por quien anteriormente había sentido tanto desprecio se había convertido en una persona distinta. ¿Cómo no haberlo hecho? Después de la crucifixión que tuvo que soportar—totalmente buscada por él mismo—¿qué otra cosa podría haber hecho excepto elegir entre morir o trascender a otro lugar? Evidentemente, había optado por lo segundo. Un fracaso que, en términos mundanos es casi imposible de imaginar, lo había llevado a un éxito espiritual.

Las crucifixiones nos llevan a la oscuridad del alma, donde nos debatimos con los demonios de la vergüenza y la repugnancia, de la ira y el odio. Se nos pide que muramos a tantos aspectos de nosotros mismos—que depongamos tanto la espada como el escudo, que renunciemos a nuestros juicios, a nuestra voluntad, a nuestro odio. No obstante, cuando nos encontramos allí, desnudos, después de haber perdonado tanto, podemos volver a experimentar una sensación de ligereza en nuestros corazones, y sabemos que hemos logrado llegar a otro lugar. La crucifixión nunca es el fin; en cierta forma, es sólo el comienzo.

Con cada cicatriz, nos convertimos en portadores de la herida universal y a la vez en trasmisores de una sanación universal. Cuando hemos sufrido y hemos trascendido nuestro sufrimiento, resurgimos con un conocimiento sagrado incrustado en nuestras células. Al menos en nuestras vidas hemos podido superar cierta oscuridad. Y seremos conducidos hacia otros que han logrado superaciones similares y también a otros que aún no lo han hecho, pero que se sentirán inspirados a hacerlo en nuestra presencia. Todos juntos conformaremos un frente unido de posibilidad resucitadora, una apertura que no solamente bendice nuestras propias vidas sino al mundo entero. Eso es lo que está ocurriendo ahora en este planeta. Las personas experimentan el dolor del mundo casi como una inoculación. Nos apresuramos a levantarnos para poder crear un campo más elevado para todos.

Las mujeres que acompañaban a Jesús esperaron y oraron a sus pies mientras Él se encontraba crucificado. Estas mujeres simbolizan los amigos que son testigos de nuestras crucifixiones y se preocupan por nuestro sufrimiento. Cuando van a la tumba a reclamar el cuerpo—es decir, cuando han demostrado su empatía con nuestro dolor y nos acompañan en nuestro viaje de vuelta a nuestra totalidad—suelen encontrarse con el hecho de que la persona que solíamos ser antes ya no existe.

Se dan cuenta de que cuando se ha movido en nosotros el Espíritu de Dios, no quedamos derrotados sino que nos convertimos en personas mejores. Morimos como las personas que solíamos ser, es cierto, pero a cambio somos ahora espíritus renacidos, renovados. La fiebre ha cedido, las lágrimas se han secado y resurgimos a la luz de nuestro verdadero ser. Ésa es la resurrección, la luz de Dios sobre nuestras almas.

El Renacimiento

Hay pasión en la crucifixión, pero la hay también en la resurrección. Sin embargo, no es algo que se pueda ver con los ojos físicos, porque el surgimiento del ser que renace no es un evento material. Tenemos los mismos ojos, pero ahora poseen una luz nueva. Tenemos el mismo cerebro, pero ahora funciona de forma diferente. Tenemos el mismo corazón, pero ahora late al unísono con el Suyo. Además, la resurrección no es un momento sino un patrón. Por cada dos pasos hacia el interior de la luz, podemos retroceder un paso hacia la oscuridad. Pero una vez que nos encontramos en la senda ascendente, una vez que hemos tenido la oportunidad de contemplar por un instante a aquél que ha prometido llevarnos allí, realmente no podemos volver atrás.

No importa lo que digan ni lo que hagan para tratar de detenernos. Estamos ascendiendo hacia una vida totalmente nueva, no sólo para nosotros sino también para los demás. No somos mártires; somos maestros de amor. Hemos visto la luz, y nos dirigimos a ella.

Basta saber quiénes somos y quién vive en nuestro interior. Él ha resucitado y también nosotros estamos resucitando.

El Poder de la Fe

Tanto en la Biblia como en *Un Curso de Milagros* se dice, "Bienaventurados los que tienen fe sin haber visto." Es fácil creer en el amor cuando estamos rodeados de bondad; no es tan fácil cuando nos enfrentamos a los juicios y los ataques del mundo. La fe es un aspecto de la conciencia. O tenemos fe en el amor que es eternamente cierto o tenemos fe en las ilusiones del ego. En ese sentido, no existe lo que pudiéramos llamar una persona sin fe. Si usted tiene fe en la realidad de un desastre, ese desastre será real para usted. Si tiene fe en la realidad del amor que está más allá del desastre, entonces usted se convertirá en una apertura para su transformación. El hacedor de milagros no *desvía* los ojos de la oscuridad, sino que los dirige *a través de ella*, hasta donde está la luz, más allá. La fe es una especie de negación positiva: no negamos que algo esté ocurriendo en el mundo físico. Sólo tenemos fe en que esta realidad es sólo una ilusión ante el amor de Dios. Negamos la mayor realidad del mundo en sí mismo.

¿Se encuentra su fe en la realidad de la crucifixión o en la realidad de la resurrección?

Tendemos a tener más fe en las limitaciones del mundo que en el poder ilimitado de Dios. Cuando los discípulos de Jesús pensaron que se estaban hundiendo, su fe estaba puesta en el poder de la tormenta. Cuando Jesús vino a ellos caminando sobre las aguas, no dijo a Sus discípulos, "Hombres con poca habilidad para caminar sobre el agua." Les dijo en cambio, "Hombres de poca fe."

La fe significa que estamos abiertos a la posibilidad de los milagros, sabiendo que cuando nos apoyamos en el terreno del amor, dentro del espacio de la santidad, entonces, todas las fuerzas materiales se programan automáticamente para obrar a nuestro favor. No tenemos que *hacer* nada nuevo, lo que tenemos que hacer es, más bien, *convertirnos* en alguien nuevo para poder cambiar fundamentalmente nuestras vidas. Entonces, no creemos simplemente en la resurrección; la *compartimos*. Cuando nos humillamos y damos un paso atrás con nuestro ego, para permitir que Dios nos guíe, los milagros se producen naturalmente, sin tensión ni esfuerzo.

Un Corazón Nuevo

Mientras me encontraba de viaje en Amsterdam, hace varios meses, pude notar que algo en mí había cambiado. He viajado mucho, desde niña, y he visitado muchísimos museos en todo el mundo. Me he extasiado ante los retratos, los paisajes, las esculturas, los biombos orientales, las artes decorativas, la orfebrería y todos los demás placeres visuales que se ofrecen en esos lugares. Sin embargo, había una categoría especial de pinturas que nunca me llamó la atención y que siempre pasé por alto sin detenerme a contemplarla. Eran las marinas: los buques en los muelles, los buques en el mar, los buques en cualquier lugar. Simplemente no eran algo que me atrajera.

Sin embargo, al visitar los museos de Holanda, se encuentran sin duda pinturas de buques. En esta oportunidad, por la razón que fuera, tuvieron un efecto diferente en mí. Esta vez, al ver la pintura de un barco en un mar encrespado, enfrentado a una evidente posibilidad de naufragio, pensé de inmediato en los marineros que se encontraban a bordo, en las razones por las cuales estaban allí, en el terror que sentían y me pregunté si habrían sobrevivido o no. Pensé en sus seres queridos que habían quedado en tierra y en lo que debieron sentir cuando se enteraron de la noticia de la tormenta en el mar. Pensé si el pintor habría visto alguna vez un océano tan agitado; y, si no lo había visto, ¿cómo sabía cuál era su aspecto? Me di cuenta de que por muchos años, había visto esas pinturas pero en realidad no las había detallado en absoluto. Porque no había puesto nada de mi corazón en esa experiencia.

Durante ese mismo viaje, visité la casa de Ana Frank. Hace muchos años leí *El Diario de Ana Frank*, y pensé que había interiorizado su historia y su significado. Sin embargo, al visitar el museo de Ana Frank, junto con mi hija, durante este viaje, no pude contener las lágrimas—de hecho, no pude dejar de llorar—mientras recorría las habitaciones de la que había sido la casa de su familia. El ver dónde dormía, sin poder salir a jugar o sin poder siquiera ver la luz del sol por la ventana; dónde su padre había pegado imágenes de revista en las paredes para que el lugar pareciera menos sombrío; pensar en el inimaginable miedo y en la tensión que tenían que soportar día tras día al permanecer escondidos en estas habitaciones y en lo que sus amigos, que los estaban escondiendo, debían haber sentido; pensar en todos los años que sobrevivieron en esas condiciones, sólo para que alguien los traicionara y revelara el lugar donde se escondían, apenas un año antes de que terminara la guerra; y pensar en los días horribles que Ana tuvo que pasar en el campo de concentración de Bergen-Belsen, sólo para morir un mes antes de la liberación de estos lugares—casi no pude soportar el peso de tanta tristeza, mezclada con la profunda y compasiva comprensión de Ana en cuanto a la naturaleza del corazón humano. Pensé en su padre que había sobrevivido, en la forma como se había enterado de la muerte de su familia, en el hecho de que hubiera publicado los diarios de Ana—siempre dándome cuenta de que esta misma historia de sufrimiento no fue experimentada una sola vez, sino seis millones de veces.

A medida que recorría las habitaciones y leía las explicaciones de las distintas exhibiciones, le comentaba a mi hija la importancia de ser testigos del sufrimiento de los demás. Porque un dolor como el que experimentó la familia Frank es algo que se sigue viviendo en todo el mundo, algo que experimentan personas que en la actualidad son tan desdichadas como estas otras lo fueron entonces. Sólo si nos permitimos sufrir por ellos podremos dedicarnos, como Dios quiere que lo hagamos, a crear un mundo diferente.

En un momento dado, mi hija me dijo con dulzura, "Ay, mami, no llores." Y pensé para mí, "Oh, Emma, por favor llora."

Hay quienes no visitarían este tipo de museos, quienes preferirían aislarse y no sentir la agonía ni enfrentar el horror de todo ese sufrimiento en el mundo. Hacemos cuanto podemos por alejarnos de él. Pero cuando Jesús dijo a sus discípulos que se habían quedado dormidos en el Huerto de Getsemaní, "¿No han podido velar conmigo ni siquiera una hora?" pienso que se refería a que debemos permanecer despiertos cuando otros sufren. Aunque no sea por nada más, el hacerlo nos recuerda cuán extraordinariamente afortunados somos—y repito, extraordinariamente afortunados—de tener un techo sobre nuestras cabezas, comida para saciar el hambre y el derecho de ver simplemente la luz del sol cada día. Mientras esto no sea cierto para todos, tenemos mucho, muchísimo trabajo que hacer en este mundo. Si nosotros no lo hacemos, ¿quién lo hará?

Aun cuando no podamos hacer nada específicamente por ayudar a quienes sufren, el estar conscientes de su situación, produce una especie de fuerza moral. Hay personas en este mundo—prisioneras, que sufren—para quienes la diferencia entre optar por la vida y optar por la muerte se determina simplemente por el hecho de saber que alguien se preocupa por ellos.

Después de visitar la casa de Ana Frank, me senté en una cafetería al otro lado del canal, a tomar un café. En esa misma calle donde ella deseaba poder correr y jugar pero no podía hacerlo, yo podía caminar de un lado a otro, hacer compras, tomar café, reír. ¿Qué don del destino me ha hecho tan afortunada?

Hay un edificio en Amsterdam donde los nazis agruparon a todos los judíos para deportarlos a los campos de concentración donde muchos de ellos irían de inmediato a las cámaras de gas. En ese edificio hay una placa que dice que debemos tomarnos un momento para recordarlos. En ese momento, creo que las almas que ya no están con nosotros sienten nuestra bendición; espero que, de alguna forma, esto les dé la paz.

En cuanto a nosotros, que nos dé mayor profundidad. Que nuestros corazones estallen por las absurdas proporciones de toda esa situación. Porque ahí radica la única esperanza real para la humanidad.

La Resurrección

Es la conciencia de la paz, no la conducta de la guerra, lo que finalmente hará cambiar la marea del miedo. Y a cada uno de nosotros
nos corresponde promover esa conciencia. No me refiero sólo a
hacer que las cosas mejoren; me refiero a trascender todas las leyes
físicas, a hacer más flexibles las reglas del tiempo y el espacio y a
volver a la vida donde antes estábamos muertos. Es hora de ver milagros en nuestras propias vidas, de resucitar de la pequeñez de los
seres que antes fuimos. Todas estas cosas son posibles a través de
Dios. Estos milagros están a nuestro alcance y los necesitamos
ahora.

No importa lo que alguien nos haya dicho cuando éramos
niños; sabemos que somos inteligentes y atractivos. No importa lo
que haya ocurrido antes; podemos levantarnos ahora y recomenzar. No importa lo que nos hayan hecho; el perdón nos ha lim-
piado.

Los niños que se han convertido en hombres serán ahora grandes hombres; las niñas que se han convertido en mujeres serán
ahora grandes mujeres. Traeremos a la vida nuestro mejor ser.
Quienes se elevan a la máxima altura de su potencial no serán la
excepción sino la regla. A través de *ellos*—y por ellos quiero decir
nosotros—surgirá un plan para la salvación del mundo.

Nos espera un mundo nuevo, cuando todas nuestras mentes
sean sanadas por el amor.

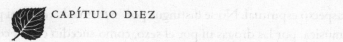

CAPÍTULO DIEZ

De Su Plan al Plan de Dios

U na revolución subterránea está cambiando los corazones y las mentes de las personas en el mundo entero, y lo está haciendo a pesar de las guerras y el terror que nos asuelan. Es una revolución que constituye un cambio fundamental en la visión del mundo y lleva con ella el potencial de reorganizar la estructura de la civilización humana. Trae un cambio básico en los pensamientos que dominan el mundo. Viene enarbolando una paz que pondrá fin a todas las guerras. Es un fenómeno mundial que cambiará la estructura celular de la raza humana. Para quienes son parte de ella, para los que se sienten llamados por ella, su realidad es una verdad creciente, si no obvia. Para otros, es un concepto altruista pero absurdo, una idea disparatada y tonta.

Sin embargo, no se ha producido una revolución social de importancia debido a que todo el mundo despertó un día diciendo, "¡Ya lo entiendo! ¡Ya lo entiendo!" En cambio, las revoluciones que han marcado la historia se han producido por lo que la antropóloga Margaret Mead describiera como "un pequeño grupo de ciudadanos preocupados." Dichos grupos no sólo son capaces de cambiar el mundo, según la doctora Mead, sino que de hecho, son los únicos que han podido hacerlo. Y lo están haciendo ahora.

Ya hay entre nosotros una contracultura sintonizada hacia el aspecto espiritual. No se distingue por su forma de vestir, ni por su música, por las drogas ni por el sexo, como sucedió con la contracultura de los años 60, sino por las actitudes internas de quienes la perciben. Hacen sugerencias y comentarios que son un poquito más sabios; traen nueva comprensión a ciertas áreas que antes se encontraban vedadas por el statu quo. Ven una cierta estrella en el cielo que no todo el mundo percibe. Y en su presencia, queremos comenzar a verla también.

Alistarnos para el Servicio

Nos alistamos para servir, para participar en esta revolución, a través de un deseo sincero de ponernos al servicio de algo más grande que nosotros mismos, a fin de sanar el mundo. No importa si no damos el nombre de Dios a ese "algo más grande." Porque de hecho, algunos de los que conspiran con Dios todavía no creen en Él.* Lo que importa, a lo largo, no es nuestra creencia sino nuestra experiencia.* Dios no tiene un ego por el cual pueda sentirse ofendido si lo llamamos por otro nombre.

Pero, cualquiera que sea el nombre que Le demos, nos damos cuenta de que somos su ejército, porque Él está al mando. No nos puede utilizar para cambiar profundamente el mundo hasta que no hayamos sido cambiados primero por Él. Para poder entregarle el mundo, tenemos que entregarnos primero a Él.

El cambio comienza con enfoque diferente de nuestra perspectiva del mundo. Se desarrolla en nuestro interior y afecta no sólo nuestras vidas sino las de quienes nos rodean. Nos lleva a ponernos en contacto con otros que están pasando por una transformación similar de las estructuras de sus egos, que están cambiando su antigua perspectiva por algo nuevo. Es así como a través de nuestros esfuerzos individuales y colectivos, de inspiración divina, cambiaremos el mundo a tiempo. Justo cuando pensábamos que ya no había esperanza alguna, la esperanza reaparecerá.

Para los cínicos entre nosotros; los que ahora se sienten demasiado cansados; para los que están hastiados de la forma como suceden siempre las cosas; para quienes solían preocuparse pero ahora están demasiado ocupados tratando de sobrevivir, viene un cambio en camino. Ese cambio comienza en el corazón. Y a medida que va apareciendo en la superficie, irá cambiando todas las cosas.

IMAGINE QUE DIOS LE HA PREGUNTADO si puede utilizar sus manos y sus pies para ir donde Él hubiera tenido que ir y hacer lo que Él hubiera tenido que hacer.

Imagínese que Dios le ha preguntado si puede utilizar su boca para decir lo que Él hubiera tenido que decir a quien se lo hubiera tenido que decir.

Imagine estas cosas porque Él lo ha hecho.

"Muchos son los llamados, y pocos los elegidos" significa que todos somos llamados pero a pocos nos interesa escuchar.* El llamado es para todos nosotros, todo el tiempo. Nadie es menos capaz de contribuir a la salvación del mundo.

Al elegir servir a Dios, elegimos el camino hacia la grandeza de Dios dentro de nosotros. Cuando vemos personas que evidentemente permiten que el espíritu trabaje a través de ellas—personas que han encontrado su genio, su poder, su pasión—vemos una cierta fuerza especial que actúa en ellas y que las escogió de entre las demás. No fue tanto el poder del que los escogió sino que fueron ellos quienes optaron por *escogerlo*.

Aquéllos que han alcanzado más frutos sólo han llegado a una fracción de todo lo que son capaces de lograr.* Los "dones del

Espíritu Santo" nos esperan a todos, cuando dedicamos nuestras vidas al Plan de Dios.

Cada mañana, nos enfrentamos a una alternativa: ¿Buscaré hoy el Plan de Dios, o dedicaré mi día a ser el esclavo de mi ego y de mi agenda? Optar por el Plan de Dios es elegir la opción que nos ofrece la mejor oportunidad para convertir nuestra vida en un canal a través del cual se obren milagros. Tan pronto como empezamos a preguntarle en qué forma podemos ayudarle con Su Plan en lugar de limitarnos a pedirle que nos ayude con *nuestros* planes, todo será mejor para todos.

Estamos aquí para ser los maestros que hablen de Dios—es decir, personas que demuestren amor. Dios tiene un plan para la salvación del mundo, que se llama "el plan para los maestros de Dios." Sus maestros provienen de todas las religiones y también de la ausencia de toda religión.* No hay nada en lo que nos tengamos que alistar, no hay una organización o institución mundana a la que debamos pertenecer. Se refiere simplemente a una remoción de corazón, que activa el sistema de guía interior que ya tenemos dentro de nosotros. Si Le preguntamos cómo podemos ayudar, Él nos mostrará la forma de hacerlo.

Aunque existen personas llenas de odio que maquinan formas de sembrar violencia y destrucción en la tierra, Dios tiene un Plan para crear paz en el mundo. No es un plan físico, es más bien un plan que existe en Su Mente; partes de ese Plan están listas para ser descargadas a la mente de cualquiera que le pida recibir su parte. Cada uno de nosotros tiene el máximo potencial de ser utilizado por Dios para sanar el mundo.

Él tiene un Plan. Y ese Plan no puede dejar de dar resultado.

Los Asuntos de Nuestro Padre

A veces, ocuparnos de "los asuntos de Nuestro Padre" implica ciertas cosas de las que *no sabemos mucho* y algunas de las que *sí sabemos*. Puede ser nuestra resistencia pasiva, más que un reto directo, lo que subvierta una influencia injusta.

Conocí un ministro cuyo cargo terminó de manera injusta, y la junta directiva de su iglesia decidió asesinar su carácter para evitar cualquier desafío de parte de su congregación. Como es lógico él se disgustó, sin embargo, las actitudes de muchos amigos que lo apoyaron conmovieron su corazón.

Una de estas personas fue una mujer que le cortaba el pelo todos los meses. Cuando el ministro fue despedido de la iglesia, uno de los miembros de la junta, un hombre que había tenido gran parte de la responsabilidad de la campaña en su contra, comenzó a ir donde ella a cortarse el pelo también. Cada mes, este hombre llegaba al salón y se sentaba en su silla, y repetía las mismas versiones erradas de los hechos, cargadas de verdades a medias y negaciones que lo hacían ver bien a él.

Después de un par de meses, esta mujer simplemente no quiso seguirle cortando el pelo. Ya no le agradaba hacer negocios con él. Su lealtad hacia su amigo y el mantenerse firme en el principio de lo que era correcto, según su entender, le importaba más que su negocio. Dijo que no podía entender cómo un lugar puede abusar de las personas y seguir llamándose iglesia. Llamó a ese miembro de la junta y le dijo que no quería seguirle cortando el pelo.

Esta actitud fue una demostración del principio de Mahatma Gandhi de la no violencia, que declara que *la fuerza moral emana de la actitud recta*. Si bien dicha fuerza puede no tener efectos notorios, sí tiene efectos a un plano invisible. El simple hecho de decir la

Verdad—no sólo con nuestras palabras sino también con nuestras obras—nos lleva a contribuir a crear una ola de poder que sanará el mundo.

En 1955, Rosa Parks provocó el comienzo del movimiento de los derechos civiles con el simple hecho de decir que no a un conductor de autobús blanco que le dijo que cediera su asiento a un hombre blanco. Cuando el doctor Martin Luther King Jr. hizo un llamado para boicotear a la empresa de buses de Montgomery, estaba pidiendo un enorme sacrificio de parte de cientos de personas. Durante 381 días muchos caminaron muchas millas para llegar a sus trabajos, en ocasiones soportando acciones terroristas y acosos, por no seguir participando en un sistema de buses de transporte segregado. Con el simple hecho de decir que no a lo que ella sabía que era injusto, la señora Parks demostró los enormes poderes que una actitud así pone en movimiento.

Nunca sabremos qué efecto puede tener el que simplemente nos pongamos a favor de la verdad. Pensamos, "Soy apenas una persona: ¿qué diferencia puedo causar?" pero ninguno es "sólo una persona." Todas las mentes están unidas, y todos tenemos, todos los días, la oportunidad de decir que sí a algo que puede hacer que el mundo sea un lugar mejor, y que no a algo que lo puede degradar. A veces buscamos un plan muy grande que salve al mundo, sin conocer nuestro papel en ese empeño. El plan que nos salvará implica pequeñas formas en las que cada uno de nosotros se hace más justo cada día. Y con el tiempo, el número suficiente de gotas forma un océano.

La mujer que se negó a cortarle el pelo a alguien que ella sabía que había participado en el mal que le habían hecho a su amigo no sólo le ayudó a él. Se ayudó ella también. Al alimentar las fuerzas de la lealtad y la integridad, generó un poder moral que incrementó su propio nivel espiritual.

Ninguna acción pasa inadvertida para el universo. El filósofo político Edmund Burke escribió, "Lo único que se requiere para que triunfe el mal es que un número suficiente de personas de bien no haga nada." Y la única cosa que puede triunfar sobre el mal es que suficientes personas de bien realmente *hagan el bien*.

No basta limitarse a hablar de bondad. El hecho de que yo diga que la amo o lo amo significa poco a menos que lo demuestre con mis obras. El que yo diga que lo amo o la amo significa poco a menos que usted me considere una amiga leal y ética. El que yo diga que lo amo o la amo no hace que todo esté bien si mi comportamiento demuestra lo contrario. Ése suele ser el problema con el llamado concepto espiritual del mundo: hay quienes actúan como si el uso de la palabra *Amor* hiciera que un verdadero esfuerzo por comportarse en forma ética, íntegra, leal e inclusive honesta, fuera innecesario. Pero, sin lugar a dudas, Dios queda menos impresionado por nuestras palabras que por nuestras obras.

En la película *Meet Joe Black* (¿Conoces a Joe Black?), hay una escena en donde la Muerte le dice al padre de una mujer que piensa llevársela con él cuando se vaya de la tierra, porque se ha enamorado de ella y no quiere perderla. En ese punto, el padre de la mujer sostiene que el amor verdadero es más que el simple apetito o incluso la necesidad: es un verdadero interés por el mayor bienestar último de otro ser humano.

El amor no siempre es fácil; y si no expande la personalidad de quien lo expresa, probablemente no es amor.

La Meta de la Voluntad de Dios

Para muchos de nosotros el problema no es que no creamos en Dios o que no queramos ser los canales de su amor. Es, simplemente, que tenemos, además, bastantes metas distintas.* No nos damos cuenta de cuán distantes pueden estar nuestras metas individuales de las metas de Dios ni de la forma como pueden interferir con ellas.

Al hacedor de milagros se le piden dos cosas: ver el perdón como una función que nos corresponde y renunciar a todas las demás metas que hayamos inventado.

A veces me preguntan acerca de mis primeros años cuando daba conferencias sobre *Un Curso de Milagros* y de mi interesante recorrido profesional. Han pasado 20 años desde cuando dicté mi primera conferencia y, al mirar atrás, puedo ver con claridad por qué fue tan fácil alcanzar esos primeros logros. Tenía muy poco y deseaba muy poco más. Estaba encantada con mi apartamento, mi trabajo, mis amigos y mi vida. Era totalmente inocente de conceptos como el nivel de ser una autora de libros en la lista de best sellers, las regalías, los extractos financieros, las fechas para dictar conferencias, los pagos realizados por las instituciones, la percepción del público, y todas las demás cosas del mundo material, y le dedicaba toda mi energía al trabajo que me sentía llamada a realizar. Mi inocencia era mi mejor ventaja.

No me sentía nerviosa de pasear por un almacén elegante. No podía comprar nada de lo que allí vendían, y lo sabía, por lo que, para mí, era como visitar un museo. Sólo cuando uno tiene la capacidad de comprar únicamente buen vestido, nada más—¡es cuando entra en juego el estrés!

Ahora, después de que he leído que, como hacedora de milagros, debo supuestamente renunciar a las *metas que me he inventado*, me he visto obligada a parar en seco. Todas las fechas de mis compromisos para dictar conferencias, guardar recursos suficientes para cubrir las necesidades de Emma, los contratos de los libros—y la lista continúa. El mundo me ha recompensado y a la vez me ha encarcelado. Como muchos de nosotros, construí una prisión a mi alrededor y ahora tengo la audacia de quejarme.

Por lo tanto, quedamos atrapados: tratamos de escapar del dolor de un mundo que sufre. La inocencia de la ignorancia—cuando éramos puros de corazón porque simplemente no sabíamos nada más—es algo que debe ser muy hermoso para Dios. No obstante, hay también otro tipo de inocencia: una inocencia perdida y recuperada, cuando hemos sido conscientemente elegidos por quien *sí sabe* algo más. Una cosa es no codiciar porque nunca hayamos tenido la posibilidad de saber que había algo que codiciar y otra es no codiciar porque hemos estado allí, lo hemos hecho, y no hemos encontrado en ello la solución. Piense cuán útiles somos entonces para Dios, cuando nuestras metas han sido reemplazadas por las Suyas.

Con frecuencia procuramos comprender cuáles son nuestras metas, diseñando un plan a cinco o diez años, elaborando mapas del tesoro, identificando las personas a quienes deseamos emular. Pero deberíamos preocuparnos también de nuestras metas espirituales. No debemos preguntarnos únicamente, "¿Dónde quiero estar de aquí a cinco o diez años?" sino también, "*¿Quién* quiero ser de aquí a cinco o diez años?" ¿Cuánto tiempo tendrá que pasar para superar la tendencia a juzgar y a culpar? ¿Cuánto tiempo tendrá que pasar para que deje de desempeñar el papel de víctima? ¿Cuánto tiempo tendrá que pasar para que pueda perdonarme y aprovechar al máximo la vida que me queda?

Nuestra meta en cualquier situación debería ser que se haga la voluntad de Dios.*

Se nos dirá exactamente lo que tengamos que saber en cada instante en el que nuestros corazones estén abiertos.* Dios nos habla a través de lo que se conoce como "la humilde y calmada voz que habla por Dios." A través del perdón, la oración y la meditación podemos calmar la mente lo suficiente para poder oírla.

Una de mis oraciones favoritas de *Un Curso de Milagros* es ésta:

> *¿Adónde quieres que vaya?*
> *¿Qué quieres que haga?*
> *¿Qué quieres que diga y a quién?* *

Con esa oración, le pedimos a Dios que nos utilice—que utilice nuestras manos y pies y nuestros pensamientos y sentimientos. Una vez que nos hayamos entregado para ser utilizados para un propósito más elevado, renunciaremos a la obsesión de planificar que domina en un grado tan alto a gran parte de la civilización occidental. No podemos saber lo que hay al otro lado de una determinada curva del camino. En cambio, decidimos cruzar el puente de la percepción del Espíritu Santo, conscientes de que el destino no es tan importante como quiénes seamos mientras vamos de camino.

La paz interior nos brinda más experiencias positivas porque nos alinea con los aspectos superiores de nuestra personalidad. Pasamos de la grandiosidad a la grandeza y de la pequeñez a la magnitud.* Atraemos el afecto y la confianza, en vez de repelerlos—y lo que es igualmente importante—desarrollamos el poder de retenerlos. De poco nos sirve atraer nuestro propio bien si estamos frenéticamente descentrados en nuestro afán por aferrarnos a él cuando nos llega.

Nuestra Magnitud Espiritual

¿Qué ocurrirá a medida que crecemos hasta alcanzar nuestra magnitud espiritual? En cada una de nuestras vidas, este proceso tendrá un aspecto diferente. Cada momento tiene posibilidades infinitas, y el grado de magnificencia con que le permitamos que llegue y que pase a través de nosotros está determinado por nuestra disposición y receptividad. En el grado en que eliminemos los obstáculos que nos impiden tener conciencia de nuestra naturaleza divina, en el grado en que permitamos que los eventos y las situaciones nos magneticen—y en el grado en que ellos estén magnetizados hacia nosotros—en ese grado se manifestará nuestra grandeza. Si vibramos a baja energía, atraeremos situaciones de baja energía (¿cuántas veces nos hemos golpeado un dedo del pie, o de la mano al estar enfadados?); si vibramos a alta energía, atraeremos milagros.

Las personas nos llamarán sin saber por qué; las situaciones simplemente parecerán mejorar; comenzará a aparecer abundancia en todos los aspectos. Y cuando todo esto ocurre, conviene agradecerlo. Con frecuencia construimos un altar para nuestros desastres, dedicándoles demasiado tiempo, atención y energía. Pero, ¿hacemos lo mismo con nuestras bendiciones? ¿Están nuestras mentes realmente disciplinadas para atraer y aceptar el bien?

Estamos viviendo un tiempo de "aceleración celestial" en el que todo se mueve con mayor rapidez—¡incluyéndonos a nosotros!* Los acontecimientos ya no nos llegan en una suave brisa, sino en ¡tormentas torrenciales! No se debe a que estemos fallando sino a que estamos disponibles, Dios lo sabe, y *éste es el momento*. Recuerdo que viendo una noche en la televisión un reportaje sobre la invasión del Día D, mostraban cómo los Aliados habían ensayado la invasión durante meses, y luego, una mañana, las cosas fueron diferentes: *esto era real.*

Es un momento crucial en nuestras vidas porque es un momento crítico para la tierra. Cada uno de nosotros tiene ahora la oportunidad de desarrollar al máximo el potencial divino para poder ocupar nuestro lugar en el Plan de Dios. El Plan existe en la Mente de Dios y, en el grado en que Le entreguemos nuestros pensamientos, recibiremos nuestra parte. Nuestra principal tarea es permanecer de pie en la luz de la persona que somos y convertirnos en la persona que somos capaces de ser. De ahí, provendrá el bien.

Nos ubicamos en esa luz en el momento en que lo decidamos. Cuando tenemos el corazón cerrado al amor—cuando emitimos juicios, cuando nos negamos a dar amor, cuando no perdonamos—literalmente, *no estamos siendo nosotros mismos.* En esos momentos, elegimos ser rehenes del ego más que huéspedes de Dios.

Nuestra razón de ser, nuestra felicidad y nuestro propósito emanan todos del mismo punto de poder: de nuestra capacidad de personificar el amor en cualquier instante determinado. Un amor que es algo más que "ser amables." Es la entrega de un sentido individual de ser, un reclamo de la totalidad de la vida como parte de nosotros mismos. Al ser conscientes de que somos parte del todo, cambiamos nuestra perspectiva de un concepto de identidad individual a un concepto de conexión universal. Resulta imposible actuar únicamente para beneficio propio, cuando sabemos que el yo incluye a todo el mundo.

Si alguien sufre al otro lado del mundo, esa persona no deja de ser parte de nosotros.

Y cuando una masa crítica de la humanidad comprenda este concepto, se desvanecerán los obstáculos a la paz mundial. En el reino del espíritu, vemos nuestra meta plenamente lograda: queremos un mundo recreado a imagen del amor. En el reino del cuerpo, lo logramos gradualmente: el poder de la visión mantiene en curso el proceso. Sabemos que a través de nuestros esfuerzos individuales, estamos contribuyendo a un esfuerzo mayor. Nuestra meta no es sólo crear un mundo en donde todo lo carente de amor esté prohibido: nuestra visión es la de un mundo en donde esas cosas serán ya algo literalmente *impensable*. Ése es el propósito del hacedor de milagros: pensar con tanto amor que el miedo comience a perder la falsa autoridad con la que domina el mundo. Si *pensamos* en un mundo donde sólo haya amor, y mantenemos ese pensamiento en la mente por varios minutos cada día, llegará el día en el que nuestra forma de pensar nos conduzca a nuestra creencia y ésta, a la vez, nos lleve a actuar de forma que podamos convertir ese pensamiento en realidad.

¿Realmente Nos Estamos Esforzando por Lograrlo?

Todas las personas que conozco quieren que el mundo cambie. Todos queremos ser parte de la solución. Consideramos el concepto de una revolución total en los valores humanos como una idea muy atractiva. Todos estamos listos a inscribirnos en ese plan. ¡Hagámoslo! Pero, un momento. Comenzamos a escuchar algunas pequeñas quejas. "¿No podemos dejarlo para cuando no estén pasando por la televisión mi programa favorito?" "¿Podría inscribirme para hacerlo los sábados de 2 a 4 mientras los niños juegan fútbol?" "¿Podríamos reunirnos en un lugar más agradable?" Somos la única generación en la historia del mundo que quiere reinventar la sociedad durante la merienda.

Sólo en los Estados Unidos podría alguien esperar que ¡cambiar el mundo se *adaptara* a su horario! Volvamos a la Realidad: las sufragistas no tenían teléfonos celulares. Los abolicionistas no tenían faxes.

Lo que sí tenían, sin embargo, era amor en sus corazones. Y también lo tenemos usted y yo.

Pregunté a una amigo de qué tema se debía hablar en una charla que iba a dar en su librería, y me dijo, "Habla de los retos de vivir hoy una vida espiritual—es decir, ¡todos nos esforzamos tanto!"

Pensé para mis adentros, "¡No, no lo hacemos!" Sin embargo, por la razón que sea, insistimos en decirnos que lo hacemos. En esta época todos somos revisionistas, y no nos conformamos simplemente con revisar nuestro pasado—revisamos también el presente. Parece que tenemos la creencia mágica de que si nos describimos de una cierta forma, debe ser porque somos así.

Hablamos de lo difícil que es tener una vida espiritual cuando ni siquiera meditamos con regularidad ni hacemos el más decidido esfuerzo por perdonar a quienes nos han herido. Tal ves hemos pasado tantos años en el aula de clase que la "modalidad estudiantil" se ha convertido en un hábito.

Es hora de graduarse. Somos bastantes los que conocemos los principios espirituales; hemos leído los mismos libros y hemos escuchado las mismas grabaciones. *Ya es hora de convertirnos* en los principios, de incorporarlos y demostrarlos en nuestra vida diaria. Mientras no lo hagamos, no los habremos aprendido realmente en toda su profundidad. No informarán nuestras almas ni trasformarán el mundo.

Si ése es el caso, pasaremos a la historia como la generación que sabía lo que debía saber y sin embargo no hizo lo que tenía que hacer. No puedo imaginar cómo nos sentiríamos si muriéramos con ese entendimiento.

Hemos adquirido un tipo de concepto de torre de marfil sobre la educación espiritual: mantenerla abstracta, intelectual y segura.

Sin embargo, los despojos de la historia sólo los obtienen quienes están dispuestos a ensuciarse las manos. Escuché hace poco a una mujer que hablaba de su frustración con la política: "¡Nos hemos esforzado tanto, parece que nunca nada cambia!" Pensé que hablaba en broma.

"No, no lo hemos hecho. ¿Cuántos de nosotros votamos?" le pregunté. "Y si lo hacemos, eso qué significa—¿que vamos a las urnas cada dos o cuatro años? ¿Cuándo vamos a dejar de creer que *nos hemos esforzado tanto?* "¿Pensamos que hemos hecho algún esfuerzo noble y supremo por cambiar el mundo, y que no dio *resultado?* Estamos tan condicionados por las comedias en la televisión que duran 30 minutos que si no obtenemos en media hora lo que queremos es como si lo hubiéramos intentado pero no lo hubiéramos logrado. Ay, ¡qué mala suerte! Ni modo.

La Madre Teresa hizo un esfuerzo noble y supremo. Martin Luther King Jr. hizo un esfuerzo noble y supremo, Susan B. Anthony hizo un esfuerzo noble y supremo. Nosotros no hemos hecho un esfuerzo noble y supremo. De hecho, la mayoría de nosotros, ha hecho muy pocos esfuerzos por cambiar el mundo. Sin embargo, ¡nos sentimos frustrados al ver que no cambia!

Por lo general, cuando la gente dice, "¡Nos hemos esforzado tanto!" realmente no hablan de ellos mismos. Deberían decir, "Bueno, ¡conozco personas que lo han hecho!" Si lo pensamos bien, da risa. Tal vez no nos damos cuenta del gran secreto que hay ante nosotros—ese secreto no tiene que ver con el *poco* poder que tenemos de cambiar las cosas, sino ¡con el *enorme* poder que tenemos y no estamos aprovechando! Somos como pájaros a quienes nunca les informaron, o quienes olvidaron que tenían alas.

Pero empieza a bullir entre nosotros un gran recordatorio, y lo que sea que hayamos o no hayamos hecho, el éxito o el fracaso que hayamos tenido; el tiempo que hayamos aprovechado o perdido;

éste es el momento en que nos encontramos, estamos disponibles, estamos presentes en este preciso momento y dispuestos a enfrentar el reto.

Lo único que tenemos que recordar es lo siguiente: si Dios nos ha dado una tarea que cumplir, nos dará los medios para llevarla a cabo.* Lo único que tenemos que hacer es preguntarle qué quiere que hagamos y estar dispuestos a hacerlo.

Metas

Antes de un despertar espiritual, vivimos nuestras vidas por cuenta propia. Pasamos por distintas situaciones con nuestra forma de pensar mundana, centrada, por lo general en nuestra propia agenda, en nuestras metas individuales y en nuestras necesidades, según las definimos. No obstante, cuando emprendemos el camino de un hacedor de milagros, comenzamos a entregarle nuestras metas a Dios.

A veces me he sorprendido en una entrega bastante completa al tratar de decidir lo que debo hacer, sin embargo, tomo los controles cuando se trata de determinar cómo hacerlo. No basta permitir que Dios decida lo que debemos hacer. También debemos permitir que el Espíritu de Dios influya profundamente en ese ser que somos cuando actuamos.

Es posible que nos sintamos guiados a asistir a una determinada reunión. Pero si durante esa reunión nuestros pensamientos son arrogantes o críticos, si nuestro comportamiento es controlador e inmaduro, entonces aunque estemos "donde deberíamos estar," ¡lo echaremos todo a perder aun estando allí! Nuestra energía personal es capaz de atraer y rechazar nuestro propio bien. En forma telepática las personas detectan el tono de nuestros pensamientos, y son muy pocos quienes reaccionan con entusiasmo ante una persona negativa.

Si entro a un salón y sin decir una palabra bendigo a todos los que estén allí, nadie sabrá exactamente por qué se sienten más tranquilos, pero así será. Cuando nuestros pensamientos están alineados con los de Dios, nos elevamos a un reino de posibilidades superior al que nos pueden ofrecer nuestros pensamientos basados en el ego. No basta rezar, "Dios mío, ¿debo asistir a esta reunión?" Es útil también recordar antes de entrar a la reunión que hay que rezar, "Dios mío, ahora que estoy aquí, te entrego esta reunión. Permite que sea un instrumento de tu paz. Amén."

Con frecuencia ignoramos el sorprendente poder de la oración, y lo hacemos por una razón igualmente sorprendente: *no creemos que pueda ser tan fácil*. No obstante, ¿es difícil que los botones de rosa se abran para convertirse en una hermosa flor? ¿Es difícil para las estrellas brillar? Parte de la genialidad de Dios es que Él lo hace parecer todo tan fácil. Seguimos buscando las alas de una golondrina cuando ya se nos han dado las alas del águila.* Continuamos aferrados a nuestra debilidad cuando nuestra verdadera fortaleza es enorme.

Cambiar la Ambición por la Inspiración

No se trata de hacer o no hacer algo. Se trata de hacer algo si internamente somos guiados a hacerlo y de no hacer algo si no somos guiados a hacerlo. A veces hay quienes piensan que tienen una gran idea y luego esa idea se derrumba. Sin embargo, si ese plan surgió por inspiración propia y no por inspiración divina, es posible que no hubiera reflejado el mejor uso de sus talentos en un área determinada.

Se advierte a los creadores de milagros que "eviten los planes de iniciativa propia."* Lo que se quiere decir con esto es que las ideas que vienen de nosotros mismos—las que no provienen de un cierto sentido de guía e inspiración profundas sino más bien de una cierta ambición y un deseo de control—provienen del ego y no cuentan con el respaldo del cielo. En otras palabras, no tienen la bendición. Pueden ser buenas ideas y la intención puede ser recta, pero si no emanan del Espíritu Santo, representan entonces "mi voluntad" y no "Tu voluntad." Nuestras buenas intenciones no bastan; nuestra buena disposición lo es todo.*

Con frecuencia he oído a algunos quejarse del fracaso de un plan. "¡Pero era una buena idea! ¡No entiendo por qué no resultó!" No obstante, aunque debimos haber creído que algo era buena idea, la mente mortal tiene una perspectiva limitada de las "buenas ideas." ¿Por qué criterios podemos discernir lo que es una verdadera buena idea, dada nuestra incapacidad de saber lo que va a ocurrir en el futuro? ¿Qué lecciones hay que aprender, y quiénes deben aprenderlas? ¿Cómo caben nuestras acciones en el plan más amplio de Dios? Una idea bendita no proviene de la mente mortal, que no tiene idea de la forma como funcionarían mejor nuestros talentos y capacidades dentro de un mayor bien en desarrollo. Y, desde una perspectiva espiritual, *hay* un más amplio plan de bien en proceso, una voluntad de sanar que está incorporada en el sistema del universo. Se nos dirá todo lo que tenemos que saber y se nos mostrará todo lo que tenemos que ver. La Mente (el Espíritu) total (Santo) de Dios se imprime en nosotros cuando oramos y meditamos y procuramos seguir principios espirituales. A medida que nos abrimos para recibir Su guía, nuestros pensamientos y sentimientos van adoptando patrones que conducen todo lo que tenemos en nuestro interior y nuestro alrededor a los reinos del orden del derecho divino.

El Ministerio No es Sólo para los Ministros

Cuando era joven, recuerdo haber quedado abrumada con la idea de que no sabía lo que debía hacer con mi vida. No tenia ni la menor sospecha de que pudiera haber ya un plan de ordenamiento divino, unos rieles por los que sólo tenía que hacer correr mi tren. Pensaba que era responsable por el tren y por los rieles de razón que, en ocasiones, tanto el uno como los otros quedaron mal construidos.

Seguir el camino de Dios no es tan difícil como diferente.* Lo difícil es reentrenar nuestras mentes, superar nuestra resistencia a pensar de forma tan distinta a la que se nos enseñó. Si, de hecho, nuestra única función es amar y perdonar, entonces el mundo entero, como lo conocemos, está equivocado. Y lo está. La forma de pensar del mundo está a 180 grados de distancia del pensamiento de Dios.*

Se requiere de cierta humildad para presentarnos vacíos y disponibles ante Dios. Pero cuando lo hacemos, nos llenamos de conocimientos que de otra forma no podríamos poseer. Como, qué hacer con nuestras vidas—que es un conocimiento muy importante como para carecer de él.

Siempre nos estamos preguntando si debemos hacer esto o aquello cuando, desde el punto de vista espiritual, lo más importante no es qué hagamos sino en quién nos convirtamos. No cabe duda de que hay ciertas cosas que Dios quisiera que hiciéramos, pero antes tenemos que convertirnos en personas diferentes para poder saber cómo poderlo hacer. Dios no puede obrar por nosotros hasta que pueda obrar a través de nosotros.

En una ocasión iba a tomar vacaciones y había estado trabajando con una agente de viajes llamada Connie. En el último minuto, por un compromiso de trabajo, tuve que cambiar mi fecha de salida. Sin embargo, cuando Connie quiso ocuparse del cambio se dio cuenta que me había vendido un pasaje no reembolsable y no transferible.

Me molesté porque no hubiera comprado el pasaje si lo hubiera sabido. Sin embargo, también era consciente de que ésta era una excelente oportunidad para encontrar el equilibrio entre expresar un desagrado acerca del desempeño profesional de alguien y demostrar paciencia y compasión con alguien que simplemente había cometido un error. Así me lo dijo mi hija de 14 años después de escuchar el final de mi conversación telefónica. "Lo hiciste muy bien, mamá; le hiciste saber que se había equivocado, pero no la hiciste sentir mal."

Desde una perspectiva puramente mortal, el Plan de Dios podría haber sido que yo tomara unas vacaciones. Sin embargo, a un nivel más profundo, el Plan de Dios tenía que ver con lo que aprendimos tanto Connie como yo con esa experiencia: ella aprendió a tener más cuidado con lo que hacía para sus clientes en su trabajo y yo aprendí a manejar una situación como ésa sin ser demasiado condescendiente ni demasiado dura con alguien que tenía que ver conmigo.

Cualquiera que sea la grandeza que pueda desplegarse en la vida de Connie, quedará bloqueada si ella no está desempeñándose en la mejor forma posible. Y no importa qué grandeza pueda desplegarse en mi vida, quedará bloqueada por cualesquiera problemas que pueda tener al tratar con la gente. Y *ése* es el Plan de Dios—que se eliminen los bloqueos que impiden el paso de nuestra luz interior, para que Su luz brille a través de nosotros.

El libro de ejercicios de *Un Curso de Milagros* titulado "Soy uno de los ministros de Dios" dice, "No nos corresponde juzgar nuestro valor, tampoco podemos saber cuál es el papel que más nos conviene; lo que podemos hacer dentro de un plan más extenso no lo podemos ver en su totalidad . . ." Continúa,

> Sea cual fuere el papel que le corresponda, ha sido seleccionado por la Voz que habla por Dios, cuya función es hablar también en nombre de usted. Al ver sus fortalezas tal como son y al estar igualmente consciente de dónde pueden aplicarse mejor, para qué, para quién y cuando, Él aprueba y acepta su papel por usted. Él no obra sin su consentimiento.
>
> . . . al fin, se dará cuenta de que hay una Voz en su interior y esa Voz le asigna su función y se la comunica, dándole a su vez la fuerza para entenderla, para hacer lo que supone y para tener éxito en todo lo que haga con relación a ella.

A veces alguien dice, "Bueno, me encantaría dedicarme a hacer el trabajo de Dios, pero tengo tres hijos en casa—¡No puedo ir a ninguna parte!" Sin embargo, el ministerio está determinado por su contenido, no por su forma. Sin lugar a dudas no hay ministerio más importante que el de ser padres. Ser conscientes y estar atentos a la forma como tratamos a un adolescente de 15 años que intenta entender por qué terminar la secundaria es tan importante como alimentar a los pacientes de SIDA en África. Si más personas de las que ahora manejan el mundo hubieran sido educadas con una mayor consciencia espiritual a la edad de 15 años, tal vez el mundo no sería el desastre que es hoy.

El Espíritu Santo nos asigna un lugar a cada uno donde nuestros talentos y habilidades pueden ser más útiles y donde podemos aprender nuestras lecciones.* No hay que dudar de ese plan: sólo ponerse a su disposición.

Hace algún tiempo, estaba visitando a mi madre, y hablaba con ella y con su enfermera. Hace años, habría sido impaciente, pensando que tenía que estar en el mundo intentando hacer algo importante. Lo que ahora sé es que el mundo está en cualquier sitio donde yo esté, y las lecciones que tengo que enseñar, como las que tengo que aprender, están justo aquí, justo en este momento, en este caso con mi madre y su enfermera. Porque es posible que tenga cosas que enseñarles, pero lo que es aun más importante es que ellas tienen, sin duda, cosas que enseñarme a mí. Como aprender a superarme. Ser más paciente. Mostrar más agradecimiento hacia la mujer que me dio la vida. Sólo cosas pequeñas como esas, ja, ja . . .

MI COMPAÑERO DE CASA (el de las motocicletas, que rara vez escucha sus mensajes) me llamó, en una oportunidad, desde el lugar donde estaba de vacaciones y me dijo que había conocido a una persona que le gustaba mucho y que la traería a casa de visita. Me alegré de que hubiera conocido a alguien, pero sentí cierto temor en cuanto a nuestro acuerdo de vivienda. ¿Cómo la iba a acomodar en la misma casa con nosotros? ¿Se llevaría bien con mi hija y le agradaría yo? ¿Me seguiría sintiendo bien en mi casa? ¿Qué pasaría si no le agradábamos y si quisiera que nos mudáramos?

Permití que mi mente inquieta hiciera lo que tenía que hacer, sin embargo recordé que mi única misión es amar. Durante horas antes de conocerla, me limité a orar y pedir que nuestra reunión fuera bendita. Pedí ser un instrumento de amor en su vida. Pedí que pudiera abrirle mi corazón, que nuestra relación alcanzara su posibilidad más alta. Sabía que si ponía en ello todo mi corazón y toda mi mente, de manera adecuada, el futuro alcanzaría su mayor expresión. No estoy aquí para diseñar el universo de Dios sino para permitirle que me muestre el diseño que Él ya ha creado. Fue creado en amor total, para mí y para todo ser viviente. Mi misión es ser fiel a esa verdad.

El amor es infinito, e infinitamente creativo. Si ella viene a esta casa, será mi bendición de ese día. Es parte de mi currículo espiritual. Es lo que está ocurriendo y por eso sé que es importante. La realidad de ahora es la realidad que importa. Cualquier cosa que esté ocurriendo es nuestra oportunidad de sanar nuestras partes heridas, siempre que nuestros corazones y nuestras mentes estén abiertas al amor de Dios.

Pasara lo que pasara, sería una lección: ya fuera una lección sobre mostrarme receptiva a una nueva situación o una lección sobre fijar límites con compasión. Pero la clave para aprender la lección estaba en abrir mi corazón. Sólo así estaría haciendo lo que me correspondía para mover el universo y avanzar hacia el orden del derecho divino.

Con esa manera de pensar, preparé el camino para que ocurrieran cosas más elevadas. Y así fue. Para el final de la tarde ya éramos amigas.

Dios no es Nuestro Mandadero

A veces le hablamos a Dios como si le estuviéramos entregando nuestra lista de compras. *Haz esto y aquello por mí, por favor. Amén.*

Esto no quiere decir que no debamos pedirle lo que queremos pero, lo más importante es pedirle a Dios lo que *Él* quiere. Ponernos a Su servicio es la clave única y más importante para encontrar la relación correcta con todos y con todo.

No podemos salvar el mundo sin Dios, pero Dios no puede salvar el mundo sin nosotros. Al ponernos a disposición de Su Plan, no siempre veremos como encajan las distintas partes dentro del plan global de las cosas. Pero no necesitamos saberlo. Lo que necesitamos, tal vez más que cualquier otra cosa, es suficiente fe en nosotros mismos para saber apreciar Su fe en nosotros. Él no crea espíritus pequeños, y Sus planes tampoco son pequeños. Él nos creó en grandeza, y Él tiene en mente la grandeza para nosotros. La mediocridad no cabe en la creación de Dios.

Ha habido momentos en mi vida en los que me he arrepentido de hacer algo extraordinario, pensando, "¿Quién soy yo para hacer una cosa semejante?" Pero, en realidad, ¿quién era yo para no hacer algo si Dios me lo había puesto delante? Como todo lo demás, tenemos la humildad y la arrogancia totalmente invertidas. No es humildad creer que no podemos hacer lo que Dios nos pide; es arrogancia pensar que somos mejores que Aquél que nos imaginó.*

En relación con cualquier cosa que seamos guiados a realizar, no debemos preocuparnos por si estamos listos para hacerlo, sólo debemos estar firmemente conscientes de que Él lo está.* Una vez que se nos pida que seamos el conducto a través del cual Dios actúa, sólo nos corresponde abandonarnos en ese Instante Sagrado y permitir que el Espíritu Santo guíe nuestros pensamientos y nuestras acciones. Somos sólo el grifo; Dios es el agua.

La presencia del miedo es señal segura de que confiamos sólo en nuestras propias fuerzas.* De nuevo, somos presa del miedo porque nos creemos gran cosa. No somos gran cosa; la gran cosa es Dios dentro de nosotros.

Cuando lo sepamos, llevaremos la delantera.

Tomar Decisiones

El mundo nos indica todo tipo de formas para tomar decisiones inteligentes, pero no hay inteligencia igual a la Inteligencia Divina. Emana del lugar en donde todas las cosas, pasadas, presentes y futuras, son conocidas y benditas. Toma las decisiones con base en el mayor bien para todas las criaturas vivientes. Poner todas las decisiones en las manos de Dios no significa renunciar a la responsabilidad personal; es la forma más elevada de *aceptar* nuestra responsabilidad.

Cuando tomamos decisiones por nosotros mismos, no sólo estamos conduciendo a ciegas—incapaces de ver la próxima curva del camino—sino que estamos intentando compensar por cualquier pensamiento que nos haya faltado en el pasado. El pasado es un mal instrumento de navegación. No podemos conducir el automóvil hacia adelante mirando al espejo retrovisor. Dado que la percepción de una carencia da entonces forma a nuestra creencia más íntima, inevitable y subconscientemente la repetimos. Tomar decisiones con la mente del ego sólo resultará en un ego más inflado, que incrementa el dominio que tiene sobre nuestras mentes y nuestras vidas.

Sin embargo, cuando ponemos un problema en las manos del Espíritu Santo, Él eleva y reorganiza nuestras percepciones. Cuando ponemos un problema sobre el altar, Él cambia nuestra forma de pensar.

Con frecuencia he recibido orientación directa después de pedirla en ferviente oración, antes de entregarme al sueño en la noche. Si oramos en ese momento preguntando, "¿Debo hacer esto?" o "¿Debo hacer aquello?," con frecuencia tendremos sueños reveladores; es posible que despertemos durante la noche por alguna indicación que nos muestra el camino a seguir o podemos despertar en la mañana con la sensación de saber lo que hay que hacer.

Esos momentos pueden ser importantes porque el ego todavía no ha tenido la oportunidad de utilizar su filtro mental y opacar la voz de Dios. Es extraño que enseñemos a los niños a decir sus oraciones por la noche y que a la vez pensemos que cuando somos adultos ya no tenemos que hacerlo. ¿Pensamos que una vez que somos mayores, ya lo sabemos todo y no necesitamos ayuda alguna?

Cuando nació mi hija, puse en su certificado de nacimiento el nombre India; era el nombre que había elegido meses antes. Sin embargo, cuando llegamos a casa del hospital, no estaba tan segura. Me venían a la mente varios nombres. Por lo tanto, la primera noche en casa, recé antes de irme a dormir pidiendo a Dios que me indicara cuál debería ser su nombre. Desperté a la mañana siguiente con una imagen muy nítida en mi mente, como un sueño muy claro, justo al despertar, una pequeña niña de cabello rubio sostenía un cartel blanco con letras muy grandes y claras en negro: E M M A. Me sorprendí, y la pequeña dijo, "Mami, mi nombre es Emma." No puede decirse que haya sido nada muy sutil.

La voz que habla por Dios es como una señal de radio espiritual y, tarde en la noche y en las primeras horas de la mañana, son los momentos en los que la recepción es más clara—entonces, y en los momentos en que meditamos. Esos son los momentos en los que el mundo no está tan cerca de nosotros, cuando la ofuscación de los planes mundanos no pesa sobre nuestras mentes.

A cualquier hora del día, podemos sintonizarnos para recibir la orientación que sabemos que viene de más allá de nuestra mente mortal.

A principios de 1984, trabajaba como secretaria temporal en el World Savings Building de Los Ángeles; acababa de empezar a dictar mis charlas sobre *Un Curso de Milagros* en la Philosophical Research Society. En esa época en la que unas pocas personas asistían a mis conferencias, no tenía ni la menor idea de que esta actividad se convertiría en mi profesión de tiempo completo. Un día, mientras esperaba el ascensor en mi lugar de trabajo, escuché una voz dentro de mi cabeza que con la claridad de una campana, me decía, "Éste será tu último trabajo como secretaria."Y otras orientaciones, muy personales, han iluminado mi camino en otras oportunidades. Lo mismo les ha ocurrido a muchas personas que conozco. Hay más dimensiones de conciencia desde las que la visión mundana del ego considera posibles o reales.

Esta voz que habla de parte de Dios no ignora las realidades de la existencia práctica. El Espíritu Santo entiende el mundo y sin embargo entiende también su lugar en el Plan que Dios tiene para todas las cosas. Es como el embajador de Dios, que ingresa a la ilusión mundana con la misión de guiarnos más allá de ella.* Nos muestra cómo habitar en la tierra y a la vez mantenernos fieles a los principios del cielo. No nos enseña a ignorar el mundo ni nuestras responsabilidades mundanas. Se limita a enseñarnos cómo vivir nuestras vidas con un sentido más profundo de forma que le presten el mejor servicio al mundo. Así, participamos en un esfuerzo colectivo por recuperar este reino para el amor.

Muchas veces escuchamos la orientación de Dios pero simplemente no podemos hacer que concuerde con las creencias de nuestras mentes mortales. "¿Por qué me orienta el espíritu en dirección a Chicago, si mi trabajo está en Seattle?" Sólo un año después se enterará, y se lamentará profundamente, de que ha perdido la oportunidad de algo muy importante en Chicago y se dirá, entonces, "¡Tuve la premonición de que debía ir allá!" Después de equivocarnos varias veces por no seguir las orientaciones internas, nos volvemos mucho más obedientes. Dios sólo tiene nuestra felicidad y la felicidad de todo ser viviente en mente. Cuando nos demos cuenta de esto, su camino se tornará mucho más fácil de seguir.

Tras los Pasos del Amor

Obedecer a Dios significa estar dispuestos a seguir los dictámenes del amor: pensamientos y comportamientos prescritos para nosotros por una fuerza que sólo desea nuestra felicidad y nuestro bien, en oposición a los pensamientos y comportamientos que pretenden ser lo que conviene a nuestro propio interés, cuando en realidad son nuestra propia destrucción.

Esto es radicalmente opuesto a un concepto tradicional de un Dios estricto, severo, que juzga y es exigente. El propósito de nuestras vidas es alcanzar la felicidad; Dios nos quiere felices, mucho más de lo que parecemos desearlo nosotros. Es contrario a muchas de las enseñanzas de las religiones tradicionales pensar que abandonarse en Dios es entregarse a algo que sólo tiene en mente nuestro mayor bien. Para el ego, el sufrimiento parece, de alguna forma, más importante, más sustancial que la felicidad. El ego se da cuenta de que sufrir cambia las cosas, pero el Espíritu Santo se da cuenta de que la alegría las cambia también. Si observamos los bebés mientras juegan, ¿no sentimos deseos de sonreír? Sentirnos amados por nuestra pareja, ¿no nos lleva a sonreír? Lograr completar una tarea creativa, ¿no nos hace sonreír? ¿Qué podría ser más natural que la alegría?

Bajo el hechizo del ego, nos sentimos tentados a pensar, "¿deseo hacer la voluntad de Dios, o quiero ser feliz?"* Mientras dudemos que la felicidad y la voluntad de Dios *sea la misma cosa*, tendremos la tendencia a decidir en contra de nosotros mismos. ¿Cómo puede ser fácil entregarse si no estamos convencidos de que nos estamos entregando a quien realmente quiere nuestra felicidad?

Basar nuestras decisiones en aspectos relacionados con el

mundo debe ir equilibrado con el hecho de sopesarlas contra los asuntos del corazón. Cuando se hayan tomado en cuenta todos los aspectos legales, las opiniones médicas, las responsabilidades y los puntos de vista de otras personas; una vez que se hayan investigado y analizado todas las opciones; entonces, todas las decisiones deben ponerse en manos de Dios. La forma más poderosa de tomar una decisión es pedirle a Dios que la tome por uno.*

> *Dios mío,*
> *Te ruego que tomes esta decisión por mí.*
> *No puedo ver el futuro,*
> *Pero Tú sí.*
> *No sé qué sea lo mejor para todos,*
> *Pero Tú sí.*
> *No veo la lógica en todo esto,*
> *Pero Tú sí.*
> *Dios mío,*
> *Te pido que decidas esto por mí.*
> *Amén.*

Una oración así autoriza a las fuerzas espirituales a mover montañas para nuestro bien. Y lo harán.

A veces pienso que he pedido y que la respuesta aún no ha llegado. En esos momentos, sé que la respuesta se encuentra como suele decirse en Alcohólicos Anónimos, "Vendrán otras revelaciones." A veces la respuesta no es tan simple como "Haz esto" o "Haz aquello." A veces se trata de aprender a ser más pacientes—conscientes de que a medida que vamos creciendo en profundidad y comprensión, sabremos qué hacer o el interrogante se resolverá por sí solo. Sólo una infinita paciencia produce resultados inmediatos.* Cuando nuestra fe es lo suficientemente grande, no nos preocupamos de que Dios no nos oiga o de que tal vez no nos responda.

Hay otro aspecto que puede tentarnos a tomar decisiones que sólo Dios debería tomar, nuestra falsa creencia de que sabemos lo que conviene a los demás. Conceptos como, "No puedo dejarlo porque me necesita" o "Tengo que quedarme en este trabajo porque aquí nadie sabría qué hacer si . . ." son algunos ejemplos.

De hecho, es un universo en el que todos salen ganando—cuando el Espíritu Santo se hace presente en una situación, automáticamente todos los involucrados salen "ganando."* Nos da miedo tomar una decisión que pudiera herir a alguien, y le damos vueltas al problema con la mejor intención de tratar evitar que eso ocurra. Sin embargo, si pedimos simplemente a Dios que tome esa decisión por nosotros, Él, que sabe lo que es *mejor para todos*, decidirá desde un punto de vista mucho más adecuado y más sabio que el que nuestra mente mortal puede llegar a tener.

En realidad, cualquiera que sea la orientación que Dios nos dé, eso es lo que será, en último término, mejor para todos.

Permitir que Dios tome las decisiones es sólo otra forma de entrega profunda. Cuando invitamos a Dios a que elija, se nos otorga una comprensión más profunda. Aparecen de pronto más dimensiones del saber. Alcanzaremos tal plenitud en el momento en que aprendamos a quedar totalmente vacíos; adquiriremos esa sabiduría cuando nos demos cuenta de que no somos sabios; y adquiriremos ese poder cuando entendamos que no tenemos poder alguno.

Al cambiar nuestra inteligencia mortal por la inteligencia divina, comenzaremos a ver más allá de las apariencias. Y nada volverá a ser igual.

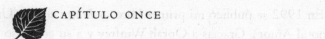

CAPÍTULO ONCE

De Quiénes Éramos
a Quiénes Llegaremos a Ser

Con frecuencia he oído decir a muchos que temen el cambio. Pero yo me pongo nerviosa cuando las cosas *no* cambian. Creo que, a veces, el cambio es mi alimento.

Muchos llegan a mi casa y tan pronto como entran dicen, "Espera, ¿ese cuadro no estaba en la otra habitación?" Tengo tal obsesión por cambiar de lugar los muebles (en especial los cojines) que en una ocasión levanté realmente una silla ¡con mi amiga aún sentada en ella!

Pero también me he dejado vencer por el cambio, abrumada por cambios que yo misma he originado, al liberar despreocupadamente energías que nada tenían de casual. He juzgado algunos cambios a la luz de lluvias de primavera que se han convertido en huracanes. He subestimado la fuerza del cambio. Y así me he vuelto humilde en este tema después de haber aprendido a las malas lo importante que es ir despacio en nuestro interior cuando las cosas en el exterior avanzan aceleradamente. Aunque no temo al cambio en sí mismo, me temo a mí misma cuando no voy despacio y no avanzo consciente y no voy en oración mientras éste se produce.

En 1992 se publicó mi primer libro, *A Return to Love* (Un Retorno al Amor). Gracias a Oprah Winfrey y a su generoso entusiasmo por el libro, mi mundo cambió. Empecé a recibir dinero que no había tenido nunca antes, junto con la atención de la prensa y el status de una celebridad. No pensé que eso fuera algo increíble; sólo consideré que implicaba ¡muchas cosas que hacer! Actué como una gallina sin cabeza, no me tomaba el tiempo suficiente para escuchar, reflexionar, meditar, pensar. Cuando tenía más necesidad de reparar mi morada interior, de pedirle a Dios que entrara y me explicara las cosas, comenzaba a olvidar. Iba demasiado rápido. Ponía en primer lugar lo que era secundario y las cosas más importantes iban en segundo lugar, de forma que después lo lamentaría.

Recuerdo haber recibido mi primer cheque de regalías, más dinero del que jamás había visto. Y tal vez específicamente porque en ese entonces vivía en Los Ángeles, acepté la idea de que si se tiene la fortuna de tener dinero, hay que comprar una casa. Pero recuerdo que oré a este respecto y la orientación que recibí fue clara, aunque me pareció extraña: "Redecora tu condominio."

Esta idea venía a mi mente una y otra vez. "Redecora tu condominio." Pero las personas que me rodeaban se reían ante semejante idea. ¿Por qué tenía que redecorar mi condominio cuando podía comprar una casa? *Un Curso de Milagros* dice que el Espíritu Santo puede dar orientación que en un comienzo parece sorprendente, pero creo que olvidé esa parte. Me guié por las voces del mundo en lugar de guiarme por las voces de mi corazón.

En el gran plan de las cosas, lo que importa no es si compramos o no una casa. De hecho, lo que importa es que la voz del corazón pierda volumen al llegar a la cabeza. ¿Por qué me indicaba el Espíritu Santo que redecorara mi condominio? Porque necesitaba tiempo para adaptarme a esta nueva situación en mi vida. Necesitaba tiempo para sentirme a gusto en mis nuevas circunstancias, para habitar emocionalmente el espacio que ya estaba habitando materialmente. Necesitaba tiempo para pensar acerca de lo que significaban las cosas y de la forma de enfrentar nuevas situaciones con mayor madurez. A veces el cambio nos eleva como un tornado y nos deja caer en sitios donde jamás hemos estado. Los tornados son rápidos, y también destructivos. La velocidad puede ser la enemiga del cambio constructivo.

Otra razón por la cual me estaban indicando internamente que me quedara en mi condominio, creo que era para poder decir adiós. Tenía que despedirme de partes de mí misma que estaban siendo llamadas a transformarse en algo nuevo, y tenía que acoger partes de mí misma que apenas comenzaban a nacer. Los mayores errores que he cometido en mi vida no los habría cometido si me hubiera tomado un poco más de tiempo. Tiempo para pensar. Tiempo para meditar. Y para orar.

Tal vez usted fue una cosa y ahora es otra: tal vez estaba en la secundaria y ahora ha entrado a la universidad; tal vez era soltera o soltero y ahora se casará; tal vez estaba cansada y ahora no lo está; tal vez no tenía hijos y ahora es padre; tal vez tenía un hijo en casa y ahora ya no está. Cualquiera que sea la puerta que haya traspasado, su vida no será la que era antes. La habitación en la que estaba ha quedado atrás.

El terreno emocional bajo sus pies es distinto y necesita tiempo para reorientarse. El apresurarse durante el cambio es una acción inconsciente y es terreno fértil para los errores.

Navegar por el Cambio

Cuando una etapa de la vida da paso a otra, es el fin de una era y el comienzo de otra nueva. La forma como naveguemos por esas transiciones espirituales determinará la felicidad o la desilusión que encontremos a nuestro paso. Al navegar por cualquier cambio, podemos tener la tentación de irnos hacia uno de dos extremos—resistir el cambio, por una parte, o actuar de forma irresponsable en relación con él, por la otra. Estos extremos son en realidad las caras opuestas de la respuesta del ego al cambio. La tarea espiritual más profunda es lograr la moderación evitando ambos extremos.

La moderación es la sobriedad emocional que proporciona una profunda y ponderada conciencia de tanto los peligros como las oportunidades inherentes a cualquier situación. Implica una capacidad de reflexión, de permanecer atentos y actuar con responsabilidad sin importar lo que esté sucediendo. Sin moderación, el cambio puede ser más nocivo que milagroso. Pero sin importar si un cambio es alegre o triste, puede ser una experiencia sagrada, si permanecemos despiertos espiritualmente.

Si un cambio es feliz, permanecemos despiertos a través del agradecimiento a Dios y a quienes nos ayudaron a lograrlo; recordando a quienes últimamente no han tenido la misma suerte y no permitiéndonos el lujo de sentirnos soberbios o mareados por el logro. Al comportarnos en esa forma, podríamos estropearlo todo. Nos mantenemos despiertos orando para merecer nuestra buena suerte, ahora y siempre.

Cuando está ocurriendo un cambio positivo en la vida, conviene tomarse el tiempo de sentarse en un lugar tranquilo y absorberlo, literal y figurativamente. Con los ojos de la mente, fórmese una imagen de la nueva situación, e imagínese en ella, desempeñándose al máximo de su capacidad. Ahora, con los ojos cerrados, respire profundo y sienta que internamente está ampliando esa posibilidad en su interior. Estos ejercicios no son fantasías inútiles sino verdaderos poderes de la mente.

A menos que hagamos estos esfuerzos, el ego hará cuanto esté a su alcance por sabotearnos. Ésa es, después de todo, su razón de ser. A menos que establezcamos firmemente nuestro centro emocional en medio de una nueva situación, permaneceremos psicológicamente por fuera de la situación aunque nos encontremos en ella. Si no permanecemos dentro de esa situación desde nuestro propio centro espiritual, nunca podremos aprovechar al máximo ese estado ni comportarnos en las formas más centradas y poderosas. El espacio de la psiquis es tan real—y, a cierto nivel aun más real—que el espacio físico. Si uno se encuentra *aquí*, y una situación psicológica está *allá*, la división entre las dos se reflejará en las circunstancias de nuestra vida.

El Uso del Ritual

Una de las formas más potentes de alinear las circunstancias materiales con la realidad interna es el ritual. Podemos utilizar una ceremonia simple para imbuir cualquier transición de una comprensión iluminada.

Podemos hacer algo más que simplemente dar a luz a nuestros hijos; podemos elevar la experiencia de su niñez y nuestra relación con ellos a través del bautismo, el bris, una ceremonia para dar nombre al bebé, u otro ritual similar.

Podemos hacer algo más que limitarnos a ver cómo nuestros hijos se convierten en adolescentes; podemos despedir su niñez y darles la bienvenida a la vida adulta con una oración, elevando así esta nueva fase de sus vidas a través de ceremonias de iniciación de su mayoría de edad, el bar y el bat mitzvah, y otros rituales similares.

Con el ritual, podemos hacer algo más que simplemente iniciar un nuevo trabajo; podemos pedir en la oración que ese trabajo sirva a los propósitos de Dios e invocar las fuerzas espirituales para que respalden nuestro esfuerzo. Hacemos algo más que simplemente casarnos; pedimos a Dios que una nuestros corazones para entrar al matrimonio y convertirlo en una bendición para el mundo. Hacemos algo más que simplemente divorciarnos; pedimos ayuda a Dios para curar nuestros corazones, llenarnos de perdón y preparar el camino para nuevos comienzos. Hacemos algo más que perder un trabajo; realizamos un ritual para pedir a Dios que nos ayude a convertir esa situación en una bendición que nos brinde una forma más elevada de abundancia y servicio. Hacemos algo más que enterrar a nuestros seres queridos; realizamos un servicio funerario para que sus almas y las nuestras encuentren consuelo y paz en los brazos de Dios.

En el verano de 2004, los Estados Unidos inauguraron oficialmente nuestro monumento en memoria de la Segunda Guerra Mundial, en honor a los hombres y mujeres que lucharon valientemente por la libertad en esa guerra. Un monumento en memoria de estos héroes en Washington tiene un significado más que simbólico; se convierte en parte del paisaje físico de una nación, cuando consagramos permanentemente el recuerdo de aquéllos que se sacrificaron tanto por nosotros. No obstante, a fin de tener su mayor poder, un monumento conmemorativo debe ser *acogido* emocional y espiritualmente por quienes lo visitan. Cuando vamos a los monumentos conmemorativos de Lincoln o Jefferson o a otros monumentos en Washington, podemos sentir cómo algunas de las personas que van allí los visitan con mentalidad de turistas, pero también podemos sentir la presencia de quienes realmente traen consigo una profundidad de espíritu que convierte su visita en una peregrinación cívica. Sus corazones y sus mentes están abiertas al contacto sagrado con los grandes seres que vivieron antes que nosotros, a quienes nunca conocimos y quienes, no obstante, afectaron profundamente las vidas que ahora llevamos. Podemos leer las citas de Jefferson o de Lincoln a los lados de sus monumentos con un simple interés histórico o con una inmersión del alma en el poder y el significado de los mismos y en la bendición que sus vidas representaron para nosotros.

Los viajes tienen un enorme potencial ritual. Si visitamos la Esfinge y las pirámides de Egipto o el Partenón de Grecia, el Templo Madre de Bali o la Catedral de Glastonbury, el espíritu en el que vayamos allí—y el grado de conciencia que tengamos de la experiencia—determinará la profundidad con la que esa visita afecte nuestra vida.

El ritual es algo tan instintivo en el ser humano que espontáneamente lo creamos cuando se requiere. Desde las personas que dejaron millones de flores en Kensington Palace después de la muerte de la Princesa Diana hasta las que dejaron flores y ositos de peluche y fotografías en la puerta del apartamento del desaparecido John F. Kennedy; de las fotografías—y oraciones—y poemas que rodearon la cerca alrededor del Murrah Federal Building en la ciudad de Oklahoma en el sitio donde estalló la bomba, hasta la reunión con miles de velas encendidas en la ciudad de Nueva York donde una enorme multitud oró por las víctimas del desastre del World Trade Center, todos saben que necesitamos un recipiente donde guardar nuestros sentimientos—para ordenarlos, darles sentido y elevarlos espiritualmente.

Algunos rituales son colectivos, como la toma de posesión de un presidente o la coronación de un monarca. El rito psíquico de la transmisión de mando es tan importante como legal y afecta los corazones no sólo del líder sino también del pueblo que gobernará.

Si alguien por quien yo no voté gana unas elecciones, es posible que mi corazón no esté tan dispuesto a acoger su liderazgo. Sin embargo, una posesión de una investidura suprema despierta una afirmación psicológica, emocional y espiritual que de otra forma yo podría reprimir. La relación de un pueblo con su dirigente es una conexión antigua y arquetípica impresa en la psiquis humana; un comienzo ritualista despierta la buena voluntad del corazón.

Si las cosas van bien, realizamos un ritual para alabar y dar gracias a Dios. Si los acontecimientos son tristes, realizamos un ritual para invocar la ayuda de los ángeles a fin de sobreponernos. En cualquier caso, un ritual nos envolverá en una luz que ninguna fuerza material tiene el poder de conceder. Es un evento externo que realinea las fuerzas internas llevándolas de nuevo a la altura de donde provinieron, al nivel donde pertenecen. Los rituales sagrados unen el cielo con la tierra.

Entonces, un mundo fragmentado vuelve a adquirir su unidad, porque nosotros la hemos recuperado.

Cómo Preparar el Corazón para el Cambio

Antes de saber que estaba embarazada, tuve unos días en los que experimenté una fuerte sensación de que todo estaba a punto de cambiar. Eso era lo único que sabía. Sólo con el tiempo fui consciente de lo que iba a cambiar. Cuando se produjo el cambio, no tenía forma de saber cuán profunda y fundamental sería esa transición ya que nunca había dado a luz.

Cuando nació mi hija, la amé, como es natural. Sin embargo, el impacto de esa experiencia en mi psiquis fue tanto de desconcierto como de exaltación. Ahora me doy cuenta de que el embarazo y el parto traen consigo un sinnúmero de cambios psicológicos y emocionales, tan significativos como los cambios que se producen en el interior del cuerpo femenino. En una cultura de orientación materialista, es natural que tendamos a dar más credibilidad a los cambios físicos que a los emocionales, y eso va en nuestro propio detrimento. El concepto de que "está embarazada, por lo que se encuentra un poco rara" es, por decir lo menos, una descripción poco profunda del estado psicológico de una mujer encinta. Quisiera haberme preparado interiormente, como me preparé externamente para mi maternidad. Debería haber habido una habitación en mi interior para alojar a mi hija, diseñada con el mismo cuidado de la preciosa habitación de bebé que preparé para ella en mi apartamento. Su habitación estaba decorada en un hermoso tono rosado con nubes blancas en las paredes, con azulejos que sostenían cintas amarillas como si colgaran del techo. Ahora, mirando atrás, quisiera haber prestado más atención a la habitación que le debía haber preparado en mi corazón, donde apenas comenzaban a reverberar las fuerzas dinámicas internas de la maternidad.

¿Qué hubiera podido hacer diferente? Recuerdo una fiesta de regalos de bebé que me ofrecieron en casa de mi amiga Victoria. Tengo una fotografía mía—con esas 40 libras adicionales del embarazo—sentada en el sofá de Victoria (si lo que hacemos en ese momento del embarazo puede llamarse "sentarse"), rodeada de mis amigas, apenas una semana antes de que naciera Emma. Los regalos que le dieron fueron maravillosos, pude sentir muchísimo amor. Pero ahora me doy cuenta de que había algo mucho más importante en ese momento entre manos, mi vida y que si hubiera sabido entonces lo que ahora sé, habría celebrado una ceremonia, un círculo de mujeres, algún proceso ritual para marcar este momento extraordinario en la vida de dos mujeres—mi hija y yo. La maternidad es un misterio, al que un registro de regalos en un almacén de juguetes no contribuye ni ayuda a revelar.

Cuando una mujer da a luz, nacen dos personas: nace un bebé del útero de su madre y nace una mujer del útero de su antigua existencia. El nacimiento físico se produce, por así decirlo, por sí mismo, mientras que el renacimiento espiritual es una experiencia que debemos cultivar conscientemente.

Imagino que la depresión post-parto es una experiencia que no se tiene en una sociedad dedicada a lo sagrado. De hecho, lo que la sociedad considera como depresión post-parto es la consecuencia emocional de los problemas no resueltos: una mujer que aún no ha cortado el cordón umbilical con la mujer que solía ser. La transición a la maternidad implica experimentar el duelo de una vida que debe dejarse ahora físicamente a un lado, no sólo para abrir campo para el niño, sino para abrir campo a una nueva dimensión de la conciencia femenina y la experiencia de vida. En cada nueva etapa de la vida hay cosas por las que debemos hacer duelo y cosas que debemos celebrar.

Para cuando mi hija llegó a la adolescencia, tenía una idea más clara a este respecto. Me aseguré de que tanto ella como yo tuviéramos su bat mitzvah en la mayor iluminación posible. Fue una transición de su vida como niña judía a su vida como mujer judía, y yo sabía que, como ocurre con todo lo demás, podíamos tener una experiencia muy profunda o muy somera. Quería poner a sus pies un tapiz de rosas para llevarla de su niñez a su adolescencia y luego a su vida como mujer, más adelante. Muchas mujeres y muchos hombres sufrirían menos heridas si alguien hubiera hecho eso por ellos.

Le dije que iba a ofrecer en su honor una fiesta divertida y elegante, pero sólo si ella se ocupaba del verdadero trabajo. Nada de memorizar unas pocas líneas de hebreo y pretender que de eso se trata todo.

Un día me preguntó qué creía yo que debería ser el tema de su bat mitzvah. Le pregunté, "¿Qué quieres decir por 'tema'?"

"Oh, todos tienen un tema," me respondió, "o sea, el tema de una fiesta. Algunos la hacen con el tema de los Detroit Pistons o de Britney Spears . . ." Me sentí a punto de desmayarme. Le respondí clara y rotundamente, "El tema de tu bat mitzvah es que te estás convirtiendo en una mujer a los ojos de Dios. *Punto.*"

Debo reconocer que mi hija entendió. Estudió asiduamente durante meses con un gran cantor que le enseñó muy bien y, cuando ya se aproximaba su bat mitzvah, tuvimos una maravillosa conversación acerca de lo que significaría esta transición para ambas. Para ella, significaría que dejaría de ser niña. Y, aunque tampoco sería una mujer, entraría en una fase de su vida que está muy desvirtuada por nuestra cultura contemporánea: convertirse en lo que nuestros antepasados llamaban una doncella (o, para los niños, un amo). Al no honrar conscientemente este período de la vida, los jóvenes suelen tomarlo como un circo de la psiquis, con argollas en el ombligo en lugar de un rosario y con el sexo casual en reemplazo de una conexión divina. Quería que Emma tuviera un contexto sacro para estos años extraordinarios. Quería que se separara de su niñez y de su unión conmigo como es debido y que ambas hiciéramos una transición refinada a las nuevas dimensiones de nuestros seres y de nuestra mutua relación.

Durante el bat mitzvah, entregué ceremonialmente a mi hija a Dios y al mundo. Después de recitar con ella las oraciones del *bima* al igual que millones de mujeres judías antes de mí, tomé mi lugar en la congregación y vi cómo mi hija dirigía el resto del servicio ella sola. Cuando leyó de la Torá en hebreo, la presencia de Dios fue como un resplandor que llenó la habitación. Y después llevó la Torá sobre sus hombros y la colocó de nuevo en el arca; el cantor la trajo hacia mí y dijo, "La trajiste aquí como niña, te la devuelvo como mujer."

Nunca en mi vida sentí más poder ni más amor.

Las Antorchas se Pasan

A veces realizamos rituales sin saber que lo estamos haciendo. Cuando era una estudiante universitaria de 18 años, asistí a una conferencia del escritor ya fallecido Norman O. Brown, cuyo libro, *Love's Body* (El Cuerpo del Amor) había sido una gran inspiración para mí. Después de su conferencia, hice fila para preguntarle con mucho interés si podía darme algún consejo. Me explicó el principio talmúdico de que en medio de la oscuridad de la noche, debemos actuar como si ya hubiera amanecido. A continuación, me besó en la frente. Me invadió una sensación de gozo total que se prolongó por muchas horas.

Un beso en la frente es un gesto lleno de poder: alguien besa (ama) tu frente (tu tercer ojo, o la sede de tu alma). ¿Qué ritual más profundo puede haber para despedir a alguien con tu bendición?

Durante esa misma época, recibí otra descarga de energía igualmente maravillosa. Iba caminando con uno de mis profesores—el ahora crítico de jazz, Stanley Crouch—para asistir a una conferencia de Jane Fonda. Fue en 1970 o 1971 que Jane Fonda vino a la universidad para hablar de su activismo anti-bélico. Era una mujer maravillosa, muy delgada, con jeans y una camisa de trabajo, y llevaba el corte de pelo en capas que ella popularizó en la película *Klute*. Parecía iluminada por una luz interior. La combinación de su deslumbrante belleza física y su aspecto radiante casi espiritual me dejaron sin aliento y siento de nuevo esa misma sensación cada vez que recuerdo ese momento. Cuando ella se dirigía al salón donde tendría lugar la conferencia, hizo algo que cambió mi vida.

Crouch, que es afroamericano, caminaba conmigo por una acera perpendicular al camino que ella llevaba. Cuando cruzó por la acera por donde íbamos, volvió su cabeza hacia nosotros y nos miró. No sé qué hizo que su rostro se iluminara—¿una joven mujer blanca caminando con un profesor negro? (recuerde que era 1970)—pero me miró y sonrió con una sonrisa cuyo poder rivalizaba con la energía que recibí años después de un maestro espiritual. Pareció proyectar una fuerza maravillosa sobre Stanley y sobre mí por el simple hecho de ir caminando uno al lado del otro, y su aprobación me golpeó como una ola de energía positiva. A partir de ese momento, sentí como si hubiera sido bendecida por Jane Fonda.

Quise mencionar este incidente cuando la encontré casi 30 años más tarde, pero no lo hice. Me habría sentido como una tonta. ¿Qué se suponía que le dijera: "La vi hace 30 años y de su cabeza salía una luz en el momento en que me sonrió y sentí como si un rayo me hubiera golpeado el pecho y supe que todo estaba bien en mí"? Sin lugar a dudas, ese momento había pasado para siempre. Pero yo había recibido un don que permanecería eternamente conmigo debido a las elecciones que había hecho en mi vida—o al menos a una de mis elecciones, que en cierto modo simbolizaba muchas otras—había sido validada por una mujer con poder.

Ahora, cuando dicto conferencias, se me acercan muchas mujeres y en ellas veo a la joven que una vez fui. Me dicen que quieren hacer lo que yo hago y estoy segura de que lo harán—sólo que lo harán mejor. La antorcha siempre va pasando de una generación a la otra. Es posible que lo que yo diga en mis conferencias haya encendido alguna estrella en el cielo así como otras mujeres han encendido estrellas en el mío. Todos pasamos de un estado a otro constantemente y Dios nos envía guías y ángeles, inspiradores y mentores para iluminar nuestro camino. Él prepara siempre, siempre una nueva vida.

Las Etapas Intermedias

A veces vivimos en las etapas intermedias: cuando ya no somos lo que solíamos ser, pero aún no hemos llegado tampoco a nuestra siguiente etapa.

En enero de 2004, llevé a mi hija a ver una representación de Bette Midler; para mí, era la tercera vez. Recuerdo haberla visto en la ciudad de Nueva York en los años 70 y de nuevo en Los Ángeles a principios de los años 90. Han pasado los años y muchas cosas han cambiado. Llevar a mi hija a ver esta presentación me hizo sentir como si estuviera trasmitiéndole un hermoso don que había significado mucho para mí. La música de Midler había despertado muchos sentimientos en mi alma y tal vez ahora los despertaría en la de ella. Me interesaba ver en qué aspectos había cambiado Bette y en qué aspectos no había cambiado. Por una parte, los chistes que habían sido muy divertidos 25 años antes ya no lo eran tanto; el mundo es ahora muy distinto, y nosotros también. Pero el cambio que más me impresionó fue el de la misma Midler. Sin duda siente una honda preocupación por las personas y ella misma es una persona muy seria; su comentario sobre el estado del mundo, en especial acerca de la política de los Estados Unidos, fue tajante y real. (Puedo decir que fue incluso valiente, si tenemos en cuenta que ¡muchos en el auditorio no deben haber estado de acuerdo con ella!) Sin embargo, pude detectar una angustia en la que me pareció una de sus reflexiones más profundas sobre el estado en el que se encontraba nuestra generación. Todavía contamos chistes, pero ya nada nos parece tan gracioso.

Lo que comprendí esa noche fue que ya no podemos volver a casa. Los 70, 80 y 90 de la divina Miss M ya no existen. Fueron un momento de diversión en el tiempo, como una fiesta realmente entretenida. Pero la fiesta terminó, y el mundo, como ella muy bien lo señalara, ya no es seguro para ninguno de nosotros. En ese entonces éramos como niños, ya no lo somos más. Tuve la impresión de que no hablaba en broma cuando dijo que había tomado un par de años de descanso para sufrir su menopausia en silencio.

Parecía que Midler ya no podía poner su corazón ni su alma en sus viejos chistes. ¿Cómo podría hacerlo? Podía imaginarla discutiendo con alguno de los miembros del equipo de producción: "Oh, vamos, Bette. ¡Esas anécdotas aún son graciosas! ¡Esa rutina todavía funciona! Hay allí afuera una audiencia totalmente nueva que nunca ha oído esto antes, ¡les va a encantar!" Su respuesta—al menos en mi imaginación—habrá sido que está cansada de la situación mundial y no quiere contar ya esas anécdotas. ¿Cómo podemos reírnos cuando el mundo está tan confundido? Bette Midler sólo tuvo dos momentos iluminados durante la noche: cuando habló muy en serio sobre la política y la situación mundial y cuando interpretó canciones con un mensaje musical profundo.

Podía comprender su dilema porque, ella—al igual que muchos de nosotros—no está ni aquí ni allá. Ya no es la que solía ser (aunque lo imita de forma brillante)—pero todavía no es la persona en la que se convertirá. Aún puede *hacer* las otras cosas— Delores el Pescado y Clementine y Ernie—pero pude sentir que no eran tan fieles a lo que llevaba en su alma. Tal vez esto sea una proyección totalmente propia, pero así lo sentí. Ella, como tantos de nosotros, parece estar ahora en una zona intermedia, en donde se produce el cambio real. Espiritualmente somos demasiado grandes en este momento para caber en el atuendo actitudinal que solíamos usar, sin embargo, nuestros nuevos atuendos cuelgan aún en el closet.

Cuando nos quitamos un atuendo, quedamos desnudos por un momento mientras nos ponemos otros. Cuando la edad se considera dentro de un contexto puramente material, tendemos a preguntarnos si *existe* otro atuendo. No obstante, en un contexto espiritual, no hay ninguna etapa de la vida—porque no existe ningún punto en el universo—donde no esté Dios. Siempre nos encontramos en camino a la próxima etapa, así tengamos unos pocos días o muchas décadas de vida. El espíritu de la vida no se disminuye con el tiempo. En este momento, nuestra tarea es dejar ir lo que era, con amor o incluso con tristeza, y acoger lo que surja a continuación de la Mente de Dios. Hemos visto el mundo y lo hemos entendido y hemos sentido nuestras almas cansarse del mundo, ha llegado el momento de volver a ser niños. Recurrimos a Dios para que nos dé una vida nueva cuando la vida vieja comienza a morir.

Yo iría a ver la brillante actuación de Midler en cualquier momento, pero tengo una firme impresión de que la próxima vez que la vea, Clementine y Ernie pueden haber sufrido una metamorfosis para convertirse en algo nuevo. Ya ella ha demostrado su grandeza teatral y ahora parece encaminarse hacia nuestro destino generacional: una grandeza que será la coronación gloriosa de todos sus logros hasta este momento, y abrirá el camino para la transformación de nuestro mundo. Shakespeare dijo que el mundo entero es un escenario y todos somos actores. Ahora—ya sea que seamos personalidades famosas de la farándula o gente común y corriente—parece que los años y años de ensayos por fin están por terminar y la mejor actuación de toda nuestra vida está a punto de empezar.

Desempeñar Nuestro Papel

Hubo una época en la que la idea de cambiar el mundo no nos parecía, en absoluto, algo tan difícil.

Cuando se es joven, es bastante fácil aceptar la idea de que algún día podremos liberar al mundo de todos sus problemas. Nuestros cuerpos son jóvenes y voluptuosos y nuestra energía interminable, nuestras oportunidades parecen infinitas; creemos que es sólo cuestión de tiempo el que todos los problemas se rindan al poder de nuestros esfuerzos (que, después de todo, son tan notorios e impresionantes). Sin embargo la vida tiene una forma de desgastarnos. Vamos aprendiendo, por lo general a golpes, que ante nuestro poderoso intelecto y nuestra enorme energía, el mal no retrocede. Tenemos siempre la tentación de entregarnos al cinismo de los años cuando vemos con cuánta frecuencia las cosas no cambian. En especial cuando los factores más recalcitrantes, las montañas más inamovibles, parecen encontrarse dentro de nosotros mismos.

¿Cómo puedo creer que el mundo entero va a cambiar sus patrones neuróticos cuando yo sigo casándome una y otra vez con la misma persona? ¿Cómo puedo creer que dos naciones que no hacen más que asesinar mutuamente a sus ciudadanos van a encontrar la paz en el futuro próximo si yo aún no hablo con mis padres?

Con los años, nuestra musculatura actitudinal se vuelve mucho menos flexible. Sorprende la enorme fatiga que un número suficiente de decepciones puede producir. Cambiar requiere energía y, a veces, nuestra energía escasea. Cuando llegamos a la edad madura podemos sentir la presión de mantenernos simplemente en el statu quo, algo muy lejano a lo que esperábamos lograr pero eso es lo que tenemos, así que, qué más da.

Jesús refiriéndose a Lázaro, dijo: "Él no está muerto. Sólo duerme." Eso nos pasa también a nosotros. De ahí proviene la mayoría de las frustraciones que acumulamos por nuestros sueños no vividos y nuestros deseos reprimidos de abrir las alas y volar por encima de las limitaciones mundanas que nos retienen. Estas dolorosas energías no se trasmutan automáticamente sino a través de la oración y la entrega y las relaciones santas. Se adhieren a nuestros órganos espirituales de fe y esperanza, acosándonos y repitiéndonos constantemente frases como "Eres demasiado vieja" o "Actuaste mal" o "Ya no sirves para nada." A veces estas frases parecen respaldadas por la evidencia.

Responder a estas voces con frases como "Apártate, Satanás," no es una tontería, éstos no son pensamientos inútiles. Desde el punto de vista espiritual, representan nuestro poder y nuestra fuerza.

Ángeles y Demonios

En las primeras horas de la madrugada, tanto los ángeles como los demonios adquieren forma. Tanto las glorias de una vida como sus terrores se hacen más patentes antes de que despunte la aurora. Cuando nos envuelve la luz del día, los significados más profundos—que a veces eran evidentes sólo unas horas antes—se olvidan fácilmente—quedamos atrapados en la forma de pensar del mundo.

Cuán artificial es nuestra relación occidental moderna con el reloj de la naturaleza. ¿Se dio cuenta Edison del caos que se escondía en su regalo a la humanidad? La bombilla eléctrica cambiaría el mundo. Como un servicio a la era industrial y a sus exigencias de productividad, nos acostumbramos a dormir cuando el sistema necesitaba que lo hiciéramos y a despertarnos cuando nos necesitaba despiertos. Con cuánta frecuencia nos perdemos entonces del amanecer y de sus sencillas bendiciones. Estas bendiciones no son metafóricas. Son algo más que un fenómeno simplemente bello; son un recordatorio que nos envía Dios: "Miren lo que les traigo de cada noche oscura; así es el trabajo que haré en el interior de cada uno de ustedes."

Hacerse viejo es una especie de noche, también colmada de ángeles y demonios. Estamos más próximos a la sabiduría y sin embargo nos acercamos cada vez más a la muerte. Hay que escalar enormes distancias para tener una perspectiva clara: escalar más allá de los pensamientos y sentimientos que nos mantendrían atados al terreno que ya hemos transitado. El terreno de ayer es ahora estéril. Su drama ha terminado. Sólo el presente, vivido a plenitud y con intensidad, contiene la promesa de un nuevo mañana.

Noche tras noche, he permanecido acostada, despierta, cuando mis ojos se han abierto repentinamente sin ninguna razón aparente, mi cuerpo se niega a conciliar de nuevo el sueño, mis hormonas ya no parece que fueran mías. Por un tiempo, me dije las cosas que nos decimos siempre: "Detesto este estado; debo controlar de nuevo mi nivel de estrógenos; tengo que comprar más melatonina, mañana me sentiré terrible." Sin embargo, finalmente pude observar que sucedía algo más: "Estoy pasando por esa edad, y me es difícil conciliar el sueño," fue un concepto que heredé y que carece de toda dimensión, tan superficial para interpretar mi propia experiencia. Desde el punto de vista espiritual, en estas horas no había cansancio; eran horas de un profundo estado de alerta. Ese resto que buscamos no lo encontraremos en el sueño sino en la vigilia.* En esas horas en las que he permanecido tan inconvenientemente despierta, pienso que, por fin, he llegado a saber qué significa estar despierta. Al estar consciente de esa hora embrujada—4:15—a la que despierto con mayor frecuencia, salir en silencio, observar las estrellas y maravillarme ante la luna, vuelvo a ser la que era antes. A esa hora, no soy la mujer menopáusica desquiciada, soy una hechicera mágica, y lo puedo sentir en mis huesos.

CUANDO ALGUNOS ASPECTOS DE NUESTRO SER que solían funcionar han llegado ya a su punto máximo; cuando las situaciones que parecían excitantes han perdido su atractivo, y uno también; cuando una frase como "bajando la cuesta" empieza a tener algún sentido después de todo, estamos listos para nacer de nuevo. Es hora de enfrentarnos al aterrador vacío—no con resignación sino con fe. Porque este vacío es el útero del que surgirá el nuevo yo. De los amargos lamentos de lo que fue y no fue de nuestras firmes esperanzas en lo que aún puede ocurrir, comienza a producirse en nuestro interior una alquimia profundamente transformadora. No estamos acabados—no hasta que Dios toque la campana.

Y esa campana, como bien lo sabemos, puede estar aún muy, muy lejos. En una oportunidad, un entrevistador de televisión le preguntó a Clint Eastwood sobre su matrimonio con una mujer varias décadas menor que él. Me encantó su extraña respuesta: "¡Si ella muere, muere!" De hecho, ¿quién puede saber cuándo va a morir alguien? En 1994, mi hermana murió a los 44 años. Al año siguiente murió mi padre a los 85. ¡Quién lo entiende!

Entonces, ¿qué debemos hacer con el resto de nuestras vidas si elegimos el camino del renacimiento espiritual? En primer lugar, debemos *elegir conscientemente vivir nuestras vidas*. Las creencias ocultas son peligrosas y el convencimiento de que "los mejores años de mi vida ya han pasado" es un poderoso agente—no de cambio, sino de inercia. Ya sea que aceptemos conscientemente o no esta idea, muchos la tenemos. Y estos pensamientos pueden cambiar.

Si nos identificamos ante todo con las realidades externas, como la forma de pensar del ego nos ha habituado a hacerlo, será difícil mirar hacia adelante y esperar años mejores cuando ya ha pasado cierto número de ellos. Sin embargo, ése es nuestro reto: ver más allá del mundo y, así, invocar nuevos comienzos. Un niño crece ya sea que elija hacerlo o no. Sin embargo, en un determinado momento de la vida, *sólo* creceremos si decidimos hacerlo. Y en esa decisión hay una elección no sólo para uno mismo sino para todos.

Con Mayor Profundidad a Medida que Pasan los Años

Durante un viaje a Londres en el otoño de 2003, visité la Academia Real de Artes para ver una colección de pinturas prerrafaelinas de Andrew Lloyd Webber. En una de esas pinturas, titulada *Plata y Oro*, se ve una hermosa joven caminando con una mujer anciana. Contemplé esta pintura por largo rato, recordando lo que era ser joven, como la mujer de la pintura, como un papel que hubiera desempeñado y hubiera terminado en una obra de teatro que no se volvería a montar jamás. Sin lugar a dudas, no soy aún la mujer anciana sino que estoy en algún punto entre estas dos mujeres. Ahora puedo relacionarme con la anciana, en la que espero convertirme algún día, y también con la joven que ya no soy. Lo que es sorprendente de esta pintura, para mí, es la seriedad con la que la mujer mayor escucha a la más joven. ¿Será su nieta? ¿Estará encargada de cuidarla? No lo sabemos. Pero es evidente que le interesa la joven, que parece estar acaparando toda su atención. Constituye parte de la iniciación de la mujer más joven en los misterios el experimentar la buena voluntad de una mujer que ya ha pasado por su propia juventud y ahora se preocupa por alguien más.

En una oportunidad, mi madre me dijo, "Sabes, Marianne, cualquiera que sea la edad de uno, uno ya ha experimentado todas las edades antes." Es posible que me haya dicho esto en respuesta a algo que yo le haya dicho en tono condescendiente, para darle a entender que ¡la juventud era algo que ella probablemente no lograba entender! Y mi padre, cuando tenía unos 30 años, me dijo, "Es gracioso. Cuando uno es viejo, no se *siente* viejo." Mi conclusión es que la edad, aunque en un sentido eterno no es realmente nada, en un sentido material sí lo es. Rindo homenaje a estas dos edades puesto que ambas son mías.

Tuve una asistente personal 20 años menor que yo y, a veces, cuando la veía venir por el corredor, podía asegurar que veía una versión más joven de mí misma. Disfrutaba su alegría con cosas que yo ya ni siquiera tenía en cuenta—su sorpresa al enterarse de que la actriz Cameron Diaz gana más de 2 millones de dólares por trabajar en una película y su entusiasmo cuando viajó a París por primera vez. Verla era como la oportunidad de saludar a la persona que yo ya había dejado de ser. Sabía que también ella comenzaba a caminar por el corredor que la conduciría a convertirse en la mujer que sería algún día.

Una vez tuve una amiga que estaba muriendo de cáncer y después de su muerte comencé a salir con su novio. Él me contó que durante los últimos meses de su vida sus sesiones de terapia se centraron con frecuencia en su sentido intuitivo de que algún día él y yo estaríamos juntos. Tuvo que enfrentarse al hecho de que el arco de su vida estaba llegando a su fin mientras que, en cierto nivel, el mío apenas comenzaba. Me causó dolor pensar lo que debía haber sentido. Y ahora, que he llegado ya a la última mitad de mi vida, me doy aun más cuenta de las cosas de las que tuvo que desprenderse.

Ninguno de nosotros tiene control de esos papeles que tenemos que representar durante el drama constantemente cambiante de la vida. Somos rebeldes cuando somos rebeldes; somos el conquistador que envejece cuando somos el conquistador que envejece; somos la inocencia enamorada cuando somos la inocencia enamorada; somos traicionados cuando somos traicionados. Sin embargo hay algo en nosotros que no es nada de esto; quiénes somos en realidad es algo incambiable en la Mente de Dios. Sólo estamos experimentando distintos rincones del universo, para conocer sus dimensiones y aprender sus lecciones, antes de pasar a otro nuevo. No creo que la muerte sea el final de nuestras vidas, porque, tan seguro como que estamos encaminados a salir de aquí, nos encaminamos hacia alguna nueva aventura. Supongo que la rueda del karma sigue girando hasta que todos los puntos que Dios desea establecer hayan sido establecidos y Él pueda ver que los recibimos todos.

Es importante desprendernos del ayer una vez que ha pasado. Recuerdo haberme quejado con mi mejor amigo de que cuando dicto una conferencia no soy tan rápida como solía serlo, ni tan concisa y segura en la forma de expresarme. Su respuesta me sirvió muchísimo: me dijo que muchas de las personas que me escuchan tampoco son ya tan rápidas como eran antes y que parecería poco sincero que yo intentara serlo. La edad nos hace más lentos, pero nos lleva a niveles más profundos, a reinos no menos fértiles, desde el punto de vista espiritual, que los que habitábamos antes. A medida que pasan los años, perdemos parte de la chispa que alimentaba tan gloriosamente nuestra juventud—pero aparece una chispa interior que no habíamos tenido antes. Ralph Waldo Emerson escribió, "A medida que envejezco, mi belleza se oculta sigilosa en mi interior."

Y lo que se introduce en nosotros sigilosamente es algo más

que nuestra belleza. Toda la riqueza de la vida comienza a ocultarse en lo más profundo de nosotros a medida que envejecemos; sin perder por ello su magia, sólo que no resulta tan visible a los ojos físicos. De hecho, en cierta forma, se convierte en algo aun más mágico. Porque la magia pertenece a los planos invisibles.

Al pensar en mi joven asistente y su entusiasmo ante la idea de ir a París por primera vez, pensé en mi historia con esa ciudad en relación con los hombres que he conocido. Los años que llevan a la mujer de la juventud a la madurez están marcados emocionalmente por su historia en lo que se refiere al amor. Hay fases de París, como hay fases de ciertas relaciones: prepararse para ir allí, estar allí y recordar cómo era.

Cuando era más joven, fui a París una vez con un hombre que me fascinó tanto como la ciudad. Nuestro esfuerzo por hacer que ese viaje fuera realidad y los momentos que vivimos una vez que lo logramos son recuerdos que atesoraré por siempre. Décadas más tarde, hubo otro hombre. Y cuando surgió el tema de París, una sola mirada lo dijo todo.

Ambos habíamos estado allí, lo sabía, y ambos nos habíamos enamorado allí; lo sentía. Ambos habíamos tenido sueños que allí se hicieron realidad y ambos habíamos tenido sueños que allí murieron. Ni siquiera tuvimos que hablar al respecto, todo fue tan claro que, con una mirada que duró una fracción de segundo, los dos supimos todos los detalles. Me di cuenta entonces de que el lugar al que habíamos ido en ese momento—no a pesar de los años que habíamos vivido sino evidentemente debido a ellos—era un lugar más fascinante que París.

Comienza un Nuevo Futuro

Qué hay de quienes dicen, "Bien, tal vez podríamos cambiar el mundo—pero no durante mi vida. Entonces, ¿para qué intentarlo?"

Según el budismo, no es lo que logremos en nuestras vidas sino lo que al menos muramos *tratando* de lograr lo que da sentido a nuestra existencia. Susan B. Anthony no vivió para ver la aprobación de la Novena Enmienda. Sin embargo, millones de mujeres tienen ahora mucho más poder en sus vidas gracias a ella. Sus incansables esfuerzos por generaciones de mujeres que nunca conocería dieron a la mitad de los estadounidenses—y creo que a la otra mitad también—una mayor capacidad de expresarse a plenitud. Sin lugar a dudas, en algún nivel celestial, su alma recibe las bendiciones que difundió.

Ahora, en nuestra época, y a través de nuestros esfuerzos, también nosotros estamos llamados a tener una visión más amplia: a tener pensamientos de un mundo en paz, infundido de amor total. Porque sólo cuando tengamos pensamientos de paz, podremos hacer que la paz sea nuestra. Pondremos fin a la guerra no porque la odiamos tanto; le pondremos fin amando mucho más la paz. La amaremos lo suficiente para procurar vivirla en nuestras vidas. Podemos entablar una paz preventiva en nuestros corazones y en nuestras políticas. Así, un día nos daremos cuenta de que la guerra ha desaparecido.

Dentro de muchos años, cuando ya nadie nos recuerde, la gente vivirá en un planeta pacífico, sin saber a quién bendecir por ello ni a quién darle las gracias. Los niños preguntarán a sus padres, "¿Es verdad que hubo una época en la que había guerras?" y sus padres responderán, "sí, hubo una época así. Pero eso fue hace muchísimos años. Ya no hay más guerras."

Cuando esto ocurra, sin lugar a dudas, en algún nivel, nuestras almas recibirán las bendiciones que difundimos. Levantaremos nuestras copas hacia el cielo en el que ya estaremos y tanto con lágrimas como con risas diremos a voz en cuello, "¡Lo hicimos!"

NO IMPORTA QUIENES SEAMOS o qué hayamos hecho, Dios se da cuenta de si estamos dispuestos a trabajar en su nombre. Si hemos tropezado y nos hemos levantado de nuevo—ya sea que nos hayamos tropezado por nuestra propia culpa o por la intención de otra persona de hacernos daño, o por ambas razones—nos levantaremos con un nuevo poder. Hablaremos con una credibilidad más profunda y tendremos dentro de nosotros una mayor compasión por aquéllos que sufren. Habremos alcanzado mayor sabiduría y humildad y nunca más seremos presa fácil de los engaños del ego. Estaremos mejor preparados para servir a Dios.

Éste es el momento en todas nuestras vidas para resolver esos asuntos que hemos relegado al fondo de un cajón y que nos impiden desempeñarnos al 100 por ciento de nuestra capacidad. Es el momento de romper radicalmente con las personas que éramos antes y dedicar cada día a la eliminación total de cualesquiera energías del ego que sigan adheridas a nuestras psiquis para arruinar nuestras vidas. Eso no puede lograrse sin oración. No puede hacerse sin esfuerzo. No puede darse sin una sinceridad despiadada con nosotros mismos. No puede hacerse sin perdonarse y perdonar a los demás. No es posible sin amor. Pero cuando lo hagamos, lograremos el dominio espiritual. Podremos retirar la piedra que cierra nuestra tumba. Nuestro espíritu resucitará y estaremos listos para la luz. Estemos listos en el sentido en que podremos recibir en nosotros esa luz: habremos llegado al fin a vivir en la comodidad de nuestra propia piel.

Somos conscientes del gran llamado de la historia en este momento, hemos sido llamados a constituir un genio colectivo y cada uno de nosotros está siendo preparado para desempeñar su papel. Nuestro mundo necesita gigantes espirituales y no se requiere ego sino humildad para inscribirse para realizar este esfuerzo. Muchos de nuestros problemas han surgido porque decidimos desempeñar papeles menores pensando que allí estaríamos seguros. Pero nacimos con alas y estamos llamados a desplegarlas. Cualquier cosa inferior a ese llamado nos causará daño, nos negará el amor a nosotros mismos y a los demás y significará que terminaremos nuestras vidas sin haber realizado el vuelo de la gloria espiritual.

Volemos.

Dios mío,
Si me abandonas a mis propios medios,
mis percepciones serán erradas
Te entrego todos mis pensamientos y sentimientos.
Te ruego que tomes mi pasado y dispongas de mi futuro.
Envía Tu Espíritu a redimir mi mente,
para que quede en libertad.
Que yo sea tu recipiente
Y que le sirva al mundo.
Que me convierta en quien quieres que sea,
que haga lo que quieras que haga.
Y yo lo haré, Dios mío.
Amén.

Ahora, imagínese cómo sería usted. Cierre los ojos y véase como una persona distinguida, digna, tranquila, véase como una persona inteligente, visionaria, humilde y bondadosa. Imagine todas sus debilidades y reemplácelas por fortalezas. Y no se detenga. Permanezca en calma, con los ojos cerrados, por todo el tiempo como le sea posible, porque está concibiendo vida nueva. Pida al Espíritu de Dios que venga a usted y que lo haga nacer a la mayor plenitud posible de su ser. Cualquier portal por el que ingrese a la casa de Dios, sepa que Su casa es el lugar donde usted se sentirá realmente en su hogar. Es allí donde sabrá quién es usted en realidad, donde recibirá alivio para su alma y sanación para el mundo, donde recomenzará. Volverá a la oscuridad del mundo trayéndole su luz. Habrá experimentado un milagro y a través de usted, otros también los experimentarán.

Dios tiene tanto amor por usted y tanto amor por el mundo que está enviando al mundo a la persona que Él quiso que usted fuera cuando lo creó.

Recuerde que, en cualquier situación, sólo lo que usted no esté dando puede hacer falta. Traiga con usted el amor de Dios y bendecirá todas las cosas. Él estará a su izquierda y Él estará a su derecha. Él estará delante de usted, y Él estará detrás de usted. Adonde quiera que vaya, Él estará allí con usted.

Y junto con Él, usted cambiará el mundo.

Para información sobre mis libros, conferencias y clases,
visite mi sitio Web, *www.marianne.com*
También encontrará mis grabaciones, que pueden ser
descargadas en su reproductor iPod o MP3.

🍃 *Para Continuar a Partir de Aquí*

Para quienes quieran estudiar más a fondo *Un Curso de Milagros*, pueden resultarles útiles los siguientes recursos:

1. Mi libro *A Return to Love* (Un Retorno al Amor) es como una introducción a *Un Curso de Milagros*.

2. *The Circle of Atonement* (El Círculo de la Expiación) ofrece una amplia gama de material didáctico diseñado para ayudar a los estudiantes a recorrer este camino de transformación. Bajo la dirección de Robert Perry, autor de *Path of Light: Stepping into Peace with A Course in Miracles* (Camino de Luz: Cómo Dar el Primer Paso Hacia la Paz con Un Curso de Milagros), el Círculo es una de las autoridades más respetadas internacionalmente entre los estudiantes de *Un Curso de Milagros*. Ofrece una visión de *Un Curso de Milagros* tanto fiel al curso como práctica para el estudiante. Visite el sitio Web del Círculo en *www.circleofa.com* para acceder a un tesoro de material didáctico gratis.

Póngase en contacto con:

The Circle of Atonement
P.O. Box 4238
W. Sedona, AZ 86340
Teléfono: 928-282-0790
e-mail: info@circleofa.com
www.circleofa.com

3. Desde 1978, Miracle Distribution Center ha sido un contacto mundial para los estudiantes de *Un Curso de Milagros*, respaldando sus conocimientos y la integración de los principios del Curso en sus vidas diarias. Su presidenta, Beverly Hutchinson, es una persona muy amable dentro de la comunidad del Curso. Los servicios incluyen *The Holy Encounter* (El Encuentro Sagrado), una revista bimensual gratuita con artículos inspiradores y educativos sobre el Curso; listas de grupos de estudiantes internacionales del Curso; clases semanales sobre el Curso en grabaciones; ministerio mundial de oración; conferencias internacionales y retiros sobre el Curso; servicios de pedidos por correo y catálogo en línea; servicios de remisión a asesores y un sitio Web interactivo que incluye salas de chat y difusiones mensuales en vivo por la red. Lo que es más importante, el centro puede actualizarlo sobre otras actividades del Curso que se estén desarrollando a nivel mundial.

Póngase en contacto con:
Miracle Distribution Center
3947 E. La Palma Ave.
Anaheim, CA 92807
Teléfono: 800-359-2246
www.miraclecenter.org

4. Cualquier obra del Dr. Gerald Jampolsky es maravillosa. Él y su esposa Diane Cirincione, fundaron el Center for Attitudinal Healing (Centro de Sanación Actitudinal) en 1975. La sanación actitudinal es un proceso basado en *Un Curso de Milagros* que enseña que en cualquier momento podemos elegir el amor en vez del miedo, la paz en lugar del conflicto y experimentar la paz que trae el perdón. El Centro de Sanación Actitudinal es

una red internacional que se ocupa de los aspectos de la enfermedad y la muerte, la pérdida y el duelo, pero también atiende a cualquiera que desee sanar una relación y vivir la vida a plenitud.

Póngase en contacto con:
The Center for Attitudinal Healing
33 Buchanan Dr.
Sausalito, CA 94965
Teléfono: 415-331-6161
e-mail: home123@aol.com
www.healingcenter.org o *www.attitudinalhealing.org*

5. Aeesha y Kokomon Clottey realizan un trabajo maravilloso aplicando los principios de *Un Curso de Milagros* a la sanación racial. Son coautores de un libro titulado Beyond Fear: Twelve Spiritual Keys to Racial Healing (Más Allá del Miedo: Doce Claves Espirituales para la Sanación Racial), y sus grupos de sanación racial se reúnen en el Attitudinal Healing Connection en Oakland, California, el último miércoles de cada mes.

Póngase en contacto con:
The Attitudinal Healing Connection
3278 West St.
Oakland, CA 94608
Teléfono: 510-652-7901
www.ahc-oakland.org

OCT 1 4 2021

10-14-21
7-11-23
6

CPSIA information can be obtained
at www.ICGtesting.com
Printed in the USA
BVHW080439210821
614747BV00024B/275

9 780060 819101